OS HISTORIADORES E OS RIOS

NATUREZA E RUÍNA NA AMAZÔNIA BRASILEIRA

Victor Leonardi

OS HISTORIADORES E OS RIOS

NATUREZA E RUÍNA NA AMAZÔNIA BRASILEIRA

fotos: Juan Pratginestós

EDITORA UnB

Paralelo 15

Direitos exclusivos para esta edição:
Paralelo 15 Editores
CP 075
73007 990 Brasília DF

Co-edição e distribuição:
EDITORA UNIVERSIDADE DE BRASÍLIA

EDITORA UNIVERSIDADE DE BRASÍLIA
SCS Q. 02 BLOCO C NO 78 - ED OK 20 andar
70300 500 Brasília DF
Fax: ((061) 225-5611

COMPOSIÇÃO
Charles Anderson Rebouças

PREPARAÇÃO DOS ORIGINAIS E REVISÃO
Francisco de Paula e Oliveira Filho

ISBN 85-86315-26-5

Ficha catalográfica

Leonardi, Victor Paes de Barros

Os historiadores e os rios: natureza e ruína na Amazônia brasileira / Victor Paes de Barros Leonardi - Brasília : Paralelo 15, Editora Universidade de Brasília, 1999.

272 p.

1. História do Brasil. 2. Amazônia. I. Leonardi, Victor Paes de Barros. II. Título.

CDU 301
CDD 918

Dedico este livro ao antropólogo e grande conhecedor da Amazônia Ezequias Paulo Heringer Filho, o Xará, e aos ribeirinhos dos vales dos rios Jaú e Unini.

O rio, malgrado seus mil rostos,
recebe um destino único;
sua fonte tem a responsabilidade
e o mérito de todo o curso.

Gaston Bachelard

A água é o olhar da terra,
seu aparelho de olhar o tempo.

Paul Claudel

Rio que corre, aonde vou?

Charles Plisnier

A relva é feliz,
sejam os tempos difíceis ou não.

Arthur Lundkvist

SUMÁRIO

PREFÁCIO

Os historiadores e os rios é um ensaio que contribui para decifrar a intrincada história da Amazônia.

Motivado pelas ruínas da cidade de Airão, Victor Leonardi buscou as fontes documentais, orais e de imagens e as interpretou de forma rigorosa e equilibrada, mantendo uma desconfiança salutar em relação aos textos oficiais e escritos de viajantes.

Sem cometer o erro de mitificar os dois lados envolvidos — colonizador e colonizado —, Leonardi percorre diversos períodos da história amazônica desde os contatos dos brancos com os índios — primeiros habitantes da região —, passando pelos diversos ciclos extrativistas até nossos dias, demonstrando que, contrariamente ao senso comum, a história da Amazônia não é homogênea nem linear. Na realidade, releva este fenômeno através das diversas alterações que os habitantes do Airão viveram. O passado da Amazônia foi realmente conturbado por crise de origens diversas, porém todas elas marcadas pela destruição da base da cultura local, morte, ganância e destruição da natureza. Se estes elementos, presentes até hoje, não surpreendem, em compensação, são admiráveis os registros de constatações da destruição causada pelo uso abusivo dos recursos naturais.

Sem perder a visão regional e o contexto mundial, mas fiel à busca de explicar o arruinamento do Airão, Victor consegue indicar o alcance das ocupações da Amazônia, contribuindo para derrubar o mito da "natureza pura" tão buscado pelos defensores da intocabilidade. Na verdade, é admirável descobrir que a região do maior parque nacional do Brasil, o Jaú, foi habitada amplamente por várias etnias que dela tiraram seu sustento e alimentaram o mercantilismo mundial com diversos produtos da floresta.

Esta constatação é fundamental para a definição atual das regras gerais do Sistema de Unidade de Conservação do país e descarta a validade do dilema sobre uma questão de suma importância: se nossos parques devem ou não admitir moradores tradicionais. Primeiro, porque as populações tradicionais na região são resultado de uma longa e rica mistura de raças e, depois, devido à clara demonstração de que essas populações, como força trabalhadora do extrativismo, dependem de bens de consumo, podendo, pois, agir de forma predatória.

A sinalização, portanto, é conciliatória para um balanço entre as necessidades humanas e as de conservação da biodiversidade, para a urgência de se aproveitar a fantástica base do conhecimento tradicional, somando-se a este a nossa ciência, sem preconceitos ou submissões. Enfim, uma nova mentalidade que seja capaz de respeitar a cultura local, que não a destrua com a justificativa do roldão civilizatório chegante e superior.

As ruínas do Airão ensinam que o futuro da Amazônia requer respeito e reciprocidade com os amazônidas e sua esplendorosa natureza.

Eduardo Martins*

* Eduardo Martins foi presidente do Instituto Brasileiro do Meio Ambiente e dos Recursos Naturais Renováveis — Ibama.

OS HISTORIADORES E OS RIOS

1

HISTÓRIA AMBIENTAL E SOCIAL

Este livro aborda a história de um dos mais belos rios amazônicos, o rio Jaú. Trata-se de um afluente do rio Negro, cujas águas, por sua vez, vão dar no Amazonas, o maior rio do planeta em extensão e volume de água. Em uma região onde a navegação fluvial sempre foi o principal meio de transporte, a história deve ser inicialmente pensada como história de seus diferentes rios e bacias hidrográficas, porque foi por essas vias aquáticas que a colonização penetrou na Amazônia. Isso é particularmente válido para o período colonial e o século XIX, quando nenhuma grande estrada havia sido construída ainda nessa imensa região. Em certo sentido, o pesquisador que trabalha com história da Amazônia tem uma vantagem sobre os demais: nesse labiríntico mundo aquático e florestal, é difícil separar cultura e natureza, ou não incorporar, à nossa (dos historiadores) noção de tempo, uma dimensão muito mais ampla que tem a ver com o tempo geológico, no qual transcorreu a história do processo de formação dos vales desses rios, bem como da flora e fauna correspondentes. Sem nenhum receio do já ultrapassado determinismo geográfico, neste livro vou tentar incorporar variáveis ambientais ao estudo das sociedades humanas que habitaram o vale do rio Jaú, a partir do início de sua colonização pelos portugueses no século XVII, aproximando, assim, a história ambiental da história social, em particular da história do trabalho extrativista.

O extrativismo, por suas próprias características, é atividade que não pode ser pensada como se os seres humanos pairassem acima da natureza e do meio ambiente, ou como se as populações amazônicas ribeirinhas não tivessem nada a ver com as características físico-químicas do solo no qual trabalham e com a qualidade da água do rio às margens do qual habitam! Essa tentativa de recolocar a sociedade — no plano teórico — na natureza, da qual ela nunca esteve separada na realidade, é tarefa que alguns economistas já vêm tentando, com dificuldade, há algum tempo, conforme se percebe pela leitura do excelente livro de Juan

Martinez-Alier.[1] Com dificuldades que não foram menores, porém com mais sucesso nos últimos anos, os historiadores também vêm tentando essa difícil e inadiável reaproximação, para a qual alguns livros de Donald Worster,[2] Keith Thomas[3] e Simon Schama[4] tanto contribuíram. O ensaio de Warren Dean[5] sobre a seringueira na Amazônia é um bom exemplo das inúmeras possibilidades abertas por meio dessa cooperação entre a história ambiental e a história econômica e social.

Entretanto, o fato de a economia brasileira ter sido, quase sempre, ao longo de sua história, muito vinculada aos recursos naturais, principalmente na Amazônia, contém também um risco interpretativo que precisa ser metodologicamente evitado. No afã de identificar, em escala regional e local, as diferentes formas de relacionamento do homem com a natureza amazônica, tão variada em suas inúmeras microrregiões — rios de água preta, rios de água barrenta, rios transparentes, diferentes recursos naturais, processos de trabalho específicos nas diferentes atividades extrativistas —, o pesquisador pode incorrer em uma nova forma de reducionismo. Não mais o reducionismo economicista, já tão criticado nos últimos anos, mas, desta vez, uma espécie de reducionismo ambientalista no qual as variáveis ambientais passariam a ter um poder explicativo determinante, sobrepondo-se — em última instância? — às demais. Como, durante muito tempo, essas variáveis ambientais não foram levadas em conta pelos historiadores, a tendência de alguns autores contemporâneos tem sido a de cair no pólo oposto, atribuindo ao meio ambiente, de forma todo-poderosa, um papel superdimensionado, o que, a meu ver, constitui risco interpretativo que deve ser evitado. Atitudes reducionistas têm sido mais freqüentes na militância em movimentos "verdes" e ecológicos, e muito menos na história ambiental, contudo vale a pena regis-

---

1 Juan Martinez-Alier e Klaus Schlüpmann, *Ecological economics: energy, environment and society*, Oxford, Basil Blackwell, 1990.

2 Donald Worster, *The ends of the Earth: perspectives on modern environmental history*, Cambridge, Cambridge University Press, 1988.

3 Keith Thomas, *O homem e o mundo natural*, São Paulo, Companhia das Letras, 1988.

4 Simon Schama, *Paisagem e memória*, São Paulo, Companhia das Letras, 1996.

5 Warren Dean, *A luta pela borracha no Brasil*, São Paulo, Nobel, 1990.

trar aqui o risco. Basta mencionar, no plano acadêmico, a crítica que Lévi-Strauss[6] fez a algumas idéias de Nordenskiöld para se perceber esse risco.

A etnobiologia, nos últimos anos, tem se desenvolvido tanto — ver, a esse respeito, o texto de Darrell A. Posey,[7] na *Suma etnológica brasileira* e o artigo de Janet Chernela[8] sobre os cultivadores de mandioca no Uaupés e o de Ghillean Prance[9] sobre etnobotânica de tribos amazônicas —, que a própria crítica de Lévi-Strauss tem de ser hoje manejada com cuidado. Voltarei ao assunto ao longo deste livro, por enquanto fica apenas o alerta sobre os riscos reducionistas e, também, sobre os riscos das críticas ao reducionismo. Por exemplo, no que diz respeito à historiografia brasileira mais recente, a crítica mal assimilada do economicismo tem levado muito estudante de história a desprezar a história econômica, e não o reducionismo economicista, o que dificulta ainda mais a compreensão da Amazônia, ao invés de facilitá-la. A meu ver, só saindo dos estudos generalizantes sobre a ecologia e as populações ribeirinhas da região amazônica — vista, erroneamente, como um todo homogêneo — e avançando no estudo multidisciplinar de seus inúmeros e diferenciados ecossistemas tropicais e zonas ecológico-econômicas é que as antigas polêmicas teóricas vão poder ser retomadas e reavaliadas em profundidade. Os historiadores não podem fazer isso sozinhos, evidentemente, sem o concurso de ecologistas, botânicos, zoólogos, geólogos, economistas, engenheiros florestais, antropólogos e muitos outros profissionais. Podem, todavia, dar a sua contribuição, como tentarei fazer neste meu

---

6 Claude Lévi-Strauss, "Uso das plantas silvestres da América do Sul tropical", in *Suma etnológica brasileira*, edição do Handbook of South American Indians, volume 1, Etnobiologia, coordenação de Berta Ribeiro, Petrópolis, Vozes, 1987, 2ª ed., pp. 29-46.

7 Darrell A. Posey, "Etnobiologia: teoria e prática", in *Suma etnológica brasileira*, vol. 1, op. cit., pp. 15-25.

8 Janet M. Chernela, "Os cultivadores de mandioca na área do Uaupés (Tukâno)", in *Suma etnológica brasileira*, vol. 1, op. cit, pp. 151-158.

9 Ghillean T. Prance, "Etnobotânica de algumas tribos amazônicas", in *Suma etnológica brasileira*, vol. 1, op. cit., pp. 119-133.

pequeno ensaio sobre a história dos habitantes do vale do rio Jaú. Convidado a participar da elaboração do plano de manejo do Parque Nacional do Jaú, em 1996, aqui deixo esta contribuição historiográfica.

O rio Jaú é um rio de água preta. Rios desse tipo — como o Trombetas, o Nhamundá, o Negro — têm águas de pH baixo, que carregam poucos sedimentos. O Parque Nacional do Jaú, criado em 1980, com uma área de 2.272.000 hectares, engloba esse rio e seus afluentes (Carabinani, Pauini). O rio Unini serve de limite setentrional. É o maior parque nacional do Brasil, cuja criação se baseou no moderno direito ambiental brasileiro. Para se entender a complexidade dessa legislação e os resultados práticos de sua aplicação no Jaú, é preciso ir além da análise formal do direito positivo, passando-se a estudar, historicamente, como foi o rio Jaú povoado e despovoado, antes e depois da crise da borracha. É a própria história do extrativismo nesse vale amazônico que tem de ser compreendida: quem são seus moradores atuais e qual era o perfil de seus ribeirinhos de cem ou duzentos anos atrás?

A primeira pergunta — sobre quem são os moradores atuais — só pode ser respondida com pesquisa de campo junto a esses moradores, combinando análises sociológicas e técnicas de história oral, o que, aliás, já está sendo feito por pesquisadores do Instituto Brasileiro de Meio Ambiente e Recursos Naturais Renováveis (IBAMA), da Fundação Vitória Amazônica e do Instituto Nacional de Pesquisas da Amazônia (INPA). Já a segunda pergunta — a respeito do perfil dos ribeirinhos que habitaram o Jaú nos séculos XVIII e XIX e nas duas primeiras décadas do século XX — não pode prescindir da pesquisa em arquivos históricos amazônicos, e foi essa a tarefa que decidi enfrentar.

As terras englobadas pelo Parque Nacional do Jaú pertencem a dois municípios do estado do Amazonas, o de Novo Airão e o de Barcelos, ambos localizados no baixo rio Negro, do qual os rios Jaú e Unini são afluentes pela margem direita. Mas historicamente não foi a atual cidade de Novo Airão, antiga Tauapessassu, que centralizou a atividade econômica do vale do Jaú. Foi o Velho Airão, hoje em ruínas. Reconstituir a história desse processo de arruinamento é, portanto, tarefa indispensável neste meu ensaio. A história dos ribeirinhos do Jaú não pode ser compreendida sem a história do Velho Airão, antiga Santo Elias do Jaú, e vice-versa. Já a história dos ribeirinhos do Unini esteve dividida entre o

Velho Airão e a povoação de Moura, localizada no município de Barcelos. Quanto ao rio Puduari, cuja foz no Negro está a jusante de Airão, seus produtos extrativistas eram disputados por comerciantes do Airão Velho e do Airão Novo/Tauapessassu.

Todos esses rios estarão presentes neste ensaio historiográfico, que trata, portanto, da história social e ambiental do baixo rio Negro e de alguns de seus afluentes da margem direita. Entendo por baixo rio Negro o trecho de rio que vai de Barcelos à foz, próxima a Manaus. O alto rio Negro seria, então, o trecho de Santa Isabel para cima, a montante dessa localidade e da cachoeira de São Gabriel, incluindo a fronteira brasileira de Cucuí e o mais alto curso, no qual o rio Negro serve de fronteira entre a Colômbia e a Venezuela. O curso médio do rio Negro estaria compreendido, assim, entre Santa Isabel e Barcelos. É claro que essas denominações — alto, médio, baixo — servem, principalmente, para facilitar o estudo, podendo variar de um autor para outro. Só não devem é solidificar, na cabeça dos leitores, visões compartimentadas, pois o rio Negro é um todo, não é uma soma de pedaços. Embora os conceitos de nascente, foz, bacia, divisor de águas, leito, descarga, escoamento, regime fluvial, cor das águas e carga sólida sejam muito úteis para a potamologia, neste ensaio estarei sempre incluindo um critério a mais, o histórico, para pensar esse rio. Por exemplo: como a navegação a vapor, em seus primórdios, só ia até Santa Isabel, considero "alto" rio Negro todo o seu curso a montante dessa localidade, embora, de um ponto de vista exclusivamente hidrológico, o limite pudesse ser São Gabriel da Cachoeira, onde a dinâmica fluvial — trabalho de sua correnteza — já se altera. São Gabriel, de qualquer forma, por ser o município brasileiro que possui, até hoje, a população indígena mais numerosa, é uma fronteira cultural — fato marcante que o leitor também deve ter em mente.

Desde os tempos pré-socráticos, os filósofos servem-se do rio, como imagem, para falar do tema da transformação, ou eterna mudança. Os fragmentos de Heráclito são os mais conhecidos e citados. Já *Os historiadores e o rio* é tema mais complicado, pois atualmente envolve críticas à noção de movimento. Em uma povoação em ruínas, não há como evitar esse debate — continuidade/descontinuidade ao longo da história —, principalmente em uma região de povos extintos, como os índios Manao e os índios Juma. (Segundo convenção internacional, os nomes dos povos indígenas não se flexionam e são grafados com a primeira letra maiúscula.) Tentei contribuir para o estudo dessa importante problemática teórica, sem cair em nenhuma forma de intolerância e proselitismo, serenamente como quem navega pelas águas calmas de um belo rio.

Fundada em 1694, às margens do rio Negro, a velha povoação de Airão já estava em ruínas em 1994, por ocasião de seu terceiro centenário. O último morador, isolado e solitário há vários anos, retirou-se do local em 1985, mas a maioria da população abandonou suas moradias em 1964, mudando-se para Novo Airão ou Manaus. À parte a tradição historiográfica brasileira — mais preocupada em entender os fatores de crescimento econômico e de desenvolvimento social —, procurarei, neste ensaio, compreender os processos muito menos evidentes que levaram essa pequena povoação amazônica à estagnação, à desestruturação, ao decréscimo populacional e à ruína. Não é, portanto, o "progresso" positivista que o Velho Airão me leva a estudar, mas sim aquela complexa interdependência entre construção e destruição que provocou o desaparecimento de outras povoações do vale do rio Negro nos séculos XIX e XX. A importância do Airão vem do fato de a cidade ter sido a primeira povoação na história desse rio. É a mais antiga, muito mais antiga que Barcelos, primeira capital do Amazonas, o que nos permite percorrer um período histórico muito mais longo em busca daqueles elementos tanatológicos e desagregadores que fazem certas aglomerações humanas perderem suas energias criativas ao longo do tempo, transformando-se em cidades mortas.

Na história dessas povoações amazônicas que desapareceram — Wallace assombrou-se diante das ruínas da velha Alcobaça, no rio Tocantins, que ele viu em meados do século XIX —, não houve continuidade populacional, nem continuidade administrativa, ao longo do tempo, embora nem sempre a descontinuidade tenha eliminado por completo toda e qualquer permanência — o extrativismo, a pesca artesanal — na região. Como caracterizar esses complexos processos históricos que abarcaram, contraditoriamente, estratégias de luta pela sobrevivência na floresta e, ao mesmo tempo, profundas e sucessivas crises, inclusive a crise maior, a do fim definitivo da própria povoação? Ou, então, no que diz respeito aos índios Manao e Juma, processos históricos que provocaram uma permanente deculturação e depopulação até a extinção absoluta desses povos da floresta? Se o conceito de decadência não é o mais apropriado para caracterizar esses processos desagregadores que conduziram algumas povoações amazônicas, como a do Airão, ao estado de ruínas — a palavra decadência refere-se a organismos vivos e foi tomada de empréstimo à biologia pelos cientistas sociais, segundo Le Goff — , como deve proceder, teoricamente, o historiador que se depara, na Amazônia, com o fenômeno tão freqüente do abandono de antigos núcleos de povoamento e de sua mais completa derrocada?

No caso do Velho Airão, não houve apenas crise, houve, de fato, arruinamento, de forma total e definitiva: a cidade — Airão foi elevada à categoria de município em 1955 — não tem mais nenhum morador há muitos anos, nenhuma casa cujo telhado não tenha caído, nenhuma rua com algum vestígio recente de presença humana e convívio social. A própria rua Occidental — a principal rua do Airão — só é transitada hoje por animais silvestres. No entanto, Airão já teve escola, prefeitura, cartório, padaria, taverna, sobrados, armazéns, lojas, duas igrejas... Hoje tudo está estragado e destruído. Arruinamento é o ato ou efeito de ficar sem recursos. Foi exatamente isso o que aconteceu com o Velho Airão ao longo dos anos: ficou sem recursos, desacreditado, dia após dia, até perder-se, para sempre. Se o verbo morrer também só se aplica a organismos vivos, fiquemos, por enquanto, no plano teórico, com a problemática provisória do arruinamento, porque este está empiricamente comprovado. Basta olhar para as fotos que acompanham este livro e verificar que tudo, por lá, são ruínas.

A antiga Santo Elias do Jaú/Airão já não é um aldeamento missionário, nem é, tampouco, uma comunidade de tapuios, ou um povoado de caboclos ribeirinhos, ou a sede de um município amazonense. Seu espaço físico não é mais habitado por nenhum ser humano. Nem por ricos nem por pobres, portugueses ou brasileiros. Os antigos projetos de vida por lá engendrados, em diferentes épocas — pelos padres carmelitas, pelo diretório pombalino, pelos índios destribalizados, pelos cabanos, pelos seringueiros, por comerciantes e seringalistas — deram como resultado definitivo o abandono e o fim. A antiga rua Occidental, orgulhosamente encravada na floresta, foi retomada pela floresta. O que acontece com uma povoação ao longo do tempo, quando seus habitantes perdem o ânimo e o entusiasmo, quando a desesperança começa a estilhaçar antigos vínculos culturais, ou fatores de coesão social? Como abordar assunto tão delicado, sem cair nas inúmeras armadilhas metodológicas ainda tão presentes na historiografia relativa à Amazônia? Sem incorrer no erro de considerar os índios como povos sem história, por não terem escrita? Sem considerar caboclos e ribeirinhos como gente sem cultura, por terem um modo de vida culturalmente singular e diferente dos padrões ocidentais? Sem considerar o extrativismo e a pesca artesanal como formas atrasadas de trabalho e produção, por não se enquadrarem nos padrões de produtividade e racionalidade considerados normais, ou desejáveis pela modernidade?

Escrever sobre a prosperidade e o desenvolvimento cultural de lugares bem-sucedidos é muito mais prazeroso, para um escritor, do que tratar do tema do arruinamento. No entanto, como muitas povoações amazonenses acabaram também em ruínas, no século XIX (onze só no rio Negro!) e no século XX, julgo necessário esse esforço historiográfico em busca da compreensão de fenômeno tão complexo. Essas povoações em ruínas têm, cada uma delas, a sua especificidade histórica, evidentemente. O arruinamento tem múltiplas origens e diferentes faces, ou formas, que variaram enormemente, no passado das diversas povoações arruinadas, mas todas essas formas singulares situam-se no pólo oposto daquilo que a historiografia regional mais tradicional chamava, às vezes ufanistamente, de "progresso", ou de efeito "civilizador", ao se referir à ação dos colonizadores sobre os índios, os caboclos ribeirinhos e a floresta. Foi, portanto, justamente a uma reflexão sobre esse pólo oposto que o Airão me convidou, quando o avistei pela primeira vez, no silêncio de suas ruínas. Foi como se ele estivesse me sugerindo, lá do fundo secular de seus enigmas — o *destruir-se* é sempre enigmático; o *perder-se*, também —, a idéia de escrever este ensaio sobre o tema do arruinamento e da perdição. O Airão "não deu certo", como dizem alguns antigos moradores, e é interessante tentar compreender o porquê. Até mesmo para saber se esse arruinamento da povoação afetou, de fato e até que ponto, a vida nas comunidades ribeirinhas adjacentes, do Jaú e do Unini.

Voltarei ao assunto diversas vezes ao longo deste ensaio, pois esse me parece ser um bom estímulo teórico — enigmático, como toda problemática complexa — para um estudo de história regional. Sem essas perquirições problematizadoras, os estudos locais e regionais correm sempre o risco de cair em alguma forma de estereotipia convencional puramente factual e descritiva. O trabalho extrativista parece ser tema simples, mas não é, pelo contrário, tem tudo a ver com as mais dramáticas perguntas que os brasileiros vêm formulando, nos últimos anos, a respeito da possibilidade ou não de um relacionamento harmônico, ou auto-sustentável, também chamado ecodesenvolvimento, dos homens com a natureza, na região amazônica. Se esta pequena história do Airão/ Santo Elias do Jaú, que acabo de escrever, que é também, por extensão, uma história da zona ecológico-econômica que lhe serviu de sustentação nos séculos XVIII, XIX e XX — os vales dos rios Jaú, Carabinani, Pauini, Unini — puder contribuir, por pouco que seja, para o avanço daqueles esforços interpretativos, eu me sentirei muito recompensado.

Tentei compreender as expressões culturais regionais com empatia, sem cair, porém, no bairrismo regionalista, muitas vezes xenófobo; tentei não rotular — de "selvagem", "bárbaro", ou "atrasado" — o modo de vida dos índios destribalizados e dos caboclos ribeirinhos, sem cair, tampouco, no etnocentrismo oposto, hoje freqüente em algumas versões historiográficas "alternativas", ou populistas, que consideram, de forma maniqueísta, as manifestações caboclas das culturas regionais como "autênticas" e "genuínas", quase isentas de problemas e contradições, ficando todos os males, defeitos e crueldades historicamente conhecidos por conta da "civilização". Essa simples reinversão do preconceito — a "civilização" passando a ser vilipendiada com todos os estigmas anteriormente atribuídos à "barbárie" — não nos ajuda a escrever uma boa "história vista de baixo", ou a reconstituir a "visão dos vencidos": ela apenas contribui para ocultar, mais uma vez, a diferença e a contradição, pois decide de antemão, embora situando-se no campo social antagônico, o que deve ser lembrado e o que deve ser esquecido. É como se aquilo que os colonialistas fizeram anteriormente com "o outro", desqualificando-o totalmente, precisasse ser feito agora por historiadores simpatizantes de índios e caboclos: uma história mais uma vez ideológica, carregada de anátemas (de sinais contrários) e de preconceitos (ao revés). Tentei não cair nessas simplificações metodológicas. E, no entanto, não fui neutro como historiador. Tomei posição, de forma subjetivamente consciente, contra a violência e a destruição, que tantas mortes provocaram ao longo da história da Amazônia, à medida que o mercantilismo português foi envolvendo-a do século XVII em diante. Nesse sentido, o quadro teórico e metodológico mais geral sobre o qual se assenta esta história do Airão e do vale do rio Jaú já foi descrito anteriormente, por mim, em livro dedicado à história social nos sertões do Brasil — *Entre árvores e esquecimentos*[10] — ao qual remeto meus novos leitores.

---

10 Victor Leonardi, *Entre árvores e esquecimentos*: *História social nos sertões do Brasil*, Brasília, Paralelo 15/Editora Universidade de Brasília, 1996.

2

OS MISSIONÁRIOS

Com a instalação definitiva do aldeamento dos índios Tarumã na margem direita do rio Negro, teve início, em 1694, a história do povoado de Santo Elias do Jaú, cuja vida girou em torno de atividades extrativistas, da pesca e dos trabalhos de catequização de outros povos indígenas do baixo rio Negro: Aroaqui, Manao, Tucum, Baré. Os jesuítas não atuavam mais nessa área. Desde 1693, por decisão do rei de Portugal, as diversas ordens religiosas haviam demarcado seus respectivos distritos missionários, ficando os jesuítas com a incumbência de evangelizar os índios ao sul do rio Amazonas. Santo Elias do Jaú ficou com os padres mercedários e, mais tarde, com os carmelitas. No século XVIII, os Juma e os Mura passaram a constituir os principais grupos indígenas da área.

A presença dos mercedários parece ter sido de curta duração junto aos índios Tarumã, pois logo foram substituídos pelos carmelitas, como bem relata o padre Manuel Maria Wermers em texto intitulado *O estabelecimento das missões carmelitas no rio Negro e no Solimões (1695-1711)*.[1] A própria igreja dedicada a Santo Elias, cujas ruínas, em pedra, ainda podem ser vistas hoje no Velho Airão, foi construída pelos carmelitas, e não pelos mercedários, em 1702.

Esse período de reorganização da atividade missionária dos portugueses na Amazônia coincide com os primeiros anos de Santo Elias do Jaú. Foi um período de relativo isolamento e autonomia para os Tarumã aldeados, pois a presença dos padres foi relativamente pequena naquele trecho meridional do rio Negro vizinho à boca do Jaú.

No início do ano de 1693, o Conselho Ultramarino havia examinado, em Lisboa, uma carta da Câmara do Pará, na qual seus oficiais queixavam-se da grande falta de missionários "no distrito do rio das Ama-

---

1 Manuel Maria Wermers, *O estabelecimento das missões carmelitas no rio Negro e no Solimões (1695-1711)*, Coimbra, V Colóquio Internacional de Estudos Luso-brasileiros, 1965.

zonas".[2] Segundo eles, a área a ser evangelizada era imensa e ínfimo o número de missionários, o que prejudicava "gravemente os tão católicos desejos de Sua Majestade".[3] Diziam os oficiais da Câmara: "O rio das Amazonas é grande e dilatado, povoado de uma e outra parte de inumeráveis gentios. Cada um dos seus rios é um reino opulento de gentio em que não bastavam cinco missionários".[4]

As missões mais a oeste localizavam-se no rio Urubu e no rio Negro. No Urubu, havia um missionário da ordem das Mercês vivendo de forma permanente e ocupando-se de cerca de vinte aldeias indígenas desse rio. No aldeamento dos Tarumã do rio Negro, não havia nenhum missionário vivendo permanentemente. Era o missionário mercedário do rio Urubu que, às vezes, quando lhe sobrava tempo, fazia o longo percurso até o Aruim — antes de 1694 — e, mais tarde, até Santo Elias do Jaú, para visitar os Tarumã do rio Negro. Quando se sabe que o rio Urubu dista 78 quilômetros da barra do rio Negro em linha reta, sendo ainda necessário, depois desse percurso inicial, subir 248 quilômetros, rio Negro acima, entre sua barra e Santo Elias do Jaú, percebe-se como os índios Tarumã, embora aldeados pelos brancos, viviam relativamente distantes de uma coerção estatal maior, ou de um doutrinamento mais assíduo e rigoroso por parte dos padres. Essa situação permaneceu assim, em Santo Elias do Jaú, até a chegada dos carmelitas ao baixo rio Negro. Mesmo assim, até 1702, nem sequer a igreja havia sido construída em Santo Elias do Jaú. Ou melhor, a igreja construída com pedras teve seus alicerces lançados por volta de 1702 e é aquela que ainda pode ser vista, hoje em dia, nas ruínas do Velho Airão. É provável, porém, a existência de uma capela anterior, do período 1694-1702, feita de barro e de palha, da qual não há mais nenhum vestígio. Como todos os aldeamentos missionários começavam, invariavelmente, em torno do levantamento — de efeito catártico — de uma grande cruz, seguido, com o passar do tempo, da construção de alguma capelinha, é quase certo que isso também te-

---

2 Manuel Maria Wermers, *O estabelecimento das missões carmelitas no rio Negro e no Solimões (1695-1711)*, op. cit., p. 15.

3 M. M. Wermers, op. cit., p. 15.

4 Idem, p. 15

nha se passado em Santo Elias do Jaú nos últimos anos do século XVII, logo após a sua fundação.

A nova repartição das missões fora enviada de Lisboa para o governador do Maranhão e Grão Pará, Antônio de Albuquerque Coelho de Carvalho, no ano de 1693. Mas a presença dos carmelitas no rio Negro só se tornou assídua e efetiva alguns anos depois. Segundo aquela repartição das missões, os jesuítas ficaram com "tudo o que fica para o sul do rio das Amazonas".[5] Os franciscanos de Santo Antônio ficaram com tudo que estivesse ao norte do mesmo rio, no trecho que hoje corresponde ao Pará, e, também, com o Cabo do Norte, atual Amapá. Os franciscanos da Piedade ficaram com o hospício de Gurupá e com os rios Xingu e Trombetas. Os mercedários continuaram no rio Urubu, e os carmelitas, que mais de perto nos interessam neste ensaio, ficaram com o rio Negro e o Solimões. Todavia, entre as decisões tomadas em Lisboa, em 1693, e a chegada efetiva dos carmelitas ao Negro, passaram alguns anos. A posse efetiva das novas missões, por exemplo, ocorreu em 1697, durante a viagem que o vigário provincial do Carmo, frei Manoel da Esperança, fez aos territórios sob sua responsabilidade, em companhia do governador do Maranhão, o já citado Coelho de Carvalho. Mesmo assim, esteve apenas em suas missões do Solimões, pois adoeceu e teve de voltar para Belém, "mortalmente enfermo".[6]

Foi só com a viagem que um novo vigário provincial dos carmelitas, frei Vitoriano Pimentel, fez ao rio Negro, em 1702, que o longo isolamento dos Tarumã de Santo Elias do Jaú foi chegando ao fim. Não sem problemas, como nós veremos mais adiante. Frei Vitoriano Pimentel é autor do relato mais antigo que se conhece a respeito da antiga Santo Elias do Jaú. Trata-se de um texto ainda inédito que se encontra nos arquivos de Évora, no Alentejo, um arquivo extraordinário, que possui um dos mais importantes acervos documentais para o estudo da história do Brasil colonial. O texto foi encontrado pelo historiador carmelita Manuel Maria Wermers, que transcreveu longos excertos em comunicação por ele apresentada ao 5º Colóquio Internacional de Estudos Luso-

---

[5] M. M. Wermers, op. cit., p. 19.

[6] Idem, p. 21.

Brasileiros, realizado em Coimbra em 1965. Frei Vitoriano Pimentel chegou ao rio Urubu no dia 24 de novembro de 1702 e dali seguiu para as missões carmelitas do rio Negro. Esteve nesse rio aproximadamente entre os dias 27 de novembro e 8 de dezembro, posto que no dia 10 de dezembro já estava novamente no rio Amazonas. Passou, portanto, alguns dias entre os índios Tarumã aldeados, em Santo Elias do Jaú. Tomou providências para que a igreja de pedras fosse construída, em homenagem a Santo Elias, e deu início à criação de uma nova missão carmelita no rio Negro — a de São João Batista —, distribuindo roupas e presentes para os índios.

Embora o relato de frei Vitoriano Pimentel não contenha muitas informações de caráter etnográfico, o texto revela, curiosamente, a presença, no rio Negro, de uma série de produtos de procedência holandesa, amplamente utilizados por índios, missionários e alguns colonos ligados ao extrativismo e ao comércio de drogas do sertão. Diz ele, em 1702, falando do trecho do rio Negro que vai da barra até o rio Jaú:

> Neste rio está uma fortaleza, logo à entrada da mão direita, e é a última e mais longínqua que temos em todo o sertão, a qual se faz a fim de impedir o comércio que os holandeses de Suriname tinham com os habitadores daquele rio, que ainda hoje continua da mesma sorte.[7]

Como se percebe, Santo Elias do Jaú era, naquela época, uma verdadeira boca de sertão: a povoação mais distante da capital do estado — São Luís do Maranhão —, a mais remota povoação portuguesa rio Negro acima. Barcelos ainda não havia sido fundada. Os domínios de Espanha e Portugal ainda não haviam sido definidos na Amazônia, o que só seria feito muitos anos depois, a partir de 1750. Santo Elias do Jaú não tinha uma economia forte, por mais interesse que missionários e colonos pudessem ter no extrativismo — as drogas do sertão — que já se havia iniciado no vale do rio Jaú e seus afluentes. O papel daquela ponta-de-lança criada por portugueses no rio Negro era nitidamente geopolítico: Santo Elias do Jaú era uma fronteira, no fim do século XVII, a ponta mais avançada do processo de expansão (mercantilista) português

---

[7] Citado por M. M. Wermers, op. cit., p. 23.

pela Amazônia. Frei Vitoriano Pimentel sabia disso, pois um dos objetivos principais de sua viagem de 1702 era tentar convencer o padre Samuel Fritz — jesuíta a serviço da Espanha, residente no Solimões — da legitimidade das reivindicações territoriais portuguesas sobre longos trechos desse rio. O encontro entre Pimentel e Fritz acabou ocorrendo em fevereiro de 1703, na missão de Santa Maria Maior — imediações de Tabatinga.

A historiografia mais recente comprova, de fato, a presença de mercadorias holandesas no rio Branco e no baixo rio Negro no início do século XVIII. Vindos do Caribe pelos rios Essequibo e Courantine, cujos formadores — o rio Rupunini, por exemplo — estão muito próximos dos formadores do rio Branco — o Tacutu e o Maú, principalmente —, esses holandeses da Guiana mantinham comércio com os índios do atual estado de Roraima, que acabavam praticando o escambo, com essas mercadorias, rio abaixo, até chegar às missões carmelitas do baixo rio Negro, entre elas Santo Elias do Jaú. Os holandeses, eles próprios, nunca chegaram até aí. Vinham apenas seus produtos, que frei Vitoriano Pimentel pôde ver em 1702, na boca do rio Jaú e na Fortaleza da Barra, atual Manaus: "porque vi, em seu poder", diz ele, referindo-se aos "habitadores" do rio Negro, "machados, facas e espelhos holandeses".[8] Como as distâncias eram enormes, os holandeses ainda não haviam penetrado nesses espaços amazônicos, "mais por respeito à distância, que por medo da fortaleza" (da Barra),[9] como bem observou frei Vitoriano Pimentel.

Essa foi a fase inicial da história do Velho Airão, ligada aos Tarumã e aos missionários carmelitas, fase em que coragem e aventura ainda se misturavam com extrativismo, diplomacia e escambo com o mundo distante do Caribe. Fase de construção de uma igreja de pedra em plena selva, em homenagem a Santo Elias, um dos profetas de personalidade mais enigmática de todo o Antigo Testamento. Fase em que os carmelitas corriam riscos reais — à época frei Francisco de Santo Anastácio fora morto recentemente pelos índios, no Solimões — em prol de seus

---

8 M. M. Wermers, op. cit., p. 23.

9 Idem, p. 23.

ideais salvacionistas, mesmo que isso tenha sido feito, contraditoriamente, mediante estreitas e infames associações com o Estado colonial e suas práticas escravistas no baixo rio Negro, responsáveis, em grande parte — ao lado das epidemias —, pelo desastre demográfico que não tardaria a ocorrer. Vivendo do extrativismo e em torno dos trabalhos missionários dos carmelitas, Santo Elias do Jaú foi crescendo, lentamente. Chegou a ter alguns sobrados, além da igreja, onde se comemorava, com muita pompa, a festa do Divino Espírito Santo, nas primeiras décadas do século XVIII.

O Airão na segunda metade do século XVIII

Em 1759, a aldeia de Santo Elias do Jaú foi elevada à categoria de lugar, com o nome de Ayrão. Essa decisão foi tomada por Joaquim de Melo Póvoas, primeiro governador da capitania de São José do Rio Negro. Essa mudança de nome obedecia a uma política definida por Mendonça Furtado, irmão do marquês de Pombal, em um momento em que a demarcação das fronteiras amazônicas entre espanhóis e portugueses estava sendo feita — tratados de Madri, de 1750, e de Santo Ildefonso, de 1777. Segundo essa geopolítica, os povoados amazônicos deveriam adotar nomes portugueses. Outros tinham, desde o início, nomes desse tipo e assim permaneceram. A toponímia lusófila auxiliava, dessa maneira, os diplomatas de Lisboa. Surgiram, assim, na Amazônia, localidades com nomes idênticos aos de vilas e cidades da metrópole: Silves, Santarém, Faro, Barcelos, Tomar, Serpa, Almeirim, Alcobaça, Portel, Souzel, Alenquer, Bragança, Óbidos, Borba, Aveiro, Monte Alegre, Vizeu, Carrazedo, Porto de Moz, Melgaço, Beja, Ourém, Badajós. Os nomes antigos foram abandonados. Mariuá passou a se chamar Barcelos. Itarendaua virou Vila Moura. Saracá virou Silves. Bararoá virou Tomar. Aracari virou Carvoeiro. Pauxis virou Óbidos. E Santo Elias virou Airão.

Ao analisar o desenvolvimento do conceito de fronteira[10] por parte

[10] João Renôr Ferreira de Carvalho, "O avanço do povoamento para as fronteiras definitivas da Amazônia brasileira do período colonial aos nossos dias", in *Boletim de Pesquisa da Cedeam*, Manaus, vol. 4, nº 6, janeiro-junho de 1985.

do governo colonial português no estado do Maranhão e Grão-Pará, João Renôr Ferreira de Carvalho mostra como no século XVIII uma mudança se verificou na estratégia de ocupação da região. Até o final do século XVII — quando Santo Elias do Jaú foi fundada —, predominava o conceito de fronteira humana, segundo o qual eram consideradas possessões portuguesas todas as terras habitadas por tribos aliadas e submetidas à vassalagem do rei de Portugal. João Renôr cita um parecer do general Gomes Freire de Andrade, escrito para o Conselho Ultramarino em 1695, segundo o qual "os índios amigos dos portugueses são as muralhas do sertão".[11] Já no século XVIII, a fronteira passou a ser concebida como espaço que podia se transformar em posse territorial mediante conquista militar.

O século XVIII, por isso mesmo, não é apenas o século da mudança de nomes de povoações amazônicas, mas também o de construção de fortins e fortalezas na região — Macapá, São Joaquim do Rio Branco, Marabitanas, São Gabriel da Cachoeira, São Francisco Xavier de Tabatinga, Príncipe da Beira — e o de guerras prolongadas contra alguns povos indígenas insubmissos, entre eles os Manao, que, junto com os Tarumã e os Baré, faziam parte da população autóctone do baixo rio Negro. Essa mudança de atitude afetou a vida dos primeiros habitantes de Santo Elias do Jaú. Muitos Baré emigraram para o alto rio Negro, fugindo dessas guerras, acabando alguns deles em terras que hoje pertencem à Venezuela. Os Tarumã ainda não aldeados subiram o rio Branco e refugiaram-se na Guiana. Alguns Manao ainda resistiram por mais algum tempo, nas imediações de Barcelos — onde foram visitados pelo naturalista austríaco Johann Natterer, na terceira década do século XIX —, mas acabaram se extinguindo.

Alexandre Rodrigues Ferreira esteve em Airão no final do século XVIII, quando a localidade estava completando um século de existência, e deixou-nos uma minuciosa descrição do lugar, relatando tudo que encontrou no interior da igreja matriz — dedicada a Santo Elias — e das casas, que, nessa época, distribuíam-se em três linhas paralelas ao rio: a

[11] Citado por João Renôr Ferreira de Carvalho, op. cit., p. 74.

da frente tinha seis casas; a segunda tinha nove, incluindo as residências do reverendo vigário e do diretor; a terceira linha, apenas duas casas. Existiam um armazém e uma *casa de forno*. Dos 148 moradores existentes em 1786, somavam 20 *brancos*, 126 eram *índios aldeados* e 2 eram *pretos escravos*.

O depoimento de Alexandre Rodrigues Ferreira é a fonte histórica mais importante para se estudar o Airão no século XVIII. Natural da Bahia, Rodrigues Ferreira havia estudado matemática e *filosofia natural* em Coimbra, o que na época envolvia cursos de física experimental, química teórica e prática, história natural — zoologia, botânica e mineralogia —, lógica, ética e outras disciplinas. Foi aluno do italiano Domingos Vandelli, que se transferira da Universidade de Pádua para a Universidade de Coimbra em 1764 e que mais tarde se tornou diretor do Jardim Botânico da Ajuda, em Lisboa. Foi por indicação desse naturalista italiano que o brasileiro Alexandre Rodrigues Ferreira foi escolhido para chefiar aquela importante expedição científica pela Amazônia.

Chegaram a Belém do Pará no dia 21 de outubro de 1783. Tinham como meta realizar um minucioso levantamento da flora, da fauna, dos recursos minerais, dos aspectos geográficos e das culturas dos povos indígenas. Em 1784, Alexandre Rodrigues Ferreira e seus companheiros, que nessas alturas já haviam visitado a ilha de Marajó e o Tocantins, foram incorporados, parcialmente, à comissão de limites encarregada das demarcações das fronteiras amazônicas de Espanha e Portugal. Criada pelo Tratado de Santo Ildefonso, de 1777, dessa comissão participaram especialistas vindos de Lisboa e gente recrutada em Belém, entre eles o arquiteto Giuseppe Antonio Landi, que se encontrava na Amazônia há quase trinta anos.

Partindo de Belém em direção ao rio Negro, a expedição percorreu pequenos trechos do Xingu, do Tapajós e do Madeira, entrando na vila da Fortaleza da Barra (atual Manaus) no dia 17 de fevereiro de 1785. Chegou a Airão poucos dias depois, no dia 23 de fevereiro. Depois subiu o Negro em direção a Moura, Carvoeiro e Barcelos, de onde seguiu para Santa Isabel, São Gabriel, Marabitanas e Cucuí. Também esteve nos rios Uaupés e Branco. Na volta, passou novamente por Barcelos, onde Rodrigues Ferreira permaneceu quase um ano (1787-1788), escrevendo estudos monográficos sobre peixes, pássaros, plantas, índios, história regional e local. Saindo de Barcelos, passou por Airão, pela segunda vez, em abril de 1786, deixando-nos suas observações sobre a vida local.

Não há nada no relato de Rodrigues Ferreira, escrito em Airão no dia 28 de abril de 1786, que demonstre a existência de alguma forma de prosperidade econômica nesse local no final do século XVIII. A igreja matriz era "a mais pequena e a mais pobre das que tenho visto",[12] diz ele. "Estava mal coberta de palha, com todo o seu emadeiramento podre".[13] As paredes laterais da capela mor necessitavam de reparo urgente, "para se não demolirem de todo".[14]

O número de casas deve ter diminuído, nos anos anteriores à passagem da expedição. "Parece que no princípio de sua fundação", diz Rodrigues Ferreira, "se alinharam três ruas de fundo, nas quais erigiram os índios as suas casas. No dia de hoje, porém, só uma das ditas ruas merece esse nome".[15] Na que devia ter sido a terceira rua, só existiam duas casas, "porque todas as demais se demoliram". Além disso, relata o cientista:

> Não estava roçado o mato da retaguarda da povoação, sendo certo que, não só em ordem à segurança dos moradores, se devia ter cumprido com a obrigação de o mandar roçar, mas também que, em ordem à saúde dos ditos, se deveria ter mandado desbastar as laranjeiras e pacoveiras que assombram as casas situadas ao nascente, porque ocupam todo o teso da frente da barreira, por aquela parte, e observam os índios que toda aquela repartição é doentia.[16]
>
> Pelo que respeita à agricultura dos brancos, não há mais que dizer senão que o morador Manoel Affonso, na qualidade de cabo da canoa daquela povoação, só planta a farinha precisa para o sustento de sua família; e de um cafezal, que tem ainda novo, que chegava a colher, disse ele, umas seis até oito arrobas de café. O outro morador, Manoel de Moraes, é

---

12 Alexandre Rodrigues Ferreira, *Viagem filosófica ao rio Negro*, Belém, Museu Paraense Emílio Goeldi, s/d, p. 559.

13 Idem, p. 559.

14 Ibidem, p. 559.

15 Ibidem, p. 558.

16 Ibidem, p. 560.

> mais dado às criações de que às lavouras. Sem embargo do que não deixa de plantar e fabricar a farinha para o seu sustento.[17]

Além dessa insignificante produção agrícola, Rodrigues Ferreira só menciona o breu, "que é preciso para o calafeto das canoas deste rio". Mesmo assim, não havia comércio desse produto, só servindo para consumo interno:

> E aquele é o breu que por ser branco lhe chamam os índios sicautautinga. Não seria de propósito que nele consistisse alguma parte do comércio daqueles moradores, porque é gênero de consumo, e eles o têm perto.[18]

Somente as madeiras chamaram a atenção do naturalista, por lhe parecerem finas e de boa qualidade: "pelas imediações do lugar há a estimável madeira que por aqui se chama muirá-coatiara, além de outras muitas, que também são finas, e como tais merecem estimação".[19] No entanto, essa riqueza florestal não contribuía, naquela época, para o bem-estar dos habitantes de Airão. O madeirame da igreja estava podre, como já vimos, e o transporte fluvial — o único possível naquela localidade — era muito precário. "Nem há olaria nem casa de canoas, vi um bote das ordens de seis remos por banda, e uma igarité de dois; porém ambos os ditos cascos já muito velhos e arruinados", diz Rodrigues Ferreira.[20]

O vigário era o frei Joseph da Conceição. Entrevistado por Rodrigues Ferreira, só se lembrou da existência de outros sete vigários que o antecederam, a partir de frei Domingos do Rosário, religioso carmelita. Parecia desconhecer o nome do primeiro missionário residente junto aos índios Tarumã, o padre Giovanni da Lucca, que chegara ao rio Negro em 1660, cento e vinte e seis anos antes dessa entrevista realizada por Alexandre Rodrigues Ferreira.

A situação de frei Joseph da Conceição não era das melhores. Para que as paredes laterais da capela não caíssem, o doutor ouvidor Ribeiro

---

17 Alexandre Rodrigues Ferreira, op. cit., p. 562.

18 Idem, p. 563.

19 Ibidem, p. 563.

20 Ibidem. p. 560.

de Sampaio havia mandado "encostar espeques", para que as ditas paredes não pendessem para o lado de fora. Resultado: os espeques "serviram de as inclinar e fazer penderem para dentro".[21] A casa do vigário era geminada com um armazém e coberta de palha, tendo na frente "uma varanda térrea e intijucada". Os objetos encontrados na sacristia e no interior da igreja confirmam a rusticidade do Airão setecentista: havia apenas um altar, com a imagem do orago, Santo Elias, mais um cálice de prata, seis castiçais pequenos de estanho, quatro castiçais maiores de madeira, um par de galhetas de vidro, um copo para servir de vaso de comunhão e um turíbulo de latão.

Como se percebe — a descrição feita por Alexandre Rodrigues Ferreira é minuciosa, poucos detalhes escapavam à observação do naturalista —, não havia no Airão, em 1786, nenhum sinal exterior de riqueza material e de opulência, nenhum indício de atividade econômica mais expressiva cujo dinamismo pudesse atrair, para aquele trecho do Negro e do Jaú, um número significativo de moradores brancos. Pelo contrário, o Airão já apresentava, 92 anos depois de sua fundação, sinais evidentes de estagnação, de isolamento e de abandono.

No entanto, Alexandre Rodrigues Ferreira encontrou vestígios da existência, em períodos históricos anteriores, de atividades sociais e culturais mais intensas naquela povoação. Sobre a antiga Santo Elias do Jaú, diz ele que "em outro tempo foi das mais populosas e nomeadas".[22] Mesmo que essa avaliação possa conter algum exagero da parte do naturalista ou dos entrevistados, é digno de nota o fato de Rodrigues Ferreira ter ouvido, no Airão, notícias de "umas casas de sobrado, em que residiam os missionários". Quando teriam elas desaparecido? Segundo disseram ao naturalista, "ainda não há muitos anos que se demoliram de todo".

A expressão "ainda não há muitos anos", usada em 1786 pelas pessoas que Rodrigues Ferreira entrevistou, autoriza-nos a pensar em um período de dificuldades crescentes, surgido uns vinte ou trinta anos antes, aproximadamente, e não há menos tempo, pois os sobrados já ha-

---

[21] Alexandre Rodrigues Ferreira, op. cit., p. 559.

[22] Idem, p. 561.

viam desaparecido completamente em 1786. É válido considerar como hipótese, portanto, uma mudança para pior iniciada entre 1750 e 1765. Na memória dos brancos e dos índios aldeados, ainda restava a lembrança, em 1786, daquele período anterior, relativamente mais próspero. "Repetidamente tenho ouvido", diz o naturalista, "engrandecer a festividade do império do Espírito Santo, pela muita pompa e riqueza com que aí a faziam os antigos missionários".[23] Parece não haver dúvida sobre a ocorrência dessa lenta alteração — inclusive no ânimo das pessoas — a partir de um certo momento, situado entre 1750 e 1765. Nos relatos dos entrevistados, havia referências à "riqueza e pompa" nas festas religiosas do passado. Mas, no presente contemporâneo do naturalista, as paredes da igreja estavam caindo, os sobrados tinham sido demolidos e as duas únicas embarcações do porto estavam com os cascos arruinados. Se a palavra decadência é inadequada para caracterizar uma mudança como essa, na vida de uma população ribeirinha — refiro-me, aqui, às críticas interessantes que Jacques Le Goff fez, em *História e Memória*,[24] ao conceito de decadência —, que se procure outra teoricamente mais correta. Que a realidade histórica do velho Airão pós-1750, entretanto, não seja disfarçada: o comércio estava estagnado, o extrativismo era mínimo, os transportes eram precaríssimos, a vida cultural e religiosa já não tinha nada a ver com os tempos anteriores, quando, na antiga Santo Elias do Jaú, comemorava-se a festa do Divino Espírito Santo "com riqueza e pompa". Ou, pelo menos, com uma certa generosidade e abastança. O Airão estava em crise, evidentemente, quando a expedição científica de Alexandre Rodrigues Ferreira passou por lá. É o mínimo que se pode dizer.

O diário da viagem feita pelo ouvidor Francisco Xavier Ribeiro de Sampaio às povoações da capitania de São José do Rio Negro, em 1774 e 1775, constitui uma outra fonte importante para o estudo da história do Airão no século XVIII. Embora menos extenso do que o relato de Alexandre Rodrigues Ferreira, o texto do ouvidor Sampaio coincide, no essencial, com o do naturalista já citado. Sampaio visitou povoações do

---

[23] Alexandre Rodrigues Ferreira, op. cit., p. 561.

[24] Jacques Le Goff, *História e memória*, Campinas, Editora da Unicamp, 1990.

Solimões e do Negro em missão oficial, com poderes delegados pelo general João Pereira Caldas. Seu diário foi publicado pela primeira vez em 1825, em Lisboa, cinqüenta anos depois da realização da viagem. Viajou em companhia da família, de dois soldados, de um escrivão, de um piloto e de alguns ajudantes, em um total de 26 pessoas. Estiveram no Airão no ano de 1775, dez anos antes da passagem de Alexandre Rodrigues Ferreira por esse local. Seu parecer foi contundente: "Acha-se esta povoação em bastante decadência".[25] Paradoxalmente, muitas riquezas da terra chamaram sua atenção: "Nas vizinhanças deste lugar é abundante o breu. Há também várias madeiras finíssimas, e com especialidade pau-roxo".[26] Falando do rio Unini, "que corre paralelo ao Jaú", observou o ouvidor que "abunda em tartarugas e copaíba".[27]

Sendo "abundante" em tartarugas e copaíba, possuindo várias madeiras "finíssimas", por que razão estaria o Airão em tão lastimável estado — "de bastante decadência" —, há menos de cem anos de sua fundação? O ouvidor não responde a essa questão de forma satisfatória, apenas insinua que a falta de mão-de-obra indígena teria sido a causa principal de tamanho abandono da economia local. Os índios fogem facilmente, diz ele. A frase completa é a seguinte:

> Acha-se esta povoação em bastante decadência, porque, sendo composta pela maior parte de índios habitantes na margem oposta a este lugar, lhe são fáceis as fugidas para as suas próprias terras, aonde chegam em menos de um dia.[28]

Não há nenhuma reflexão mais séria, por parte do ouvidor, para tentar entender por qual razão fugiam os índios com tanta freqüência. A única explicação que lhe ocorre é a da proximidade de suas terras de origem. Os maus-tratos, por parte dos brancos, e as duras condições de

---

[25] Francisco Xavier Ribeiro de Sampaio, *Diário da viagem que em visita e correição das povoações da Capitania de São José do Rio Negro fez o ouvidor e intendente geral da mesma Francisco Xavier Ribeiro de Sampaio no ano de 1774 e 1775*, Lisboa, Tipografia da Academia, 1825, p. 97.

[26] idem, p. 97.

[27] Ibidem, p. 97.

[28] Ibidem, p. 97.

exploração do trabalho indígena não são sequer cogitados como possíveis fatores conexos. No entanto, o ouvidor era um homem culto e experiente, formado em direito pela Universidade de Coimbra, em 1762. A mentalidade dominante em países onde vigorava o trabalho escravo obliterava a mente da maior parte da população, inclusive das pessoas cultas. Foi esse o caso do ouvidor Sampaio, natural de Mirandola, Portugal, que já havia sido juiz de fora e provedor da fazenda real da capitania do Pará, antes de ser nomeado ouvidor e intendente da agricultura da capitania do Rio Negro. Foi um dos homens mais cultos que o Airão conheceu no século XVIII, ao lado do naturalista Alexandre Rodrigues Ferreira, do arquiteto italiano Giuseppe Antonio Landi e do padre José Monteiro de Noronha. O tema da decadência é complexo, como se percebe. Mesmo para um bom observador, como foi o ouvidor Sampaio.

O padre José Monteiro de Noronha foi vigário geral do rio Negro em meados do século XVIII, nomeado pelo terceiro bispo do Pará, frei Miguel de Bulhões. Fez longa viagem através das povoações ribeirinhas do Solimões e do Negro e deixou-nos algumas linhas sobre o Airão com observações que antecipam os diagnósticos de Alexandre Rodrigues Ferreira e do ouvidor Sampaio. Com uma diferença: Noronha esteve no Airão alguns anos antes dos dois outros viajantes, tendo a oportunidade de observar, por isso mesmo, o processo de estagnação do lugar em seus começos. Acerca do Airão em 1768, refere-se à extinção dos Tarumã: "Só povoado do gentio Aroaqui, por se haver extinguido totalmente a nação Tarumã".[29] Embora essa observação não seja totalmente correta, como veremos mais adiante — um pequeno grupo Tarumã conseguira escapar da fúria escravizadora e refugiara-se no alto rio Branco, dali passando para a Guiana, mas, desse fato, o vigário geral não teve notícias —, fica a evidência dos efeitos devastadores da dupla ação colonialista — resgates e aldeamentos — sobre os povos autóctones. Setenta e quatro anos depois da fundação de Santo Elias do Jaú, terceiro aldea-

[29] José Monteiro de Noronha, "Roteiro da viagem da cidade do Pará até as últimas colônias dos domínios portugueses em os rios Amazonas e Negro", in *Coleção de notícias para a história e geografia das nações ultramarinas que vivem nos domínios portugueses ou lhes são vizinhas*, Lisboa, Academia Real das Ciências, 1856, tomo VI, p. 64.

mento missionário dos Tarumã do rio Negro, não havia mais nenhum Tarumã nesse rio.

Ao passar pelos rios Jaú e Unini, Noronha também associou as dificuldades locais da colonização à escassez de mão-de-obra:

> Entre o lugar de Airão e a vila de Moura deságuam na margem austral do rio Negro dois rios, a saber: Jaú, acima do Airão, e Unini, a que chamam os europeus Anani, inferior cinco léguas à vila de Moura. Ambos foram habitados de gentio, mas agora se acham neles alguns fugidos (...) No Unini, há, posto que não com abundância, óleo de copaíba.[30]

Como se percebe, Noronha registra a presença de riquezas em potencial — óleo de copaíba —, mas, ao mesmo tempo, lamenta a dificuldade de explorá-las: os rios Jaú e Unini "foram habitados de gentio" — isto é, de gente capaz, por seu trabalho, de transformar a riqueza potencial da floresta em produtos passíveis de comercialização —, mas agora só se acham neles "alguns fugidos". Estamos diante de um tema clássico na literatura colonial: o das dificuldades de exploração da mão-de-obra indígena. Quando não podia contar com o trabalho indígena, o branco colonizador não encontrava solução a não ser a importação de escravos africanos. Trabalhar, com suas próprias mãos, a terra amazônica, ou dela extrair, com seus próprios braços, os produtos naturais — as drogas do sertão —, isso era coisa que não passava pela cabeça da quase totalidade dos portugueses residentes no Brasil. Afinal, o regime colonial fora implantado justamente para isso!

E estamos aí, então, diante da primeira grande contradição da Amazônia colonial: havia madeiras "finíssimas" no vale do rio Jaú e tartarugas "em abundância" no rio Unini, sem falar no óleo de copaíba — fosse ou não fosse, de fato, tão abundante —, no entanto, como disse o ouvidor Sampaio, poucos anos depois da passagem do padre Noronha pelo Airão: "Acho muito danificadas as casas desta povoação (...) Está esta povoação muito falta de gente e quase destruída".[31]

---

30 J. M. Noronha, op. cit., p. 65.

31 Francisco Xavier Ribeiro de Sampaio, Apêndice ao Roteiro da Viagem, in *Coleção de notícias para a história e geografia das nações ultramarinas que vivem nos domínios portugueses ou lhes são vizinhas*, Lisboa, Academia Real das Ciências, 1856, p. 111.

Embora nunca tenham usado a expressão que adiante empregarei, tanto Noronha, como Sampaio e Rodrigues Ferreira perceberam o essencial: o trabalho humano é o verdadeiro gerador de riquezas. Sem a força de trabalho indígena e na ausência quase completa de escravos africanos, muito caros para as elites locais — posto que os brancos, eles próprios, não trabalhassem —, o Airão definhava, ao completar seu primeiro centenário, em 1794. Sua estagnação não se devia à qualidade de suas terras, ou de suas madeiras, ou à inexistência de espécies animais e vegetais, no rio Jaú, passíveis de exploração econômica rentável. Pelo contrário, a "decadência" do Airão tinha tudo a ver, isso sim, com a forma de viver — estruturada pelo regime colonial — implantada na região por portugueses e elites luso-brasileiras ao longo do século XVIII.

Essa conclusão, aparentemente tão simples, raras as vezes foi formulada pelos homens — inclusive pelos mais ilustres — que passaram pelo baixo rio Negro no século XVIII. Imersos em um horizonte mental dominado pela presença hegemônica do trabalho compulsório, seus escritos acabavam se desviando — voluntária ou involuntariamente — das questões centrais, ligadas ao regime do trabalho escravo, em vigência na América portuguesa, para incidir sobre aspectos absolutamente secundários: má administração do aldeamento, desleixo na conservação da igreja, falta de roçagem do mato circundante. Quando uma questão maior era abordada e relacionada com a "decadência" — a dificuldade em fazer o índio trabalhar compulsoriamente em projetos econômicos estranhos à sua cultura —, isso quase sempre era dito de forma etnocentrista, sob a forma do tema clássico — para os mercantilistas — da "escassez de mão-de-obra", que os brancos atribuíam, quase sempre, à "indolência" dos nativos e dos caboclos.

Com isso, através desse artifício ideológico prestidigitador, os caboclos e demais vítimas da expansão mercantilista violenta acabavam sendo, eles, os responsáveis pela "escassez de mão-de-obra", ficando os verdadeiros provocadores dessa escassez — aqueles que ao longo do século XVIII, por meio de resgates e "guerras justas", exterminaram fisicamente milhares de índios e índias — isentos de qualquer responsabilidade. Graças a esses passes de mágica, tão bem arquitetados nos discursos da época, os entraves ou empecilhos para o desenvolvimento da Amazônia acabavam sendo os caboclos e mestiços da região! Essa distorção interpretativa acabaria a tal ponto sendo introjetada pelas elites locais, que daria origem a uma espécie de perversão da memória, no século seguinte, como bem assinalou, em tese de mestrado, o historiador amazonense Hideraldo Lima da Costa.[32] Como voltarei ao assunto em capítulo posterior, por enquanto registro só mais essa forma de violência auxiliar da violência física: os vencedores, na Amazônia, tentaram derrotar os autóctones inclusive no plano da memória, construindo, sobre o tema do "ócio" dos mestiços e caboclos, uma abundante documentação prestidigitadora. Se ainda pudesse acrescentar mais um capítulo para o seu famoso ensaio *O direito à preguiça*, Paul Lafargue[33] encontraria, nessa documentação amazônica facciosa, mais um argumento para criticar, por um novo ângulo, os discursos ideológicos dos donos de escravos a respeito da "indolência" de suas vítimas.

---

32 Hideraldo Lima da Costa, "Cultura, trabalho e luta social na Amazônia", São Paulo, Pontifícia Universidade Católica de São Paulo, tese de mestrado, 1995.

33 Paul Lafargue, *O direito à preguiça*, São Paulo, Kairós, 1979.

3

TRABALHO INDÍGENA E HISTÓRIA REGIONAL

Os fatores que levaram o Airão, a partir de meados do século XVIII, a um lento arrefecimento de sua vida econômica e a uma quase paralisação de suas atividades sócio-culturais — anteriormente organizadas em torno de festas religiosas — são múltiplos e complexos. Toda forma de reducionismo — economicista ou culturalista — deve ser evitada, a meu ver. Como os riscos de interpretação ideológica e etnocentrista são sempre reais, nesses casos, parece-me interessante começar procurando os fatores da crise do Airão mediante uma análise concreta daquela situação histórica precisa, sem recorrer, previamente, a nenhuma generalização. Começo relendo as fontes escritas que tenho diante de mim. O que dizem, a esse respeito, as pessoas que estiveram no Airão em 1774, 1786 e 1821?

Os padres carmelitas procediam da mesma forma que os mercedários e jesuítas, vinculando suas missões de catequese ao comércio de drogas do sertão. Santo Elias do Jaú não foi exceção. Com base no trabalho indígena dos Tarumã, inicialmente, e depois dos Aroaqui, a povoação de Santo Elias do Jaú viveu seus primeiros anos. Tempos duros de aculturação e deculturação, de paternalismo, de muita doença e, também, de fé e pregação missionária. E festas do Divino Espírito Santo.

Quando o ouvidor Sampaio passou por Airão — viajou pelo Negro em 1774-75 —, já não havia vestígios dos Tarumã. Chamo a atenção para o seguinte trecho do *Roteiro da viagem do ouvidor Sampaio*:[1]

> Dez léguas acima da boca superior do canal de Anavilhana, está a Ponte das Pedras, a que chamam Igrejinhas, inferior quatro léguas ao lugar do

---

[1] Francisco Xavier Ribeiro de Sampaio, "Diário de Viagem que em visita e correição das povoações da capitania de São José do rio Negro fez o ouvidor e intendente geral da mesma nos anos de 1774 e 1775", in *Revista do Instituto Histórico, Geográfico e Etnográfico do Brasil*, tomo XLVIII, Rio de janeiro, 1885.

> Airão, situado na mesma costa austral. Esse lugar foi primeiramente estabelecido com índios das nações Tarumã, e Aroaqui na enseada grande, que fica logo acima da fortaleza [da Barra], donde se mudou para o sítio, em que presentemente está só povoado por gentio Aroaqui, por haver se extinguido a nação Tarumã.

O ouvidor não dá nenhuma pista que pudesse nos ajudar a compreender a situação que engendrou esse fato grave, por ele mencionado: a extinção dos índios Tarumã. Cotejando seu depoimento com outros depoimentos e com estudos etno-históricos recentes, tentarei reconstituir o provável desfecho daquela atividade missionária iniciada em 1658 pelos jesuítas.

A primeira verificação necessária diz respeito à própria afirmação feita pelo ouvidor em 1774: "Por haver se extinguido totalmente a nação Tarumã". Essa afirmação é confirmada por Alexandre Rodrigues Ferreira, que escreveu a seguinte frase, em seu relato, em 1786: "Depois que de todo se extinguiu a nação Tarumã, ficaram povoando o lugar os Aroaquis, Manaos, Barés e Tucuns".[2] Muitos anos depois, por ocasião da publicação de seu livro *Viagem pelo Brasil*, Von Martius redigiu uma nota complementar ao relato de Spix sobre o rio Negro. Esta nota foi escrita com base em informações obtidas por Martius junto a "dois inteligentes moradores da Barra, o senhor Küfner Teles, então ajudante do governador, e o senhor Anveres de Corte-Real, nos quais posso confiar".[3] Segundo esses informantes, "as epidemias devastadoras, a que estão expostos os povoados do Brasil e cujo aumento de vinte anos para cá teve por conseqüência o despovoamento de muitos lugares e vilas, antes florescentes, grassam também, cada vez mais, entre essas tribos selvagens, o que particularmente vale para as bexigas. Assim, por exemplo, já estão extintos os Tarumã, os Uaranacuacena e os Uarina".[4]

---

2 Alexandre Rodrigues Ferreira, *Viagem Filosófica ao rio Negro*, Belém, Museu Paraense Emílio Goeldi, s/d, p. 562.

3 J. B. Spix e C. F. P. Martius, *Viagem pelo Brasil*, Belo Horizonte, Itatiaia, 1976, p. 243.

4 Idem, p. 243.

Embora esses três depoimentos coincidam, não restando dúvida, portanto, sobre o efetivo desaparecimento dos Tarumã do Airão e também de todo o baixo rio Negro, há provas de que um grupo Tarumã não aldeado logrou escapar do controle dos missionários e dos comerciantes de escravos, subindo o Negro e o Branco em busca de terras ainda não incorporadas de fato ao sistema colonial português. Outros povos indígenas cuja trajetória é bem mais conhecida do que a dos Tarumã também fizeram isso nos séculos XVII e XVIII. À medida que o colonialismo se expandiu, a partir de Belém, rumo ao oeste da Amazônia, os Baré foram se deslocando cada vez mais em direção ao alto rio Negro, onde hoje vivem seus descendentes. Os mesmos informantes entrevistados por Martius em 1821, que afirmaram estarem os Tarumã extintos, disseram, também, que os Baré encontravam-se extintos. Não estavam mentindo, pois os Baré não mais existiam em terras do baixo rio Negro, que eles deviam conhecer melhor. Porém, continuavam existindo mil quilômetros a noroeste, em terras que os informantes desconheciam, onde até hoje estão, acima da cachoeira de São Gabriel, em Marabitanas e Cucuí, e no trecho venezuelano do rio Negro. Algo semelhante aconteceu com os Tarumã, que eram bons navegantes e guerreiros audaciosos.

Um grupo Tarumã de fato sobreviveu aos ataques escravistas e epidemias do baixo rio Negro pelo menos durante dois séculos. Os índios subiram o rio Branco, afluente da margem esquerda do rio Negro — a foz não está muito distante do Velho Airão —, chegando até as terras onde hoje estão as fronteiras do Brasil com a Guiana. O professor José Ribamar Bessa Freire,[5] coordenador do Programa de Estudos dos Povos Indígenas, da Universidade do Estado do Rio de Janeiro, publicou em 1994 um artigo que contém o relato desse episódio comovente de emigração forçada:

> Os Tarumã subiram o rio Negro — homens, mulheres e crianças —, carregando suas tralhas, redes e xerimbabos. Entraram pelo rio Branco e desapareceram do mapa do Brasil, com os seus sofisticados ralos de

---

[5] José Ribamar Bessa Freire, "Barés, Manáos e Tarumãs", in *Amazônia em Cadernos* nºˢ 2/3, Manaus, 1993/1994, p. 169.

mandioca. Foram considerados extintos. Em 1837, no entanto, o viajante e naturalista alemão Robert Schomburgk encontrou aproximadamente 500 membros da tribo Tarumã ao longo dos rios Essequibo e Cuyuwini, na Guiana Inglesa.

Segundo Bessa Freire, a última notícia deles data de 1916: eram 150 índios Tarumã, lá na Guiana Inglesa, segundo informações do lingüista Cestmir Loukotka.

Serafim Leite mencionou, em 1943, a presença de índios Tarumã na então Guiana Holandesa. Diz ele, no volume III de sua *História da Companhia de Jesus no Brasil*: "Os Tarumãs (...) ainda hoje existem nos confins do Brasil com a Guiana Holandesa, em cujo mapa etnográfico se incluem".[6] Baseia essa informação em três fontes: o *Mapa Etnográfico da Região do alto rio Branco*, feito por Stradelli em 1903; um livro de Martín Alonso, intitulado *Las Guyanas*; o livro *Os indígenas do Nordeste*, de Estevão Pinto, publicado em São Paulo em 1935. Existirá alguma relação entre esses Tarumã das duas Guianas, a ex-inglesa e a ex-holandesa? No artigo de Nádia Farage e Paulo Santilli, intitulado *Estado de sítio: território e identidades no vale do rio Branco*,[7] editado em 1992, não há referências aos Tarumã, embora os autores esbocem com muita riqueza de detalhes o mapa etnográfico dos altos rios formadores do Branco (Maú, Tacutu, Anauá) e mencionem os freqüentes contatos entre indígenas daquelas áreas dominadas por luso-brasileiros — atual estado de Roraima — e os holandeses do rio Rupununi, formador do Essequibo. Mas, como entre 1780 e 1814 as feitorias comerciais guianesas trocaram de mãos várias vezes — as colônias de Essequibo e Demerara voltaram à jurisdição holandesa em 1783, passando novamente às mãos de ingleses de Barbados algum tempo depois —, não se pode descartar a possibilidade de que os Tarumã mencionados nas duas fontes constituam o mesmo grupo emigrado do Brasil, que, no todo ou em

---

6 Serafim Leite, *História da Companhia de Jesus no Brasil*, Rio de Janeiro, Instituto Nacional do Livro, 1943, vol. III, p. 370.

7 Nádia Farage e Paulo Santilli, "Estado de sítio: território e identidades no vale do rio Branco", in *História dos índios no Brasil*, Manuela Carneiro da Cunha (org.), São Paulo, Companhia das Letras, 1992.

parte, pode ter chegado, em algum momento de suas andanças, ao rio Courantyne e à então Guiana Holandesa. No entanto, só uma pesquisa posterior poderá esclarecer essa questão. O mapa etno-histórico de Curt Nimuendaju, de 1944, fornece algumas pistas valiosas nesse sentido, confirmando, aliás, a presença dos Tarumã na Guiana Inglesa no início do século XX, entre os rios Essequibo e Cuyuwini.

É provável, inclusive, que, da emigração forçada para a Guiana, tenham participado os próprios Tarumã aldeados pelos carmelitas em Santo Elias do Jaú, e não apenas os demais Tarumã, não-aldeados. Há uma prova documental que dá força a essa hipótese: o texto escrito pelo padre Vitoriano Pimentel, logo após sua viagem pelo rio Negro no ano de 1702. Segundo esse depoimento, os Tarumã aldeados fugiram de Santo Elias do Jaú, logo após a construção da igreja de pedra. O padre Pimentel atribuía esse abandono do aldeamento à inconstância dos índios, sem relacioná-lo com os descimentos, os resgates e as várias formas de trabalho indígena forçado na região. Diz ele:

> É gentio muito vário, um ano quer morar de uma parte, no segundo já se muda para novo domicílio. Causa esta, porque os missionários, vendo as igrejas e residências, que fazem, malogradas, fazem-nas com pouco gosto e a menos custo. A mim me sucedeu mandar fazer uma igreja nova muito distante, nos Tarumazes, que são da missão de Santo Elias, e estando já quase acabada se mudaram eles para a outra banda, deixando ficar aquela aldeia deserta.[8]

Não havendo mais nenhum Tarumã no Airão, resta saber quem eram aqueles 126 índios aldeados que Alexandre Rodrigues Ferreira recenseou em 1786. Segundo o ouvidor Sampaio, o Airão, em 1774, estava "só povoado de gentio Aroaqui", embora recentemente tivesse sido feito um descimento — índios aprisionados nos sertões e escravizados — "de índios Tacu". Segundo ele nos diz, em seu *Roteiro*,[9] "esta povoação

---

8 Citado por Manuel Maria Wermers, "O estabelecimento das missões carmelitanas no rio Negro e nos Solimões", Coimbra, Anais do 5º Colóquio Internacional de Estudos Luso-Brasileiros, 1965, p. 24.

9 Francisco Xavier Ribeiro de Sampaio, op. cit.

[do Airão] está muita falta de gente, e quase destruída", devendo o diretor promover "descimentos das inumeráveis nações que habitam nas margens deste rio, fronteiras a esta povoação". Disso se conclui que em 1774 havia índios Aroaqui e Tacu, no Airão e seus arredores.

Em 1786, além daqueles índios aldeados e aculturados nos anos anteriores, Rodrigues Ferreira[10] teve notícias da presença de um grupo Juma no rio Unini, que é afluente do Negro pela margem direita. Um ano depois, o vigário de Airão, frei Joseph da Conceição, em carta dirigida ao governador João Pereira Caldas, menciona a presença de índios Juma no rio Unini. Usando "flechas hervadas", esses Juma atacaram os Mura de Airão, levando suas canoas, em número de três, e obrigando-os a saltar no rio. Como se percebe, o antigo aldeamento dos Tarumã foi se diversificando cada vez mais do ponto de vista étnico, cultural e lingüístico. Tudo indica que os descimentos continuaram sendo feitos nos anos seguintes, pois, em 1821, além dos descendentes dos índios já citados, havia ainda no Airão índios Manao, Coretu, Juri, Passé, Uianumá, Jumana, Miranha e Uaranacoacena, segundo os informantes de Von Martius.[11] O fato de alguns desses povos não serem originários do Negro não é necessariamente indício de algum possível erro por parte dos informantes, pois os comerciantes de escravos, que realizavam os descimentos naquela época, percorriam distâncias enormes em busca de mão-de-obra indígena. Aliás, na verdade os colonos brancos preferiam utilizar o trabalho de índios originários de rios distantes, pois a proximidade da tribo encorajava as fugas, enquanto as grandes distâncias desestimulavam as mesmas, tornando-as quase impossíveis. O próprio ouvidor Sampaio, em 1774, aconselhava esse tipo de descimento:

> Cuidarão os diretores em que os principais façam também descimentos das nações do rio Japurá, porque, sendo mais distantes, não são tão fáceis as fugidas, como costuma suceder com os índios vizinhos, e nesta povoação [do Airão] o tem mostrado a experiência.[12]

---

10 Carta transcrita por A. Rodrigues Ferreira em *Viagem filosófica ao rio Negro*, op. cit., p. 571.

11 Spix e Martius, op. cit., p. 244.

12 Francisco Xavier Ribeiro de Sampaio, op. cit.

No que diz respeito aos índios Juma, cuja presença na bacia do Jaú provocou atritos com brancos e índios aldeados no final do século XVIII, as informações são escassas. Como não há registro algum na etnografia brasileira da presença de povos de língua tupi ao norte do Solimões, é quase certo não haver parentesco algum entre aqueles Juma do Unini/Jaú, mencionados no século XVIII, e os Juma de língua tupi-kawahib, que tradicionalmente habitavam a bacia do Madeira. Após as violências cometidas contra eles em 1973, verdadeiro massacre, os remanescentes se refugiaram na bacia do Purus. A homonímia é freqüente na Amazônia, e não é garantia de parentesco.

Mesmo assim, não deixa de ser interessante assinalar a presença de índios Juma nos rios Coari e Tefé, no século XVIII, sendo provavelmente parte do mesmo povo Juma que havia descido o Unini até as imediações do Airão. Como há algumas passagens por terra ligando facilmente o Unini e o Jaú a certos afluentes da margem esquerda do Japurá — que, por sua vez, deságua no Solimões nas imediações de Tefé —, é quase certo o parentesco entre esses grupos Juma de Coari, de Tefé e do Airão. Já os incertos vínculos com os homônimos do Purus-Madeira só poderiam ser confirmados, se houvesse algumas provas lingüísticas. Elas, entretanto, não existem, ou pelo menos não são do meu conhecimento. O diário do padre Samuel Fritz,[13] que passou por aquele trecho do Solimões em 1689 e em 1691, não fornece informações precisas a esse respeito. Torna patente, contudo, a presença de pelo menos um povo de língua tupi — os Omágua — ao norte do Solimões, o que me leva a relativizar a regra da não-existência de índios de língua tupi ao norte do Solimões, pois a etnografia do século XX não pode ser generalizada — o mapa etno-histórico da Amazônia, nos séculos XVII e XVIII, era sensivelmente diferente. O fato de as distâncias serem grandes também não deve constituir argumento definitivo contra a possibilidade de se tratar do mesmo povo — os Juma do Airão, de Coari e de Tefé —, porque os próprios Tarumã viajavam pelo Solimões e iam fazer guerra contra os

---

[13] Samuel Fritz, *O diário do padre Samuel Fritz*, separata da revista do Instituto Histórico Geográfico, nº 81, organizada e apresentada por Rodolfo Garcia, Rio de Janeiro, 1918.

Cuchiguara, contra os Ibanoma e contra os Jurimágua, como relatou Samuel Fritz. Viajavam, portanto, pelo Solimões, muito a oeste da barra do Tefé, não se podendo descartar, pois, a possibilidade de que os Juma também tenham percorrido distâncias tão grandes. Aliás um cacique Tarumã chamado Carabiana — ou Cariabana — acompanhou Samuel Fritz em 1691, por um longo trecho do Solimões, a partir da barra do rio Negro. Esses Tarumã não-aldeados faziam longas viagens, mantendo atividades de escambo com os Caripuna do alto rio Branco. Samuel Fritz, em seu *Diário*,[14] menciona uma escopeta de procedência francesa utilizada por índios Tarumã da tribo do cacique Carabiana. Segundo ele, essa escopeta e outros objetos de mesma procedência vinham de Caiena até o alto rio Branco, o que nos dá uma idéia das formidáveis distâncias amazônicas e dos intrincados labirintos aquáticos do escambo interétnico no período colonial.

Legislação indigenista e política colonial no baixo rio Negro

Entre as disposições gerais emanadas diretamente da Coroa, em Portugal, e a prática cotidiana envolvendo brancos e índios aldeados, no baixo rio Negro, havia uma distância enorme. Em geral, a política indigenista colonial partia de uma distinção básica: "índios amigos" eram os índios aldeados e aliados dos portugueses, como era o caso dos Tarumã e Aroaqui de Santo Elias do Jaú/Airão, e "gentio bravo" eram "os índios inimigos", ou "hostis", que viviam em liberdade e de forma autônoma nos sertões. No trecho do baixo rio Negro que nos interessa neste livro, que vai da foz do Jaú, pela margem direita, à foz do Branco, pela margem esquerda, havia esses dois tipos de índios. Na margem esquerda, não surgiu nenhum aldeamento definitivo, com exceção do período inicial de aldeamento dos Tarumã pelos jesuítas (1658-1694). Na margem direita, os aldeamentos deram origem às povoações de Airão, Moura e Carvoeiro. Os grupos étnicos que não aceitaram a presença dos missionários, na margem esquerda, resistindo, durante três séculos, diante

---

14 Samuel Fritz, op. cit., p. 392.

das tentativas de descimento e de escravização, receberam várias denominações, nos séculos XVII, XVIII e XIX. Hoje sabemos tratar-se de um conjunto de povos federados conhecidos pelo nome de Waimiri-Atroari. Esses índios autônomos atravessaram o rio Negro em algumas ocasiões para atacar Moura, Carvoeiro e Airão. E vice-versa, da margem direita — de Moura principalmente —, partiram várias expedições punitivas em direção às aldeias Waimiri-Atroari da margem oposta do grande rio. Esses conflitos interétnicos foram constantes na história regional do baixo rio Negro, não só nos séculos XVII e XVIII, mas inclusive no XIX e no XX. O Airão foi atacado pelos Waimiri-Atroari em 1865, fato bem descrito em duas teses recentes de antropologia — uma de mestrado, do professor Paulo Pinto Monte,[15] da Universidade do Amazonas, e outra de doutorado, do professor Stephen Baines,[16] da Universidade de Brasília, ambas dedicadas aos Waimiri-Atroari.

O ataque de Airão pelos índios, em 1865, não foi um gesto isolado de hostilidade, mas um episódio que se insere em um longo e cruel ciclo de violências iniciado alguns anos antes pelo oficial Pereira de Vasconcelos, que atacou os Waimiri-Atroari, provocando, em território indígena, um "banho de sangue com incrível crueldade", segundo relato de João Barbosa Rodrigues, editado em 1885, com o título de *A pacificação dos Krichanás.*[17] Algum tempo depois daquele banho de sangue, entre 1873 e 1876, o coronel João Rego Falcão e os tenentes Pastana e Oliveira Horta, a mando do governador do Amazonas, procederam a novos massacres na área Waimiri-Atroari. Só no dia 20 de outubro de 1874, foram mortos 200 índios pelos militares. No dia 23 de novembro do mesmo ano, mais 23 índios foram mortos. O Brasil já havia se separado de Portugal há mais de meio século, quando esses massacres ocorreram no baixo rio Negro. Não foi o colonialismo português, portanto, que os provocou. Nos sertões da Amazônia e demais áreas isoladas do resto do

---

[15] Paulo Pinto Monte, "Etno-história Waimiri-Atroari (1663-1962)", São Paulo, tese de mestrado apresentada na Pontifícia Universidade Católica, 1992.

[16] Stephen Grant Baines, *É a Funai que sabe: a frente de atração Waimiri-Atroari*, Belém, Museu Paraense Emílio Goeldi, 1990.

[17] João Barbosa Rodrigues, *A pacificação dos Krichanás*, 1885.

Brasil, as oligarquias brasileiras continuavam se comportando em relação aos povos autóctones de uma forma idêntica à dos antigos colonos lusos. Nesse sentido, é válido dizer que uma espécie de colonialismo interno continuou caracterizando as relações das frentes pioneiras, ligadas à economia extrativista, com as tribos ainda autônomas do rio Negro. A abolição do trabalho escravo, em 1888, e a proclamação da República, em 1889, não alteraram essa disposição oligárquica para atos truculentos, pois, em 1905, mais 283 índios Waimiri-Atroari foram trucidados, em um ataque comandado pelo capitão Júlio Catingueira, a mando do governador Constatino Nery.

Nem sequer em períodos mais recentes, a idéia de paz e de cooperação interétnica logrou penetrar nas formas ideológicas e racistas de pensar de alguns aventureiros do baixo rio Negro. Em 1949, ocorreu novo massacre de índios Waimiri-Atroari, perpetrado por caçadores de jacaré, financiados por comerciantes exportadores de couro desse animal. Nessa ocasião, 72 índios foram barbaramente trucidados, segundo relatório de Ramiro Rodrigues, do Serviço de Proteção ao Índio.[18] Os habitantes do Velho Airão, durante várias gerações, nasceram e cresceram dentro de um clima muito tenso de beligerância interétnica. Assim como o 7 de Setembro não trouxera a abolição da escravidão para os negros, no Brasil independente, o 15 de novembro não trouxe paz e segurança para os povos indígenas da Amazônia. O colonialismo interno, de opressão das sociedades tribais, praticado por brasileiros, foi em tudo semelhante ao colonialismo ibérico.

Isso não significa que todos os brancos tenham sempre praticado a violência, em todas as circunstâncias e sem nenhuma exceção. Pelo contrário, os relatos coloniais, apesar de suas inúmeras lacunas, mostram indícios da existência de muitas formas mais brandas de relacionamento interétnico, eivadas de paternalismo e de ingênuas expressões de fé sal-

---

[18] Esses fatos relativos aos Waimiri-Atroari foram minuciosamente descritos nas teses de Paulo Pinto Monte e Stephen Baines. Sobre a situação desses índios em períodos históricos mais recentes, ver o excelente artigo de Egydio Schwade intitulado "Waimiri-Atroari: a história contemporânea de um povo na Amazônia", in *História da Igreja na Amazônia*, coord. por Eduardo Hoornaert, Petrópolis, Vozes, 1992.

vacionista. Na correspondência trocada entre o vigário de Airão e o governador, logo após a passagem de Alexandre Rodrigues Ferreira, há uma carta na qual Joseph da Conceição relata os ataques dos índios Juma, vindos do rio Unini, contra os índios Mura, recém-chegados ao Airão. Segundo o padre, esse ataque provocou um grande medo entre brancos e índios aldeados. E inclusive nos Mura, que, a partir daí, não queriam mais "ir à roça sozinhos, sem companhia debaixo de armas".[19] O padre, então, pede providências ao governador, porque no Airão havia "poucas armas de fogo, todas desconsertadas, sem haver uma que seja capaz de dar fogo", não havendo, tampouco, "pólvora nenhuma para defesa nossa".[20] Essa carta é do dia 5 de agosto de 1787. O governador responde dizendo que ia mandar consertar as armas e, ao mesmo tempo, recomenda paciência e bons tratos para com os Mura:

> Recomendo se continue em obrar a respeito dessa acrescida gente, porquanto a redução e conservação dela é ao serviço de Deus, de Sua Majestade, e ao bem comum de seus vassalos da grande importância, que Vossa Paternidade não ignora.[21]

Ao analisar essa correspondência, trocada pelo vigário do Airão com o governador João Pereira Caldas, de Barcelos, no ano de 1787, ano da chegada dos índios Mura ao vale do rio Jaú, podemos perceber muito bem alguns aspectos característicos da política indigenista colonial no baixo rio Negro e das mentalidades a ela associadas, desde o fim do século XVIII, pelo menos. Essa correspondência foi anexada por Alexandre Rodrigues Ferreira a seu relato *Viagem filosófica ao rio Negro. Participação Quinta: de Moura a Airão*.[22] São quatro cartas do vigário Frei Joseph da Conceição e quatro respostas do governador, general João Pereira Caldas, então residente em Barcelos. Todas as cartas foram escritas no ano de 1787. Em uma delas — a de 17 de fevereiro —, o gover-

---

[19] Carta transcrita por Alexandre Rodrigues Ferreira em *Viagem filosófica ao rio Negro*, op. cit., p. 571.

[20] Idem, p. 569.

[21] Ibidem, p. 570.

[22] Ibidem, p. 570.

nador recomenda ao vigário que acolha bem os Mura, dando-lhes farinha e agasalho, pois, de outra forma, desgostosos, eles poderiam se retirar, perdendo-se, assim, "a grande obra que a divina bondade tem facilitado da geral redução destes bárbaros".[23] No dia 5 de agosto, o vigário responde, dizendo que os Mura davam sinais e demonstração "de ter bom princípio, o que os outros [índios] que há mais tempo que estão o não tem feito".[24]

Os Mura haviam pedido ferramentas emprestadas — o que o vigário logo providenciou — e, com elas, "entraram a fazer roça". Já os demais índios do Airão, aldeados há mais tempo, "o que querem é andar mariscando pelas beiras dos rios". Na opinião do padre, "o que lhes falta é andarem na companhia de algum ladino para o meterem a caminho, para melhor se irem civilizando".[25]

Temos aí, portanto, imagens bem significativas dos dois tipos de relação que a política indigenista — na Colônia e Império — reservava para os povos autóctones. Para os índios amigos, fixava-se a meta de torná-los menos bárbaros, para "se irem civilizando". Isto é, para irem deixando de ser Mura, ou Aroaqui. Para irem abandonando a sua própria cultura. Já para o *gentio bravo*, que recusava a catequização e não se submetia à ordem colonial escravista, fixava-se a meta consciente ou inconsciente de subjugá-los com o emprego da força das armas. É o que tem acontecido no caso dos Waimiri-Atroari desde então. A legislação indigenista era "contraditória e oscilante",[26] como bem observou Beatriz Perrone-Móises. Porém, nem sequer essa legislação — às vezes timidamente paternalista e protetora — era aplicada no Airão com rigor. Basta dizer que o Diretório Pombalino — instituído em 1777 para o Maranhão e Grão-Pará — previa que a administração dos assuntos indígenas fica-

---

[23] Alexandre Rodrigues Ferreira, op. cit., p. 566.

[24] Idem, p. 569.

[25] Ibidem, p. 569.

[26] Beatriz Perrone-Moisés, "Índios livres e índios escravos: os princípios da legislação indigenista no período colonial (séculos XVI a XVIII)", in *História dos índios no Brasil*, organização Manuela Carneiro da Cunha, São Paulo, Companhia das Letras, 1992, p. 117.

ria a cargo de um diretor, em cada aldeamento ou povoação. No Airão, entretanto, esse cargo era ocupado, em 1786, por um homem que não apresentava os requisitos mínimos para desempenhar semelhante tarefa. Chamava-se Raimundo Dias Guedes e tinha 46 anos de idade quando foi entrevistado por Alexandre Rodrigues Ferreira. Segundo o naturalista, faltava-lhe "o desembaraço preciso para se saber haver nas urgências da povoação e ainda, fora delas, não tem inteligência que basta para um mediano manejo dos interesses dela".[27]

Em um contexto histórico como esse, a legislação indigenista — Carta Régia de 17/01/1691, Regimento das Missões de 1686, Diretório de 1757 — em pouco tempo virava letra morta.

O Airão e a diplomacia portuguesa

Uma boa parte das vicissitudes pelas quais passou o Airão só pode ser compreendida dentro de uma perspectiva mais ampla, na qual as dimensões internacionais do problema sejam contempladas. Quando estudada isoladamente, a história regional se empobrece. Desde o século XVI, a vida das populações indígenas foi envolvida por um poderoso processo de expansão européia do qual não se pode fazer abstração. No século XVII, após a fundação do Forte do Presépio (1616) junto à foz do Guamá, os portugueses começaram a organizar seu domínio na Amazônia e incentivar o aproveitamento econômico dos produtos florestais. Foram concedidas as donatarias do Caeté, Cabo do Norte e Marajó — efetivadas a partir de 1627 — e criada a capitania real de Gurupá. A partir desses pontos de apoio, localizados no baixo Amazonas e imediações do Atlântico, começaram as incursões portuguesas rumo ao oeste amazônico, tornando o Tratado de Tordesilhas mais caduco do que ele já era. A união das coroas ibéricas (1580-1640) tornava ainda mais fácil essa penetração. Os próprios Felipe de Espanha, na época reis de Portugal, viam com bons olhos essa penetração, ou a ela não se opunham, pois seus inimigos na época — Guerra dos Trinta Anos — estavam no norte amazônico, na Guiana, ocupada por holandeses e franceses, e no próprio Cabo Norte, atual Amapá, onde havia feitorias inglesas. A Igre-

27 Alexandre Rodrigues Ferreira, op. cit., p. 566.

ja Católica contribuiu muito para esse esforço de penetração lusa pelo interior do vale do Amazonas. As guerras religiosas, na Europa, estimulavam esse esforço missionário católico, pois os protestantes estavam instalados na Amazônia guianense e amapaense. Com a Restauração, em Portugal, em 1640, as rivalidades entre católicos ibéricos voltaram a se acirrar, na Amazônia. Os povos indígenas que habitavam as margens do Amazonas-Solimões viram-se, assim, envolvidos por uma disputa diplomática e religiosa cujos centros de decisão se encontravam a milhares de quilômetros do rio Napo, ou da barra do rio Negro.

Mais ocupados inicialmente com a exploração das riquezas da parte andina de suas possessões na América do Sul, os colonos espanhóis tardaram em colonizar a região amazônica, cuja penetração, no sentido Oeste-Leste, ficou a cargo de missionários em um primeiro momento. Já a penetração portuguesa, no sentido Leste-Oeste, foi muito mais rápida e agressiva, e dela participaram missionários e colonos, principalmente comerciantes de escravos. Em 1655, os jesuítas já haviam fundado 54 missões na Amazônia, 28 das quais ao longo do rio Amazonas. Após o Regimento das Missões, de 1686, que aboliu o controle preferencial que os jesuítas tinham sobre os índios do extremo ocidental, outras ordens religiosas chegaram àquelas áreas: os mercedários, os carmelitas e os franciscanos. As duas primeiras missões religiosas foram responsáveis pelo aldeamento dos Tarumã, como já vimos, e pela fundação de Santo Elias do Jaú.

Se fixarmos nossa atenção na conjuntura ibérica e amazônica da segunda metade do século XVII, veremos que a "fronteira" entre as duas frentes iniciais de expansão — Oeste-Leste e Leste-Oeste — encontrava-se, aproximadamente, na barra do rio Negro, habitada pelos Manao e pelos Tarumã. Não é de se estranhar, portanto, que os Tarumã tenham sido os primeiros a merecer a atenção dos estadistas da época e dos jesuítas: foram aldeados em 1658, no rio Negro, onze anos antes da construção da fortaleza da Barra, não só por serem uma tribo da "fronteira" móvel entre dois impérios coloniais, mas, principalmente, pelo fato de os Tarumã, até então, terem mantido relações muito mais amigáveis com os espanhóis do que com os portugueses. Isso se compreende facilmente, quando se recorda que a presença espanhola se fazia quase exclusivamente mediante obras de catequização, enquanto a tônica dominante na frente de expansão portuguesa era o comércio de escravos. Os índios sentiam a diferença. Os portugueses também conseguiam alianças com povos indígenas, é verdade, mas isso normalmente ocorria porque os próprios índios, quando em guerra com outros índios, procuravam alianças com os inimigos brancos dos aliados de seus próprios inimigos índios. Mas a complexidade do assunto é tão grande, que esta constatação não deve ser tomada como uma regra — quando passou pela barra do rio Negro em 1689-90, o padre Samuel Fritz[28] descreveu as guerras que os Tarumã, que tinham simpatias por esse missionário a serviço de Espanha, moviam contra os Cuchiguara, que também eram "amigos" dos espanhóis. Por outro lado, percebe-se também que nem todos os Tarumã haviam sido aldeados em 1658. Muitos permaneceram em suas tribos, vivendo de forma autônoma entre o rio Tarumã — imediações da atual Manaus — e o rio Urubu, onde frei Teodósio da Veiga, mercedário, criara uma missão.

Enquanto a diplomacia da época manteve acesa sua atenção para essa antiga área limítrofe, disputada por Lisboa e por Madri, o aldeamento dos Tarumã, em Santo Elias do Jaú, teve um certo valor estratégico. Porém, quando a "fronteira" móvel se deslocou para outras áreas da Amazônia, mais a oeste, pelo Solimões, e mais ao norte, pelo Negro, Santo Elias entrou naquele marasmo sócio-econômico-cultural do qual já falamos. Quando, a partir do Tratado de Santo Ildefonso, de 1777, diplomatas portugueses e castelhanos começaram a fixar as fronteiras de seus respectivos domínios na Amazônia, o Airão já não tinha valor estratégico algum na geopolítica portuguesa, pois os marcos fronteiriços dessa ocupação haviam se deslocado rio Negro acima, para as fortalezas de São Gabriel da Cachoeira e de Marabitanas, mais de seiscentos quilômetros a noroeste do Airão.

---

[28] Excertos do diário de Samuel Fritz compilado por autor anônimo em "Notícias auténticas del famoso rio Marañon y misión apostólica de la Compañia de Jesus de la província de Quito", editados em português por Antônio Porro in *As crônicas do rio Amazonas*: *Notas etnográficas sobre as antigas populações indígenas da Amazônia*, Petrópolis, Vozes, 1993.

Despovoamento do baixo rio Negro: um desastre demográfico ao redor do Airão

A crise que envolveu a pequena povoação de Airão durante um século, a partir de meados do século XVIII, também não pode ser entendida fora do quadro geral de despovoamento do baixo rio Negro, iniciado no final da primeira metade do século anterior. Um verdadeiro desastre demográfico liquidou completamente vários povos indígenas do Amazonas-Solimões e do Negro, vítimas de um número muito grande de epidemias, por um lado, e de razias altamente destruidoras comandadas por comerciantes de escravos. O extrativismo só se tornou base da economia local em um segundo momento, pois, na fase inicial de conquista do Negro e do Solimões, foi o tráfico de mão-de-obra nativa para os engenhos do Maranhão e de Pernambuco que constituiu a principal fonte de lucro dos comerciantes portugueses. Não era a civilização que Portugal trazia para o Negro e o Solimões, embora essa palavra fosse sempre utilizada nos discursos da época. Era a escravidão, a deculturação e, em casos extremos, a morte. Os missionários que ousaram contrariar essa política escravizadora de índios foram presos e deportados, como o escritor Antônio Vieira, no século XVII. Ou nunca foram levados a sério, como o italiano Gabriel Malagrida, no século XVIII, jesuíta que foi morto pela Inquisição, em Lisboa, em 1761, depois de quase trinta anos de convivência pacífica com povos indígenas do Maranhão e Pará. Essas razias aniquiladoras eram organizadas mediante descimentos. Os colonos brancos, auxiliados, algumas vezes, por sertanistas famosos, penetravam na floresta e aprisionavam índios — dezenas ou centenas —, mantendo-os prisioneiros, em seguida, em alguma povoação localizada às margens dos rios principais, onde os índios eram vendidos, algum tempo depois, para comerciantes de escravos.

A essas operações de descimento, é preciso acrescentar o efeito catastrófico de certas doenças. Os índios não estavam imunologicamente preparados para resistir a essas novas enfermidades, trazidas pelos portugueses. O mesmo acontecia nos rios aos quais os espanhóis chegaram primeiro, como se pode ver pelos depoimentos de frei Laureano de La Cruz. Vindo de Quito para tentar a conversão dos Omágua, esse missionário desceu o rio Napo e chegou ao Marañon-Solimões, onde, em 1648, presenciou os efeitos arrasadores de uma epidemia de varíola vinda de rio abaixo. Além disso, recebeu notícias de que "toda a província dali para baixo estava empestada e que havia morrido muita gente".[29] Laureano de La Cruz escapou, mas a mortandade foi grande: "Somente a mim foi servido Deus que não tocasse, andando como andei entre aqueles miseráveis empestados de enfermidade tão pegajosa e tão asquerosa que o simples ver o estado miserável dos enfermos e o seu mau cheiro bastavam para matar".[30] O professor Antônio Porro, do Museu de Arqueologia e Etnografia da Universidade de São Paulo, observou, com razão, que o que mais chama a atenção no relato de frei Laureano, em oposição aos cronistas anteriores, é o reduzido povoamento da várzea do alto Amazonas.[31] De fato, a Amazônia que Carvajal e Acuña viram e descreveram já estava desaparecendo. De muito povoada que era, a calha central da bacia amazônica começava a ficar despovoada, criando o grande paradoxo do Norte do Brasil. Nessa região, foi o despovoamento que acompanhou a chegada dos europeus, nos séculos XVII e XVIII, e não o povoamento. No baixo rio Negro, foi a mesma coisa. Alexandre Rodrigues Ferreira fala dos "repetidos contágios de bexigas", no Airão, "e de sarampo", que têm "diminuído muito a sua população".[32] Dá alguns exemplos de famílias do Airão na segunda metade do século XVIII: em apenas um dos surtos epidêmicos, a família de Ambrósio de Santana, de 37 membros, ficou reduzida a duas pessoas. Muitos anos depois, em 1821, o quadro epidemiológico continuava praticamente o mesmo. Segundo os informantes de Von Martius:

> As epidemias devastadoras, a que estão expostos os povoados do Brasil, e cujo aumento de vinte anos para cá teve por conseqüência o despovoamento de muitos lugares e vilas, antes florescentes, grassam também,

---

[29] Excertos da obra de Laureano de La Cruz foram publicados em português por Antônio Porro, op. cit., p. 135.

[30] Laureano de La Cruz, in Antônio Porro, op. cit., p. 135.

[31] Idem, p. 218.

[32] Alexandre Rodrigues Ferreira, op. cit., p. 562.

cada vez mais, entre essas tribos selvagens, o que particularmente vale para as bexigas.[33]

Com a transferência definitiva da capital (da capitania de São José do Rio Negro), de Barcelos para o povoado da Barra, atual Manaus, em 1808 — uma tentativa de transferência já havia sido feita pelo governador Lobo d'Almada em 1791 —, o Airão ficou fora da rota principal de navegação, e a estagnação passou a dominar completamente o seu cotidiano. Para não cometer anacronismos, na apreciação do porquê desse processo, começo citando as dúvidas que Alexandre Rodrigues Ferreira teve em 1786, lá na beira do rio Negro, a montante da boca do Jaú, logo depois de ter visitado Airão e Poiares: "Sem gente, sem lavoura e sem comércio, não sei para que servem semelhantes povoações".[34] Logo adiante, no mesmo texto, ele mesmo escrevia: "Servem de entreter as despesas que particularmente faz a folha eclesiástica e ter separado os índios que podiam estar mais unidos".[35]

Como esses povos indígenas não tinham escrita, é impossível verificar, pelos métodos historiográficos tradicionais, qual era a opinião dessas tribos a respeito do declínio demográfico e do estilhaçamento cultural do baixo rio Negro. O historiador pode, contudo, recorrer a outras fontes, ou fatos elucidativos. Sugiro apenas dois, para posterior reflexão dos leitores: a emigração dos Tarumã para a Guiana Inglesa — não puderam ou não quiseram mais permanecer em áreas portuguesas coloniais — e o ataque Waimiri-Atroari, a partir da margem esquerda do Negro — último reduto da resistência indígena — ao povoado de Airão, em 1865. Esses acontecimentos mostram, de forma evidente, que esses povos sem escrita deviam considerar a chegada do colonialismo como um verdadeiro flagelo, posto que preferiram abandonar suas terras de origem no baixo rio Negro — no caso dos Baré e dos Tarumã — a nelas residir em presença de soldados e missionários. Aqueles que permaneceram em suas terras — os Waimiri-Atroari — tiveram de se defender

---

[33] Spix e Martius, op. cit., p. 243.

[34] Alexandre Rodrigues Ferreira, op. cit., p. 500.

[35] Idem, p. 500.

com armas na mão, mantendo um clima de enfrentamento permanente ao longo dos séculos.

Nesse enfrentamento, os autóctones quase sempre levaram a pior. O caso mais conhecido é o dos índios Manao, contra os quais uma verdadeira guerra foi movida pelos portugueses na primeira metade do século XVIII. O motivo é infame: os Manao foram trucidados porque se recusavam a participar, como aliados dos portugueses, de atividades de resgate e escravização de outros povos indígenas. O artigo de João Renôr F. de Carvalho intitulado "Permanência e evolução do conflito na sociedade amazônica no período colonial" mostra muito bem como foi a recusa do cacique Ajuricaba — de participar do sistema dos resgates — a principal razão que levou dom João V, rei de Portugal, a declarar, em 1728, uma "guerra justa" contra os índios Manao. Segundo João Renôr, "essa guerra do rio Negro foi assoladora e terminou com a captura de Ajuricaba e de mais de dois mil guerreiros Manao, que foram todos enviados a Belém e reduzidos à condição servil".[36]

Esse recrutamento forçado de mão-de-obra indígena — realizado mediante "guerras justas" e resgates — tornou o desastre demográfico iniciado com as epidemias em torno de Santo Elias do Jaú ainda mais cruel e irreversível. Com essas matanças de índios, os brancos estavam, contraditoriamente, preparando as condições futuras de seu próprio fracasso no Airão e adjacências — a famosa escassez de mão-de-obra — no período colonial e nas primeiras décadas do século XIX.

As notícias das violências contra Ajuricaba e seus guerreiros devem ter repercutido intensamente entre os índios aldeados em Santo Elias do Jaú.[37] Embora não haja fonte escrita mencionando essa repercussão, é válido considerá-la como real pelo fato de Ajuricaba e seus guerreiros

---

36 João Renôr F. de Carvalho, "Permanência e evolução do conflito na sociedade amazônica no período colonial", in *Boletim de Pesquisa do Cedeam*, Manaus, Universidade do Amazonas, 1984, vol. 3, nº 4, p. 71.

37 Francisco Xavier Ribeiro de Sampaio, *Diário da viagem que em visita e correição das povoações da Capitania de São José do Rio Negro fez o ouvidor e intendente geral da mesma Francisco Xavier Ribeiro de Sampaio no ano de 1774 e 1775*, Lisboa, Tipografia da Academia, 1825, p. 111.

Manao terem tido um grande enfrentamento com os portugueses em Carvoeiro, imediações de Santo Elias do Jaú, conforme se lê no *Diário* do ouvidor Sampaio. Além disso, após a morte de Ajuricaba e a escravização dos dois mil guerreiros, os grupos Manao remanescentes foram sendo aldeados, com o passar dos anos, em Airão, em Moura e em Barcelos, conforme se depreende da leitura do mesmo *Diário*. Esses sobreviventes devem ter reproduzido, portanto, durante algumas gerações, no Airão, através de relatos orais, as histórias daquela terrível e amarga derrota indígena. As mentalidades gestadas dentro desse clima de repressão, medo, submissão servil, revolta apenas disfarçada e trabalho compulsório não podem ter criado um clima psicológico de cooperação no trabalho, entre brancos e índios, favorável aos projetos econômicos dos portugueses. Por mais que os padres carmelitas tentassem "civilizá-los", esses índios aldeados — avós e bisavós dos futuros caboclos ribeirinhos — devem ter resistido, durante anos, no silêncio noturno de suas cabanas de palha, aos cantos de sereia da civilização portuguesa.

Como já vimos no capítulo anterior, Alexandre Rodrigues Ferreira nos deixa entrever a existência de um período um pouco mais estruturado na vida do Airão, na primeira metade do século XVIII, quando essa povoação era "das mais populosas e nomeadas do baixo rio Negro", possuindo até mesmo alguns sobrados, nos quais residiam os missionários, que organizavam "festas do império do Divino Espírito Santo com grandiosidade e pompa". Por mais que essa situação pareça ser — e de fato foi — mais favorável do que a situação de crise, plenamente instaurada de 1750 em diante, esse fato não deve nos iludir. A situação era mais favorável para os brancos colonialistas e seus projetos, entretanto, para os aldeados, esse período mais próspero (1702-1750) foi, também, o da onda de terror que se espalhou entre os índios do baixo rio Negro após o massacre e escravização dos guerreiros de Ajuricaba.

Como as festas do Divino Espírito Santo sempre tiveram, em todo o Brasil, um caráter até certo ponto messiânico e milenarista relacionado com as esperanças que o sebastianismo alimentava entre portugueses e brasileiros desde o final do século XVI, parece-me justo procurar compreender o porquê do sucesso dessas festas do Divino, no baixo rio Negro, relacionando-as com as esperanças igualmente milenaristas que a figura de Ajuricaba — após seu suicídio heróico, forma extrema e radical de recusa da escravidão — passou a despertar entre os índios aldeados em Airão, Moura, Carvoeiro e Barcelos. Essa hipótese tem base documental e fica aqui registrada como pista para estimular futuras pesquisas sobre a história do baixo rio Negro. A base documental nos é fornecida pelo testemunho do ouvidor Sampaio, que viveu no século XVIII e ainda pôde ouvir, de viva voz, no rio Negro, relatos de cunho milenarista aproximando a figura mítica e lendária de Ajuricaba da figura igualmente mítica e lendária de dom Sebastião, tragicamente desaparecido nas areias africanas de Alcácer-Quibir. É o que ele nos diz em seu *Diário*:

> O que na verdade é mais célebre na história do Ajuricaba é que todos os seus vassalos e os mais da sua nação que lhe tributavam o mais fiel amor e obediência, com a ilusão que fazem na fantasia estas razões, parecendo-lhes quase impossível que ele morresse, pelo desejo que conservavam da sua vida, esperavam por ele, como pela vinda de El Rei Dom Sebastião esperam os nossos sebastianistas.[38]

Mesmo deixando de lado essa vinculação de Ajuricaba com as formas locais de sebastianismo, ainda fica um fato inquestionável: após a "guerra justa" de 1728-1730 e durante um longo período de duas ou três gerações, os índios aldeados em Airão — Manao, Aroaqui, Uaranacoacena, Uarina, Baré — ainda se lembravam vivamente dos episódios sangrentos do massacre dos guerreiros insubmissos. Essa memória não era a memória pervertida, criada pelas versões prestidigitadoras das elites brancas. As esperanças na volta heróica e redentora de Ajuricaba — histórias contadas à noite, na rede, pelos mais velhos, no interior de suas simpáticas e ecológicas cabanas de palha — faziam parte de uma busca utópica de uma outra saída possível, por fora do regime colonial, para os caboclos ribeirinhos e índios aldeados. Por mais que a convivência com os missionários residentes nos sobrados do Airão fosse pacífica, a memória de Ajuricaba, cultivada nas cabanas de palha, após mais uma jornada de trabalho extrativista, criava, entre os aldeados e tapuios, um alento de tipo diferente, revigorando, em segredo, pequenas e grandes

---

[38] Francisco Xavier Ribeiro de Sampaio, op. cit., p. 112.

expectativas de um mundo melhor, que acabou nunca vindo. Não veio sob a forma de mundo indígena restaurado, nem, tampouco, sob a forma de reino do Divino Espírito Santo, cujos ecos medievais e milenaristas, mediados por inúmeros sincretismos do catolicismo brasileiro na Amazônia, ainda deviam estimular sonhos tapuios e fabulações ingênuas, entre os caboclos ribeirinhos do vale do rio Jaú.

4

O EXTRATIVISMO NO BAIXO RIO NEGRO

Mesmo antes do início da colonização portuguesa, o extrativismo já havia atraído para a região Amazônica comerciantes europeus de outras nacionalidades interessados em produtos da floresta. Mais tarde, esses produtos seriam chamados, de forma genérica, de drogas do sertão. No período anterior à instalação definitiva dos lusos no vale amazônico, as feitorias — poucas, é verdade — estiveram em mãos de holandeses, de ingleses e de franceses. Nas terras que hoje pertencem ao Amapá, por exemplo, os holandeses, vinculados a uma companhia mercantil de Lessing, vinham buscar produtos florestais, desde o final do século XVI. O mesmo faziam os ingleses, vinculados a uma companhia comercial de Londres. Todos eles se serviam do trabalho indígena para a produção de resinas, óleos vegetais e frutos corantes, o urucu principalmente. O relatório de André Pereira, de 10 de setembro de 1616, menciona inclusive a presença de engenhos holandeses no Cabo do Norte, atual Amapá. Segundo ele, era necessário destruí-los para que a presença portuguesa na Amazônia se efetivasse. Durante quase trinta anos, após a fundação do Forte do Presépio pelo capitão Francisco Caldeira de Castelo Branco — origem da cidade de Belém do Pará —, os portugueses moveram, de fato, guerras comerciais incessantes contra aquelas feitorias mais antigas, criadas por comerciantes de outras nacionalidades. Os últimos contingentes holandeses foram expulsos do Amapá em 1647.

A penetração lusa, a seguir, pelo vale do Amazonas e seus afluentes, também foi feita com base no trabalho indígena e na comercialização de produtos da floresta. Isso foi assim ao longo de todo o século XVII. Quando Pedro da Costa Favela esteve no rio Negro, em 1668-1669, foi em busca de novas drogas do sertão. Os seiscentos índios por ele aprisionados foram levados para o baixo Amazonas com o mesmo objetivo: mão-de-obra para as atividades extrativistas do estado do Maranhão e Grão-Pará, criado alguns anos antes, em 1621. A história do rio Jaú, afluente da margem direita do rio Negro, também esteve, desde o início, vinculada ao extrativismo e ao trabalho indígena.

Quando passou pela boca do rio Jaú, em 1821, a atenção de Spix foi atraída para algumas espécies da flora local. Saindo do Airão, diz ele em seu relato:

> Prossegui viagem, ainda no mesmo dia, até à foz do Jaú. É surpreendente o contraste das imediações com as do Amazonas. As plantas das margens secas e arenosas parecem muito diversas das deste último rio. Uma mimosa, com tufos de flores alvacentas, uma melastomácea de flores rubras e a piquiarana (*Caryocar glabrum*), com as quais podem ser entorpecidos os peixes, predominam naquelas margens. Atualmente, as árvores estão quase todas floridas ou com frutos. Também o arbusto ipadu (*Erythroxylon coca*) cresce aqui, assim como outro que dá tinta vermelha, a caá-piranga ("folha vermelha", *Bignonia chica*), o macucu (*Ilex macucu*), cujos frutos esmagados dão tinta preta, usada para esmaltar cuias, e o jenipapeiro (*Genipa americana*). É esta a árvore com cujo suco os índios passés, juris e outros fazem a tatuagem; os maués, ao contrário, enegrecem o pontilhado da tatuagem com a fuligem da fumaça do jenipapo.[1]

A descrição anterior refere-se especificamente às plantas identificadas por Spix na foz do Jaú. Logo adiante, falando de forma mais genérica, diz ele, no mesmo relato: "Durante a minha viagem — isto é, de Airão a Barcelos, passando por Moura e pelas bocas superiores do Branco — (...) já davam fruto o cacau e a salsaparrilha".[2] Esta última, como se sabe — a palavra vem do espanhol *zarzaparilla* —, é um cipó de cuja raiz o povo extraía uma droga considerada como eficiente depurativo, muito utilizada pela medicina da época. Na verdade, a expressão popular é genérica e designa vários cipós do gênero *Smilaz*, da família das liliáceas.

De regresso de sua viagem a Barcelos, Spix passou novamente pela boca do rio Jaú e pelo Airão. Diz ele:

---

1 Spix e Martius, *Viagem pelo Brasil*, São Paulo, Melhoramentos, 1976, vol. 3, p. 240.

2 Idem, p. 241.

> Via Moura, regressei de novo a Airão, onde o caçador Quintiliano, que eu havia despachado para a margem setentrional do rio, encontrou-se comigo. Trouxe-me ele, entre outras raridades, o macaco da cauda curta (*Simia satanas*). Embora raras, encontram-se no rio Negro as espécies de macacos do Solimões, assim como belos mutuns.[3]

Spix deixou descrição minuciosa a respeito da colheita de ovos de tartaruga, para o preparo da manteiga de tartaruga (a *jarará-açu*, por ele classificada com o nome de *Emys amazonica* Spix), atividade econômica que era praticada com tanta "incúria", segundo ele — principalmente no Branco e no Solimões —, que em 1821 a espécie já estava ameaçada de extinção.

> Não há dúvida de que o sistema atual as exterminará, não obstante toda a produtividade desses animais; e o governo procura, por esse motivo, coibir ao menos as irregulares caçadas, que sofrem as posturas e os pequenos animais, quando saem da casca.[4]

Algumas décadas antes de Spix, Alexandre Rodrigues Ferreira já havia observado, no Airão e no vale do Jaú, algo que ele caracterizou de "abuso". No corte de todas as madeiras, dizia ele, em 1786, "não tem havido reserva alguma, tendo até agora sido livre a todo e qualquer particular o cortá-las, quando e como quiserem".[5] O mesmo abuso o naturalista encontrou no Solimões, cujos habitantes cortavam "imensas sumaumeiras, que dão a sumaúma branca, para lhes tirarem a sumaúma". Eram as árvores mais altas e mais belas da floresta, sendo natural que Rodrigues Ferreira — antecipando-se aos ambientalistas do século XX — ficasse indignado com esses abusos. Estas árvores gigantescas, que em tupi chamam-se *suma'uma*, são da família das bombacáceas, de tronco imenso e com raízes tubulares. Verdadeiras rainhas da floresta. Eram abatidas só para se obter, delas, a paina de suas cápsulas, com a qual eram feitos salva-vidas. Com sua madeira branca e leve, fabricavam-se caixotes. Essas questões são polêmicas, evidentemente, mas o

---

3 Spix e Martius, op. cit., p. 241.

4 Idem, p. 150.

5 Alexandre Rodrigues Ferreira, op. cit., p. 563.

certo é que a história ambiental pode muito bem contribuir para esse debate, abordando esses temas de forma mais ampla no tempo.

Anísio Jobim[6] escreveu sobre o Airão e fala do extrativismo nos igarapés e afluentes do rio Jaú no início do século XX. Não sabemos se os produtos florestais por ele mencionados eram comercializados em larga escala. As espécies nativas lá estavam, evidentemente, mas não há registro escrito da existência de exportação desses produtos. Vale a pena, porém, mencioná-los: óleo de tamaquaré (do tupi, *tamakwa'ré*, designação de várias espécies do gênero *Caraipa*, da família das gutíferas, cujo tronco, ferido, cede um látex espesso usado como óleo medicinal); óleo de copaíba (do tupi *kupa'iwa*), árvore frondosa da família das leguminosas, *Copaifera multijuga*, que produz óleo medicinal viscoso; uaicima (do tupi *wa'sima*, também conhecida por cabeça-de-preguiça, árvore da família das tiliáceas, *Apeiba albiflora*); andiroba — do tupi *ãdi-roba*, ou óleo amargo, nome usado tanto para designar uma árvore da família das meliáceas, a *Carapa guianensis*, que produz madeira usada na carpintaria e de cujas sementes se extrai o azeite-de-andiroba, usado na medicina popular, como designa, também, uma trepadeira da família das cucurbitáceas, *Fevillea trilobata*, cujos frutos têm sementes purgativas.

Elementos de história ambiental

Embora sejam escassas as fontes escritas para se falar especificamente da história do baixo rio Negro e dos vales dos rios vizinhos do Airão — Jaú, Carabinani e Unini —, encontrei, no arquivo do Museu Amazônico, de Manaus, dois textos do século XIX que contêm uma boa contribuição nesse sentido. Seus autores — João Pedro Dias Vieira e João Martins da Silva Coutinho — tinham plena consciência de alguns problemas que cem anos depois estariam sendo debatidos por ecologistas, biólogos e engenheiros florestais. Vale a pena fazer uma leitura detalhada desses dois depoimentos, pois seus autores foram precursores, no Amazonas, dos estudos ambientais.

---

[6] Anísio Jobim, op. cit., p. 148.

O texto de João Pedro Dias Vieira[7] foi escrito em 1856 e revela um grande conhecimento do processo de trabalho nas diversas atividades extrativistas. Sabedor da importância do extrativismo para a economia regional, Dias Vieira preocupava-se com algumas formas errôneas de coleta de produtos da floresta, nocivas para as plantas. Sobre a salsaparrilha, por exemplo — que, como vimos, tinha sido abundante no baixo rio Negro —, escreveu ele:

> A salsaparrilha desapareceu quase inteiramente das matas e margens dos rios mais próximos, à proporção que foi sendo colhida, porque lhe arrancaram do solo a batata inutilmente. O que a indústria e o comércio aproveitam dessa planta, tão procurada, são as raízes, que se estende à flor da terra, e estas podem ser facilmente cortadas independentemente do bulbo e da radícula principal, que a prende ao solo. Mostra a experiência que, conservado o bulbo, voltam as raízes decepadas, no prazo de três a quatro anos, ao estado de serem novamente colhidas, no entretanto — tal tem sido até agora a nossa neglicência! — esse ramo interessante de comércio se vai cada dia tornando mais difícil na província.[8]

O texto de Silva Coutinho foi escrito em 1863 e também trata, entre outros assuntos, da forma predadora com que a salsaparrilha era colhida pelos extrativistas.[9] Diz ele:

> A salsa cresce na terra firme — terrenos altos e secos, ou não alagados pelo inverno — e vive normalmente em sociedade com a castanheira. Em alguns lugares, aquela planta encontra-se com intervalos não mui grandes, porém em outros, como temos observado, a separação é extraordinária. Ordinariamente, os que se empregam na extração da salsa não

---

7 João Pedro Dias Vieira, "Relatório apresentado à Assembléia Legislativa Provincial do Amazonas pelo Dr. João Pedro Dias Vieira no dia 8 de junho de 1856", *Coleção Relatórios de presidentes de província do Amazonas.*

8 Idem, p. 16.

9 João Martins da Silva Coutinho, "Documento anexo ao relatório apresentado na abertura da 2ª sessão da Assembléia Legislativa Provincial do Amazonas pelo Dr. Sinval Odorico de Moura em 25 de março de 1863", *Coleção Relatórios de presidentes de província do Amazonas.*

> esperam passar segunda vez pelo mesmo lugar, e assim as plantas, cujas raízes são arrancadas, ou morrem ou ficam tão maltratadas que dificilmente podem vingar. Daí veio a extinção dos melhores salsais perto dos povoados. Hoje é preciso ir buscar essa droga importante em lugares remotos com muito trabalho e risco.

Tanto Dias Vieira como Silva Coutinho expressavam uma mesma preocupação, a do risco de extinção dos salsais provocado pela incúria dos coletores. Embora importante para a economia regional, "aquele ramo interessante de comércio" tornava-se cada dia mais difícil pela falta de cuidado e desleixo no trabalho extrativista. Tinha razão Dias Vieira: "Tal tem sido até agora a nossa negligência!"

Falando da produção de estopa no Amazonas, Dias Vieira, em 1856, dizia o seguinte:

> A estopa, não obstante ser a castanha um dos principais artigos de nossa exportação, colhem-na alguns de todos os castanheiros, sem reserva, e cortando a casca dessas utilíssimas árvores em toda a circunferência do tronco, do que resulta o definhamento e morte de muitas delas e conseqüentemente a diminuição na colheita dos frutos.[10]

Mesma incúria no processo de extração do óleo de copaíba, tão abundante no rio Unini e imediações do Airão:

> Não se conhece aqui (no Amazonas), para a extração do óleo de copaíba, outro processo além dos golpes de machado contra a indefesa copaibeira. Paga esta com a vida o bálsamo que derrama em prol do seu bárbaro destruidor. A continuar tão estranho processo, esse artigo do nosso comércio, que ainda no ano findo (1855) produziu 1799 canadas, muito cedo deixará de figurar na pauta de exportação da província. Por meio do trado, ou de outro qualquer instrumento acomodado, obter-se-ia o óleo sem acabar com a árvore.[11]

Como se percebe, tanto Dias Vieira como Silva Coutinho foram precursores no que diz respeito aos temas ecológicos e ambientais, embora esses vocábulos modernos não fizessem parte do linguajar da época. Na

---

[10] João Pedro Dias Vieira, op. cit., p. 16.

[11] Idem, p. 17.

qualidade de presidente da província, Dias Vieira chegou a elaborar um regulamento, em sua tentativa de impedir os métodos danosos na atividade extrativista. Em relatório apresentado à Assembléia Legislativa Provincial, no dia 8 de julho de 1856 (item Agricultura, Indústria, Navegação e Comércio), dizia ele:

> Cumpre, pois, que proibais, sob pena de prisão e multa, não só o uso do machado na extração da seringa, como também o arrancar-se da salsaparrilha a batata, e o colher-se a estopa fora dos lugares para isso determinados, autorizando o governo a formular um regulamento adequado à boa execução das medidas propostas e à polícia nos lugares freqüentados pelas pessoas que se empregam nesse ramo de nossa indústria. Em execução da Lei nº 19, de 25 de novembro de 1853, confeccionei o Regulamento de 8 de março, que vos há de ser presente, e com a sua leitura ficareis habilitados para lhe prestardes a vossa aprovação, se assim o julgardes conveniente aos interesses da província.[12]

Antecipando-se, assim, ao moderno direito ambiental, Dias Vieira deve também ter sentido, nos anos seguintes, de forma igualmente precursora, o quanto a legislação protecionista corre rapidamente o risco de virar letra morta, no Brasil, tal a força da inércia e a repetição de hábitos esclerosados. Passados 140 anos, ainda poderíamos repetir, com muita atualidade, a mesma frase escrita por ele em meados do século XIX: "Tal tem sido até agora a nossa negligência...".

No período anterior à expansão da borracha, as atividades extrativistas aqui mencionadas tinham uma importância muito grande para a economia amazonense. O baixo rio Negro e seus afluentes participavam dessas atividades. Além da salsaparrilha, da estopa e do óleo de copaíba, podemos ainda observar mais de perto o processo de trabalho em outros ramos do extrativismo. Utilizarei como fonte um relatório escrito em 1861 por Antônio José Moreira, membro da comissão presidida pelo poeta Gonçalves Dias, encarregado pelo presidente da província, Manoel Clementino Carneiro da Cunha, de organizar a participação do Amazonas na exposição que o governo imperial preparava, no Rio de Janeiro, sobre "produtos naturais e industriais". Como já vimos, o óleo de

---

[12] João Pedro Dias Vieira, op. cit., p. 17.

tamaquaré era um dos produtos extrativistas da bacia do rio Jaú. Segundo o relatório citado, o processo de extração era o seguinte:

> Tamaquaré: óleo de uma árvore do mesmo nome. Extrai-se golpeando o tronco e colocando nos golpes algodão, que se embebe do líquido. Espremendo-se depois o algodão, passa-se o líquido para uma casilha. É um antidartroso muito enérgico. Aqui faz-se dele grande uso, e emprega-se untando-se apenas as partes afetadas.[13]

O relatório também menciona o leite de sorva:

> Leite da sorveira, planta que dá um fruto (sorva) semelhante ao mucugê da Bahia. É boa cola, e os índios do rio Negro servem dele na preparação dos ralos, para ligar a matéria às pontas de pedra que formam as asperezas dos mesmos. Bebe-se. Deve ser analisado.[14]

Um outro relatório, também de 1861, escrito por José Antônio de Freitas Júnior, membro da mesma comissão presidida por Gonçalves Dias, fornece detalhes suplementares sobre a preparação de alguns óleos vegetais no Amazonas, entre eles o de copaíba e o de tamaquaré, freqüentes na região do Airão. Diz ele:

> Reunidas as sementes ou frutos que têm de ser operados, são previamente despojados da casca; triturados, são reduzidos a pasta, que é levada à prensa, onde, submetida à ação de força proporcional, deixa sair o óleo, que é então recebido. Em lugar de prensa ainda usam hoje os indígenas do tipiti, pequeno tubo de palhas de alças. Neste tubo introduzem eles a pasta, já preparada para ser espremida. Colocam-o depois perpendicularmente preso pela alça superior, e na inferior atravessam um pau, em cujos extremos empregam dois ou mais indivíduos força bastante para que o resultado se consiga, distendendo o tipiti, que colocado entre duas forças diametralmente opostas é obrigado a distender-se, porque a isso se presta não só a sua estrutura como a qualidade da matéria de que é feito, comprimindo a pasta em todos os sentidos, cujo óleo se extravasa

---

13 Antônio José Moreira, Relatório D, de 23 de outubro de 1861, in *Documentos a que se refere o relatório que à Assembléia Legislativa Provincial do Amazonas apresentou o Sr. Dr. Manoel Clementino Carneiro da Cunha em 3 de maio de 1862.*

14 Idem.

> pelos poros e pelas junturas do tecido das palhas. Neste processo, como no primitivo, é ainda a força braçal empregada.[15]

A simples descrição do processo de trabalho utilizado na produção de óleo já mostra como é falsa e tendenciosa a visão que as elites construíram a respeito do caboclo ribeirinho. Por não estar ele subordinado à mesma divisão do trabalho e racionalidade que o capitalismo impunha nas cidades européias daquela época, isso não quer dizer que fosse ocioso, ou avesso ao trabalho produtivo. Quer dizer apenas que trabalhava de uma outra maneira, exótica aos olhos dos viajantes estrangeiros que por aqui passaram no século XIX. Basta pensar no esforço e na fadiga que o trabalho nos tipitis deve ter provocado em tantos ribeirinhos, para que o Amazonas pudesse produzir e exportar — continuo lendo o relatório de Freitas Júnior, de 1861 — óleo de patauá, óleo de bacaba, óleo de cumaru, óleo de macucu, óleo de copaíba, óleo de tamaquaré, óleo de carrapito.

Os segredos ecológicos da toponímia

Dada a escassez de fontes escritas dos séculos XVIII e XIX tratando especificamente da flora dos vales dos rios próximos do Airão e das atividades extrativistas com ela relacionadas, considero válida a utilização da toponímia como fonte indicativa de algumas riquezas florestais daqueles ecossistemas. Principalmente quando os nomes — de igarapés, lagos e lugares — vêm do nheengatu. A minha hipótese de trabalho é a seguinte: os povos indígenas que freqüentaram, durante séculos, as margens dos rios Jaú, Carabinani e Unini — a cerâmica indígena coletada no Airão pela expedição Cruls, que hoje se encontra no Museu Nacional, comprova essa antiquíssima presença indígena na região — adquiriram um conhecimento empírico muito grande da flora e da fauna dessa microrregião. Embora não tivessem condições de deixar por escrito esses conhecimentos, podemos hoje reconstituir uma pequena parcela do mesmo, graças a uma leitura correta dos nomes por eles atribu-

---

15 José Antônio de Freitas Júnior, in *Documentos a que se refere o relatório que à Assembléia Legislativa Provincial do Amazonas apresentou o Sr. Dr. Manoel Clementino Carneiro da Cunha em 3 de maio de 1862.*

ídos aos principais acidentes geográficos! Esses nomes quase sempre possuem uma relação muito íntima com a flora e a fauna da área, ou com alguma característica da água (coloração, porosidade) e do solo. Nessas condições, a toponímia passa a ser um verdadeiro mapa etno-ambiental das bacias hidrográficas em questão. O historiador goiano Paulo Bertran procedeu assim, ao estudar a história ambiental do Centro-Oeste e do Planalto Central Brasileiro, e os resultados são animadores.

Apoiando-me nessa experiência feita por Bertran,[16] procedi da seguinte maneira, no caso do Airão:

1. Por meio de técnicas de história oral, entrevistei demoradamente três antigos moradores do Airão, nascidos na década de 20 do século XX. Um deles, o senhor João Bezerra de Vasconcelos, dono de uma memória extraordinária, conseguiu se lembrar do nome de mais de uma centena de acidentes geográficos do Jaú, do Carabinani e do Pauini, rios que ele percorreu inúmeras vezes, durante vários anos de sua vida. Além de ser membro de uma família que controlou o comércio da bacia do Jaú a partir da primeira década do século XX, nosso depoente também possui, por ter sido dono do cartório, informações escritas que reforçam enormemente sua memória.

2. Os topônimos assim obtidos são tão específicos, que não aparecem nem nos melhores mapas da Amazônia, como o do projeto Radambrasil, feito em 1983 pelo Ministério das Minas e Energia. Parte dessa toponímia poderia também ter sido obtida entrevistando-se atuais moradores do Parque Nacional do Jaú. No futuro, aliás, as informações fornecidas pelo senhor João Bezerra de Vasconcelos deverão ser cotejadas com depoimentos desses moradores. Mas, como nem todos moradores atuais conheceram esses rios nas décadas de 30 e 40 do século XX — porque não haviam nascido ou porque se mudaram mais recentemente para o Jaú —, tendo sido muitos daqueles antigos lugares abandonados pelos seringueiros à medida que a crise da borracha foi se revelando de longa duração, considero muito importante, em um primeiro momento, a lista de nomes que me foi fornecida pelo senhor João Bezerra de

---

[16] Paulo Bertran, *História da terra e do homem no Distrito Federal e Planalto Central*, Brasília, Solo, 1994.

Vasconcelos. São nomes de igarapés, de praias, de paranás, de lagos, de cachoeiras, de poços, de antigos seringais, de antigas fazendas, de pequenas comunidades ribeirinhas, de "lugares" e, até mesmo, de "voltas" do rio! Não há, infelizmente, informações sobre o rio Unini. Todas elas dizem respeito aos rios Jaú, Carabinani e Pauini, sendo os dois últimos afluentes do primeiro. Ou seja, a toponímia que será analisada refere-se exclusivamente à bacia do Jaú.

3. Os topônimos derivados do nheengatu foram priorizados, pois surgiram em uma época anterior à expansão da borracha e à conseqüente migração de milhares de nordestinos para a microrregião. Como bem observou Agnelo Bittencourt, em seu livro *Corografia do estado do Amazonas*, a gradual valorização da borracha, nas últimas décadas do século XIX, "criou, depois, uma vida intensa, pela atração de novos elementos de trabalho, dando, porém, em resultado, o quase abandono das outras culturas e da extração dos antigos produtos".[17] Se quisermos obter, portanto, com auxílio dos topônimos, algumas informações sobre esses antigos produtos do extrativismo anteriores à expansão da borracha — copaíba, patauá, miratucu e tantos outros —, é com os topônimos que têm origem no nheengatu que devemos trabalhar preferencialmente, pois essa era a língua geral falada por tapuios e caboclos da bacia do Jaú no século XVIII e início do XIX, tendo a língua portuguesa suplantado o nheengatu apenas a partir do auge da borracha, com a vinda em massa de cearenses, paraibanos e outros migrantes nordestinos para os seringais. Esses recém-chegados, porém, já encontraram as atividades extrativistas anteriores quase sempre abandonadas.

Embora os resultados dessa pesquisa sejam apenas exploratórios, desde já servem muito bem de pista para futuros trabalhos nessa área. A toponímia da bacia do Jaú, de fato, confirmando minha hipótese inicial, contém uma rica indicação histórica sobre os ecossistemas em questão. Com o inestimável auxílio do professor Auxiliomar Silva Ugarte, do Departamento de História da Universidade do Amazonas — nasceu em Santa Isabel do rio Negro e fala nheengatu desde criança — e do dicio-

---

[17] Agnelo Bittencourt, *Corografia do Estado do Amazonas*, Manaus. ACA — Fundo Editorial, 1985, reprodução fac-simile da edição de 1925, p. 121.

nário nheengatu-português de E. Stradelli,[18] consegui algumas informações interessantes sobre espécies da flora que tinham alguma utilidade e até mesmo muita importância para os ribeirinhos do Jaú 150 ou duzentos anos atrás, antes da expansão da borracha.

Vejamos alguns exemplos indicativos não só de espécies da flora e da fauna ligadas ao extrativismo, mas, de forma mais ampla, ao cotidiano do ribeirinhos do Jaú. Na foz do Pauini, havia um lugar chamado Copaíba, sem dúvida pela presença da *Copaifera multijuga*, cujo óleo — de cheiro forte e sabor acre, produzido nos tipitis — era utilizado como medicamento em larga escala no Airão e na bacia do Jaú, por padres carmelitas e índios aldeados. Esse local ficava próximo de um lugar chamado Tambor, o qual aparece no mapa Radambrasil, e talvez ainda seja assim denominado (Copaíba) pelos atuais moradores do Parque Nacional do Jaú. Mais acima, no mesmo Pauini, há um lugar chamado Miriti, que é nome dado localmente à palmeira buriti (*Mauritia vinifera*), cujo nome vem do tupi *mbiriti*. A presença de buritizais na bacia do Jaú é, sem dúvida, até hoje, característica dessa microrregião amazônica, tão bem identificada pelos índios e caboclos que criaram, nos séculos anteriores, o topônimo em questão no rio Pauini.

Nas imediações de Miriti, há um outro lugar que era conhecido por Mangarataia, que é o nome de raiz semelhante ao gengibre, planta herbácea da família das zinziberáceas — o vocábulo nheengatu significa *raiz-que-arde* —, preconizada contra catarros crônicos, dispepsias e cólicas. Segundo a *Grande enciclopédia da Amazônia*, organizada por Carlos Rocque,[19] "é uso comum no interior mastigar a mangarataia, ou tomar-lhe o chá, para facilitar a vinda de fluxo menstrual". Entra também a mangarataia na composição da bebida *aluá*, feita com casca de abacaxi ou milho fermentado, segundo a mesma enciclopédia.

---

[18] Ermano Stradelli, "Vocabulários da língua geral português-nheengatu e nheengatu-português, precedidos de um esboço de gramática nheêngatu-umbuê-sáua-mirê", Rio de Janeiro, *Revista do Instituto Histórico e Geográfico Brasileiro*, tomo 104. vol. 158, 2º de 1928.

[19] Carlos Rocque, *Grande Enciclopédia da Amazônia*, prefácio de Arthur Cezar Ferreira Reis, Belém, Amazônia Editora, 1968.

Próximo de Mangarataia, há um lugar chamado Mucura, que é nome dado ao gambá em nheengatu. Já o lago Caraipé, tem seu nome derivado da presença de plantas da família das rosáceas, pertencente ao gênero *Licania*, cuja casca era utilizada por índios e caboclos como "tempero" de cerâmica, isto é, usada para se fazer o pó que impede que as vasilhas rachem quando vão ao fogo.

No Carabinani, há um lago chamado Açaituba, próximo do lugar chamado Arpão, que era uma antiga fazenda dos Bezerra. O topônimo indica a presença de um grande número de açaizeiros, palmeiras da família das ceroxilíneas, de cuja polpa é feita bebida muito apreciada na Amazônia. Nesse mesmo rio, nas imediações da Cachoeira Grande, há um lugar que era conhecido por Patauá, nome dado pelos índios a uma palmeira (*Oenocarpus bataua*) da qual se extraía um óleo para untar o corpo e evitar mordeduras de insetos. Segundo Anísio Mello, em seu *Vocabulário etimológico tupi do folclore amazônico*,[20] do fruto do patauá fazem uma bebida semelhante à do açaí, e de suas fibras tecem-se cestos. Nas imediações desse lugar, há um igarapé chamado Jacitara, afluente do Carabinani. É nome comum a diversas palmeiras pertencentes ao gênero *Desmoncus* (do tupi *yacitara* = adorno da lua). Não muito distante dali, há um lugar chamado Miratucu, que é toponímico relativo à árvore que dá tucum (do tupi *tukú*), ou tucunzeiro, espécie de palmeira cujas fibras eram muito utilizadas na produção de redes multicoloridas no baixo rio Negro. Também eram muito úteis na tecelagem em geral. Há um igarapé que deságua no rio Jaú chamado Manixiuaú, cujo nome vem da fruta do manixeiro (do tupi *manisi*), planta da família das moráceas. E assim sucessivamente, tanto o Jaú como o Carabinani e o Pauini estão repletos de pequenas indicações toponímicas deixadas pelos índios e tapuios que por ali viveram no período colonial, bons conhecedores dos matos e igarapés que ainda lá estão.

Além desses produtos naturais registrados pela toponímia do Jaú, vale a pena citar ainda outras formas de extrativismo muito comuns em meados do século XIX. Fazem parte do relatório já citado, de Freitas

---

[20] Anísio Mello, *Vocabulário etimológico tupi do folclore amazônico*, Manaus, Suframa, 1983.

Júnior, que não menciona os rios ou povoados junto aos quais eram coletados esses produtos. São eles os seguintes: óleo de macucu, do fruto do mesmo nome, usado para a pintura de cuias; óleo de carrapito, espesso e viscoso, de cor branca amarelada e sabor desagradável, usado como purgativo medicinal; óleo de cumaru, usado como perfume. Embora com a expansão da borracha a coleta desses produtos tenha entrado em um relativo declínio, o conhecimento dessas plantas, principalmente daquelas que têm valor medicinal, perdurou pelo menos até os anos 1930, em setores mais ou menos amplos da população mais idosa. Daí por diante, esses conhecimentos empíricos de etnobotânica e etnofarmacologia foram se diluindo de forma cada vez mais rápida. Hoje em dia, felizmente, voltam a ser pesquisados pelos especialistas.

No período anterior à expansão da borracha, quase todas essas plantas fizeram parte do dia-a-dia dos ribeirinhos da bacia do Jaú, cujo trabalho — colher, cortar, serrar, carregar, descarregar, transportar, prensar, torcer, espremer no tipiti — esteve estreitamente vinculado ao extrativismo e ao modo de vida com ele relacionado: a casa de palha, a rede, a canoa, a pesca, o banho de rio, o uso doméstico de pilões, cabaças e cuias, ou de raladores de mandioca, mais as peneiras, balaios, aturás e jamaxins, tudo isso permeado por uma série de belas crenças em seres "encantados" e uma insaciável sede de caxiri e de outras bebidas fermentadas, consumidas em festas religiosas freqüentes.

Quando visto de fora, por algum olhar preconceituoso de viajante estrangeiro, esse modo de vida parecia "primitivo" e "atrasado". Na verdade, as coisas são muito mais complexas no que diz respeito às expressões locais (rio Jaú) da cultura do caboclo amazonense.

Mencione-se ainda, para completar esse pequeno panorama florístico, a relação das palmeiras encontradas por Agassiz na região que estamos estudando. Embora não tenha visitado o Airão e o Jaú, Luiz Agassiz[21] — que havia trabalhado com Von Martius, na juventude, e que agora, 1865, por ocasião de sua viagem pelo Brasil, era professor nos Estados Unidos, na Universidade de Cambridge, Massachusets — este-

---

[21] Luiz Agassiz e Elisabeth Cary Agassiz. *Viagem ao Brasil (1865-1866)*, Belo Horizonte, Itatiaia, 1975, p. 208.

ve no baixo rio Negro, no trecho que vai de Tauapessassu, atual Novo Airão, até um lugar chamado Pedreira, próximo ao Airão Velho. Sobre a flora local, diz ele em seu livro *Viagem ao Brasil (1865-1866)*:

> As palmeiras mais características e abundantes nas margens do rio Negro são: javari (*Astrocaryum javari*), muru-muru (*A. muru-muru*), uauauçu (*A. allea speciosa*), inajá (*Maximiliana regia*), bacaba (*Oenocarpus bacaba*), paxiúba (*Iriartea exorhiza*), caraná (*Mauritia carana*), caranaí (*M. horrida*), ubim (*Geonoma*) e curuá (*Attalea spectabilis*). As duas últimas são as que se prestam ao maior número de empregos. A notável piaçava (*Leopoldinia piassaba*) se encontra bem acima da junção dos rios Negro e Branco; procuramos, contudo, um exemplar que havia sido plantado em Itatiaçu.

O tema da floresta impenetrável

Elisabeth Cary Agassiz, ao passar por Tauapessassu/Novo Airão, ficou conhecendo o padre dessa povoação, que veio tomar chá com ela e seu marido a bordo do vapor Ibicuí, no qual ambos viajavam. O nome do padre não aparece no livro, mas devia ser homem culto, pois interessava-se pelas pesquisas botânicas do naturalista suíço, ajudando-o, inclusive, a coletar algumas palmeiras para o herbário de Cambridge. Diz o livro — o relato é da esposa, Elisabeth —: "Ei-nos de novo a caminho de Manaus, depois de curta parada em Tauapessassu, descendo o rio. Durante os dois dias passados entre a nossa primeira visita e a segunda" — o Ibicuí passou por Novo Airão/Tauapessassu no dia 29 de dezembro de 1865 e voltou dois dias depois, no dia 31 de dezembro —, "o padre preparou uma certa quantidade de palmeiras para Agassiz. Nossa coleção dessas plantas enriqueceu-se muito".[22] Dois dias antes, em seu diário, Elisabeth já escrevera, referindo-se ao padre: "Que homem inteligente, esse cura!"[23] Pois bem, volto então ao assunto em pauta, o do olhar preconceituoso, ou inadaptado, de alguns viajantes estrangeiros do século XIX, em relação à floresta e ao modo de vida caboclo. Elisa-

---

[22] Luiz Agassiz e Elisabeth Cary Agassiz, op. cit., p.205.

[23] Idem, p. 201.

beth, depois de ter tomado chá com o padre e de tê-lo considerado um homem inteligente, diz o seguinte:

> A nós, pareceu que, para começar, deve ser a coisa mais triste para um homem morar em lugar tão distante e retirado, e que só um devotamento extraordinário pode decidir um ente civilizado a aceitar tão dura condição.[24]

A dificuldade de adaptação de Elisabeth era evidente. Ela era incapaz de aceitar uma paisagem diferente, um entorno diferente de seu próprio entorno em Massachusets. As enormes distâncias amazônicas provocavam, nela, reações psicológicas como esta, quando escreveu:

> Com a passagem do tempo, essas florestas sem fim parecem monótonas, quando os dias se sucedem aos dias sem que se descubra uma só habitação, nem se encontre uma só canoa, acaba-se aspirando por terras cultivadas, pastagens, campinas, campos de trigo e molhos de feno; enfim, qualquer coisa que denote presença do homem. Sentada à tarde na popa do navio, navegando por centenas de léguas entre margens desabitadas e florestas impenetráveis, acabo por ceder à opressão do tédio.[25]

Ei-nos aqui diante de um tema clássico nos relatos de viagens: a floresta amazônica vista como impenetrável. Elisabeth, esposa de um dos maiores cientistas do século XIX, sentia tédio diante de uma natureza que lhe parecia "monótona", posto que incompreensível, ou diferente de outras paisagens já vistas por ela, nos Estados Unidos e na Suíça — "campinas, campos de trigo, molhos de feno". Na verdade, não era a floresta que era impenetrável, era Elisabeth que não sentia empatia em relação a ela, comportando-se, diante da mata amazônica, como outros europeus comportaram-se diante do índio, ou seja, do outro. Como vimos anteriormente, o conhecimento que os índios tinham dessa mesma região do Jaú/baixo rio Negro era muito grande! Para eles, a floresta não era impenetrável. Pelo contrário, era familiar e generosa, fornecendo-lhes, como uma mãe fornece, sustento — a palha, o peixe, a tartaruga, o tucum para fazer redes multicoloridas —, medicamento — o óleo de

---

[24] Luiz Agassiz e Elisabeth Cary Agassiz, op. cit., p. 201.

[25] Idem, pp. 209-210.

copaíba, a folha de ipadu — e perfume — óleo de cumaru. Só que Elisabeth Cary Agassiz, que passou apenas quatro dias no baixo rio Negro, entre o percurso de ida e o da volta, a bordo do vapor Ibicuí, não podia descobrir aqueles segredos da natureza — que a toponímia já nos revelou em parte — que os índios demoraram séculos para descobrir, convivendo diariamente com a mata!

Não faço aqui nenhuma crítica em relação ao casal Elisabeth e Luiz Agassiz, cujo diário de bordo facilita muito o estudo da Amazônia na segunda metade do século XIX. Agassiz deu uma grande contribuição para o conhecimento dos peixes brasileiros — substituiu Spix, a convite de Martius, nesses estudos ictiológicos do Brasil —, correspondia-se com dom Pedro II e foi, inegavelmente, um dos maiores cientistas de seu tempo. Digo apenas, a partir desse pequeno trecho de seu diário de bordo, escrito após a passagem por Novo Airão, que qualquer observador, inclusive os mais ilustres, sente dificuldades ao se deparar com uma realidade totalmente diferente daquela na qual nasceu e foi criado, tendendo a reagir, quase sempre, diante do novo e do inusitado, como se sua própria terra natal fosse o umbigo do mundo e as demais manifestações da natureza, principalmente as mais distantes e exóticas, algo impenetrável.

Esses relatos de viagens não devem ser tomados, portanto, ao pé da letra. Ao mesmo tempo em que contêm informações preciosas sobre a Amazônia do século XIX — os viajantes viveram aquela época e nós não —, contêm, também, muitas observações ingênuas, superficiais ou etnocentristas, que o historiador atual deve saber decodificar e reler. No caso de Elisabeth, por exemplo — o diário de bordo foi escrito por ela a partir de conversas permanentes com Agassiz —, basta ser paciente para encontrar, em seu livro, observações interessantes para a história do Airão. Estando no dia 29 de dezembro de 1865, em um lugar chamado Pedreira, localizado entre o Novo e o Velho Airão, Elisabeth presenciou uma cena que me parece digna de reflexão. Diz ela:

> Chegamos ontem a Pedreira. É uma pequena aldeia composta de umas trinta casas, na orla da floresta. O lugar merece por certo o nome de Pedreira, pois a margem é eriçada de rochedos e blocos de pedra. Desembarcamos imediatamente, e Agassiz e o major Coutinho levaram a manhã fazendo estudos geológicos e herborizando também um pouco. Nes-

> sa excursão científica, encontramos um acampamento de índios muito pitoresco.[26]

Antes de prosseguir com esse relato, abro aqui um parênteses para explicar que o major Coutinho, ao qual se refere Elisabeth, é o mesmo João Martins da Silva Coutinho, cujo relatório, de 1861, escrito para a comissão presidida pelo poeta Gonçalves Dias, já foi utilizado por mim no início deste capítulo, para falar do extrativismo. Era um profundo conhecedor da Amazônia. Embora tenha nascido na província do Rio de Janeiro, em São João da Barra, no ano de 1830, Silva Coutinho[27] veio para o Amazonas aos trinta anos de idade — depois de seu bacharelado em matemática na Antiga Escola Militar de Realengo —, aqui se dedicando a uma série de estudos e missões especiais que fizeram dele muito mais um cientista do que um engenheiro militar. Escreveu um livro, em co-autoria com Agassiz, sobre a tartaruga da Amazônia, e vários relatórios sobre expedições ao Madeira, ao Japurá, ao Içá, ao Purus, ao Negro e ao alto Solimões. Além de estudos geológicos sobre a Amazônia, publicou ensaios sobre o cacau e o guaraná. Abandonou a carreira militar quando era major e acabou se tornando professor de geologia no Museu Nacional. Foi presidente do Clube de Engenharia do Rio de Janeiro e membro da Sociedade Geográfica de Paris, cidade onde faleceu, em 1889. Tratava-se, portanto, de um cientista brasileiro — sua obra, infelizmente, ainda não recebeu a devida atenção na historiografia amazônica — cuja presença, naquele vapor Ibicuí, no final de 1865, mostra como Agassiz, em sua viagem pelo rio Negro, estava muito bem assessorado.

Retomo, agora, o relato de Elisabeth, escrito lá em Pedreira — entre Tauapessassu e o Airão —, no dia 29 de dezembro de 1865, logo depois de um dia de pesquisa em companhia de Agassiz e do cientista brasileiro Silva Coutinho. Diz ela, prosseguindo seu relato sobre os índios que acabara de encontrar em Pedreira:

---

26 Luiz Agassiz e Elisabeth Cary Agassiz, op. cit., p.202.

27 Rogério Braga, "Prefácio e notícia biobiliográfica" da edição facsimilada do *Relatório sobre alguns lugares da província do Amazonas, especialmente o rio Madeira*, de João Martins da Silva Coutinho, 1861, Manaus, Codeama-IGHA, 1986.

> Tivemos esta manhã uma triste prova da brutalidade com que aqui se procede ao recrutamento. Bem nos haviam dito! Três índios que foram presos em Pedreira e que desde alguns dias aguardavam ocasião de ser enviados para Manaus foram trazidos para bordo do nosso navio. Esses infelizes tinham as pernas presas num grosso barrote de madeira, com orifícios que mal davam para deixar passar os tornozelos. Só se mexiam por necessidade e com grande dificuldade (...) Esses índios não pronunciam uma única palavra de português; não podem compreender por que os forçam a partir; só sabem uma coisa: é que são pegos na floresta e tratados como os últimos dos criminosos, punidos barbaramente, sem que nada tenham feito, e mandados para lutar pelo governo que os trata desse modo.[28]

Não há nenhum exagero, ou sentimentalismo piegas, no relato de Elisabeth Cary Agassiz. Os índios recrutados para o serviço militar — antes do advento do serviço militar obrigatório no Brasil — eram de fato conduzidos à força, muitas vezes, para o quartel no qual deveriam servir ao governo. Com o início da Guerra do Paraguai, esse recrutamento tornou-se ainda mais duro e compulsório. Como se vê pelo depoimento da esposa do cientista, os três índios foram arrancados de Pedreira de forma brutal e despótica. O recrutamento de voluntários da pátria para a guerra contra o Paraguai começara, no Amazonas, naquele mesmo ano de 1865 em que Agassiz chegou ao Brasil (Decreto nº 3371, de 7 de janeiro de 1865). Dos 984 jovens recrutados, apenas 55 retornaram a Manaus em 1870, após o fim da guerra. Esse recrutamento forçado contribuiu muito para o fim de algumas povoações do rio Negro, não só porque alguns jovens foram para a guerra e lá morreram, como, principalmente, porque essa brutalidade no recrutamento espalhava o medo entre índios e caboclos que acabavam, muitas vezes, abandonando essas comunidades e povoados e internando-se na mata, onde subsistiam como podiam, em pequenas roças, com medo do recrutamento compulsório.

Esse episódio que acabamos de observar tem uma importância que não é apenas factual, mas teórica, porque nos mostra que as comunidades ribeirinhas do baixo rio Negro e do Jaú, formadas por mestiços, caboclos e índios destribalizados, não tiveram sempre as mesmas características ao longo das décadas, ou dos séculos. Se fosse assim, seriam

---

[28] Luiz Agassiz e Elisabeth Cary Agassiz, op. cit., p. 204.

comunidades sem história! Na realidade, essas comunidades foram se alterando e alterando seu entorno, à medida que o tempo passava. Compete ao historiador, justamente, o trabalho de estudar e tentar compreender essas lentas alterações. Caso contrário, a palavra caboclo se esvazia de conteúdo, e o vocábulo ribeirinho passa a ser usado indistintamente para os séculos XVII, XVIII e XIX, como se a história regional não tivesse passado por profundas alterações no decorrer desses longos e lentos duzentos anos! O que o historiador deve mostrar é, justamente, quais as diferenças entre ribeirinhos da época dos carmelitas, no Jaú, na primeira metade do século XVIII — índios destribalizados recém-cristianizados e em processo de aculturação com brancos e com outras etnias do mesmo aldeamento — e ribeirinhos posteriores ao período da Cabanagem, por exemplo, quando toda a Amazônia se abalou, profundamente, tanto do ponto de vista demográfico, como político e cultural. Antes e depois da Cabanagem, antes e depois da abolição do trabalho escravo, antes e depois do *boom* da borracha, antes e depois da crise da borracha, essas várias tentativas de periodização da história regional do rio Negro é que devem ser pensadas pelos cientistas sociais que não quiserem cair na abstração do ribeirinho sem história. Perceber diferenças, apesar das semelhanças — os mesmos balaios, as mesmas cuias, os mesmos tipitis, as mesmas casas de palha —, eis a nossa meta nos capítulos seguintes deste livro! Só assim, a meu ver, vai ser possível falar do extrativismo em termos historicamente corretos.

Do ponto de vista sócio-cultural, os vales dos rios Jaú, Carabinani, Pauini, Unini e Puduari, das imediações do Airão, alteraram-se substancialmente com a chegada de grandes levas de paraibanos e cearenses para seus seringais, de 1880 em diante. O ribeirinho do novo período já não era exatamente o mesmo ribeirinho do período anterior. Cearenses e paraibanos não haviam nascido nem se criado em ecossistemas amazônicos, como aqueles para os quais a grande seca nordestina de 1877 os havia empurrado. Do encontro desses nordestinos que falavam português com os caboclos amazonenses que falavam nheengatu, resultou nova e complexa troca de experiências, nas imediações de um Airão que também ia se modificando, como povoação, à medida que para ali afluíam comerciantes portugueses e de outras províncias do Brasil. Até mesmo alguns chineses de Macau vieram para o rio Jaú!

Do que acaba de ser dito, já podemos concluir o seguinte: as fontes impressas e depoimentos manuscritos sobre o Airão foram produzidos, quase sempre, por viajantes estrangeiros e homens brancos e letrados das elites brasileiras, que por lá passaram nos séculos XVIII e XIX — a documentação relativa ao século XX já é de outro tipo e muito mais diversificada. Essas fontes são indispensáveis para o historiador e importantíssimas, apesar de algum eventual — ou freqüente — viés ideológico etnocentrista presente no olhar de quem as gerou. O historiador deve ter consciência do caráter restrito dos discursos desses homens de ciência e funcionários da Coroa. Seria um absurdo escrever a história da região tomando por verdade absoluta essa "memória" dos setores dominantes da sociedade colonial, sem tentar ampliar os limites do conhecimento com alguns elementos extraídos das vivências dos "de baixo".

Isso dito, porém, que não se caia no pólo oposto, muito freqüente hoje em dia — um certo tom populista e acrítico —, que se contenta em opor aos discursos dos viajantes e das elites um outro discurso, de sinal contrário, no qual "os de baixo", que são, no caso de Jaú e do Airão, os ribeirinhos, são apresentados de forma idílica, vivendo em paz com a natureza e consigo mesmo, apesar dos preconceitos daqueles que os vêem de fora. Essa visão acrítica é a-histórica, como já dissemos. É como se a "guerra justa" de 1728 não tivesse arrebentado os Manao e outros índios do baixo rio Negro, ou como se a Cabanagem não tivesse explodido antigas e novas acomodações no seio das elites, pulverizando também as antigas relações destas com os ribeirinhos, nas regiões onde os acontecimentos foram muitos sangrentos. Mais ainda, é como se índio não tivesse lutado contra índio, na qualidade de aliados dos portugueses, como fizeram os Munduruku, no Amazonas, que ajudaram os brancos a derrotar os Mura — havia índios Mura refugiados no Jaú e nos arredores do Airão —, ou como se caboclos não tivessem lutado, às vezes, contra outros caboclos, no interior do próprio movimento cabano, quando facções rivais se enfrentaram! Ou seja, é como se a história dos vencidos não tivesse contradições, ou como se a ideologia dos discursos pudesse ser compreendida independentemente de uma complexa teia de relações e interações recíprocas desses discursos com o social, o político, o econômico e o cultural.

Para não cair em nenhuma forma de reducionismo — economicista, culturalista ou ideologicista —, vamos tentar situar os ribeirinhos do Jaú e extrativistas do Airão dentro de um quadro histórico mais próximo do global, retomando, além disso, o debate em torno do conceito de crise e da noção de decadência.

O depoimento ingênuo de Elisabeth Cary Agassiz serviu apenas para ilustrar essa evidência. Para além do caráter etnocêntrico de seu discurso — "floresta impenetrável, saudades dos campos de trigo e molhos de feno" —, aparece também em seu livro a realidade histórica concreta do baixo rio Negro pós-Cabanagem, que a Guerra do Paraguai tornou ainda mais dura e cruel, nas últimas décadas de vigência do regime escravista no Brasil. Essa realidade social está presente no texto de Elisabeth, com toda sua especificidade. Basta saber apreendê-la nas entrelinhas dos múltiplos labirintos mentais que compõem um bom relato.

No seu conjunto, os viajantes e naturalistas que passaram pelo rio Negro — Landi, Alexandre Rodrigues Ferreira, Spix, Natterer, Wallace, Stradelli, Koch-Grünberg, Rice — deixaram-nos um volume de informações extraordinário sobre a floresta e o meio ambiente. Apesar de algum eventual tom etnocêntrico, em seus relatos existem também elementos de ecologia que ajudam na compreensão do motivo de o passado haver se desenvolvido como tal. As forças hidrológicas que atuaram no Jaú e no baixo rio Negro não podem ser desprezadas pelo historiador, nem a história do clima na região, pois esses fatores físicos estão relacionados com os recursos vivos da Amazônia, graças aos quais os homens conseguiram, historicamente — tanto os brancos, como os índios — sobreviver. Como bem disse Donald Worster, a história ambiental estuda as interações que as sociedades tiveram, no passado, com o mundo não-humano, aquele que não foi criado por nós em nenhum sentido, ou seja, a história ambiental lida com o papel e lugar da natureza na vida humana.[29] Para não se cair no velho determinismo geográfico, basta

---

[29] Donald Worster, *The ends of the Earth: Perspectives on modern environmental history*, Cambridge, Cambridge University Press, 1988. Ver, também: Roque de Barros Laraia, *Da natureza da cultura ou da natureza à cultura*, Rio de Janeiro, José Zahar Editor, 1992, 6ª ed.; R. Brigitte Viertler, *Ecologia cultural: uma antropologia da mudança*, São Paulo, Ática, 1988.

lembrar que os homens, mediante o trabalho e a inventividade — tecnologia, ciência —, têm reestruturado, ao longo do tempo, não só as relações sociais, como também suas próprias relações com a natureza!

Enquanto as terras dos vales do Unini e do Jaú foram habitadas, respectivamente, por índios Juma e Mura, no século XVIII, as relações dos homens com a natureza foram qualitativamente diferentes daquelas que acabaram se estabelecendo, na segunda metade do século XIX, a partir do aumento vertiginoso da produção de borracha. Para as sociedades indígenas, a terra, além de ser um meio de subsistência, era, também, suporte de toda a vida social, pois mantinha vínculos estreitos com as idéias religiosas e com formas específicas de aquisição de conhecimento. Basta dizer que, para os Mura daquela época, a noção de propriedade privada da terra não existia, o que dava a todos os membros da tribo o direito de utilizar os recursos ambientais do vale do rio Jaú — flora, fauna, recursos hídricos e minerais. Embora o produto da caça, da pesca ou da coleta pudesse ser apropriado individualmente, ou familiarmente — e isso é o que geralmente acontecia —, o acesso aos recursos naturais era coletivo. Ora, cem anos depois as alterações já eram evidentes. A propriedade individual introduziu novas noções e hábitos no relacionamento dos homens com a natureza no vale do rio Jaú: um sentido de exclusividade e de separatividade que gerava concorrência e policiamento recíproco da demarcação de limites territoriais entre seringais e "colocações". Mesmo quando o comerciante ou o seringalista não tinha o título de propriedade propriamente dito, juridicamente legalizado, mas tão-somente a posse da terra, seu relacionamento com a natureza já era de outro tipo, não mais ligado a idéias mítico-religiosas. O mesmo pode ser dito dos seringueiros recém-chegados do Nordeste. Para eles, as terras do Jaú não constituíam mais um território ancestral, como para os índios — para um povo indígena, o território não é apenas um espaço físico, mas uma dimensão a mais, socialmente construída, de seu cotidiano, com uma história cultural bem definida —, mas tão-somente um novo local de trabalho e sobrevivência após uma longa e cansativa migração.

Além disso, a diversidade do trópico úmido, com sua extraordinária abundância biológica, acelerava mudanças nas relações sociais dos próprios nordestinos entre si, não só pelas novas formas de trabalhar e produzir, ligadas ao extrativismo — e não mais à agricultura e à pecuária, como no Nordeste —, mas também, muitas vezes, pelas pragas potencialmente destruidoras e epidemias muito mais freqüentes. Como se percebe, a floresta e seus habitantes só são impenetráveis, quando vistos de fora e de longe por algum viajante apressado. Mas, quando observados de perto e em longa duração, vão revelando sua intimidade e suas alterações, tanto as do plano ambiental, como as do cultural. Por isso, a história do vale de um rio é sempre uma história complexa, principalmente quando se trata de um rio amazônico de água preta.

Estudando a adaptabilidade humana nos rios de água preta, conhecidos, na Amazônia, como "rios de fome", Emílio F. Morán mostra como "do ponto de vista de suas limitações ecológicas essas regiões são as mais frágeis da Amazônia",[30] por serem ácidas e deficientes em nutrientes, o que faz com que sejam precárias as atividades agrícolas nessas áreas e baixa a produtividade pesqueira. Por outro lado, segundo o mesmo autor, as respostas elaboradas pelas populações indígenas tinham um alto grau de sucesso: técnicas especializadas de pesca para lidar com a baixa produtividade e a inferior resolução ótica dos rios; identificação da mandioca como uma rica fonte de calorias, com um desenvolvimento de técnicas de processamento que eliminam seus altos teores de cianeto. Pesquisas sobre adaptabilidade humana ainda não foram feitas, nos vales do rio Jaú e do Unini, mas, mesmo assim, podemos observar o seguinte: apesar do sucesso de algumas respostas elaboradas pelas antigas sociedades indígenas da margem direita do baixo rio Negro, o trágico desaparecimento dessas sociedades — extinção dos Manao, emigração forçada dos Tarumã — ou sua progressiva deculturação — Mura, Juma — criou um hiato cultural enorme que alterou a questão da adaptabilidade no período de imigração nordestina intensa. As violências praticadas durante a época da Cabanagem já haviam tornado essa questão muito complexa, no baixo rio Negro, pois, além dos aspectos biológicos, agronômicos e nutricionais, tornou-se necessário, também, analisar as questões políticas e ideológicas desencadeadas pelo conflito. De 1840

---

[30] Emílio F. Morán, *A ecologia humana das populações da Amazônia*, Petrópolis, Vozes, 1990, p. 158.

em diante — época de grande repressão contra os Mura e os tapuios —, os dados para se avaliar o sucesso adaptativo das populações ribeirinhas do Jaú alteraram-se profundamente, por razões históricas e culturais, como adiante veremos.

5

MÃE NATUREZA

Como já vimos anteriormente, na segunda metade do século XVIII o Airão mergulhou em uma crise muito grande, que pôde ser observada por viajantes, padres e funcionários da Coroa que por lá passaram. Essa situação de penúria só se alterou no final do Império, com o início do processo de expansão da borracha. Digamos, de 1880 em diante. Nas primeiras décadas do período imperial — dom Pedro I, regências e primeiros anos do reinado de dom Pedro II —, a crise, porém, tornou-se ainda maior, com os tremendos efeitos sócio-econômicos da Cabanagem e da repressão que a ela se seguiu.

Um pouco antes do início do Império, no final do regime anterior, o Airão foi visitado — no ano anterior à independência do Brasil — por um ilustre cientista europeu, Spix, zoólogo, companheiro do botânico Von Martius. Ambos haviam sido escolhidos pela Academia de Ciências de Munique, em 1817, para fazer parte da expedição austríaca de História Natural ao Brasil. Spix passou pelo Airão em fevereiro de 1821. Ele mesmo não diz o dia exato, mas na relação por ele escrita consta que partiu de Barra do Rio Negro no 11 de fevereiro de 1821, tendo chegado a Barcelos no dia 21 do mesmo mês. Entre essas datas, esteve ele no Airão. O lugar lhe pareceu paupérrimo. "Apenas umas trinta palhoças miseráveis",[1] diz ele. Não há nenhum tom preconceituoso em seu relato, Airão devia estar, de fato, reduzido a essas "palhoças miseráveis". A prova disso é que logo depois Spix passou por Moura — a antiga Itarendaua, aldeamento de índios Cariaí criado pelos carmelitas — e teve uma impressão diferente dessa vila, "atualmente a povoação mais populosa do rio Negro, entre cujos habitantes se acham particularmente muitos descendentes da tribo dos cariaís, barés e manaus".[2]

---

1 Spix e Martius, *Viagem pelo Brasil*, São Paulo, Melhoramentos, 1976, vol. 3, p. 239.

2 Idem, p. 240.

A década seguinte é a da Cabanagem (1833-1839), que alterou profundamente a vida de algumas povoações amazônicas, não só daquelas diretamente envolvidas nos conflitos armados, mas também — pela desorganização do comércio e da navegação — das demais. Ernani Silva Bruno descreve a penúria material em que se encontravam as povoações do médio e alto rio Negro após as revoltas da Cabanagem. Segundo ele, "de Airão para cima, tudo era desolação, muitas casas virando taperas".[3]

Alberto Rangel diz a mesma coisa:

> Da foz do rio Negro a São José de Marabitanas, verificou-se que dos dezoito arraiais, retratados nas águas tingidas do rio enorme e funerário, metade se finara no abandono, engolida pela raizada da mata.[4]

Um relatório de 1845, escrito pelo coronel João Henrique de Matos, em viagem ao rio Branco, menciona o desaparecimento de onze antigas povoações do rio Negro: Poiares, Lamalonga, Boa Vista, Nossa Senhora de Loreto, São José, Castanheiro Velho, Nossa Senhora de Nazaré de Curiana, São Miguel, São Jerônimo, São João Batista do Mabé e São Marcelino. Patrícia Maria Melo Sampaio fala de resultados devastadores da Cabanagem para a economia da região de Manaus, "sem contar com os problemas de abastecimento, a paralisação do comércio, a queda das produções agrícolas".[5]

Como se sabe, as revoltas, que se estenderam por grande parte da década de 30 do século XIX, e a repressão que a elas se seguiu deixaram um saldo trágico de quase 40 mil mortos em toda a Amazônia. O Airão sofreu muito com essa paralisação da vida econômica, aprofundando ainda mais sua crise. Infelizmente, o tema da Cabanagem ainda continua pouco trabalhado pela historiografia brasileira. Como bem disse Luís Balkar Sá Peixoto Pinheiro, professor do Departamento de História da Universidade do Amazonas,

---

3 Ernani Silva Bruno, *História do Brasil — geral e regional: Amazônia (Acre, Amazonas, Pará e Territórios)*, São Paulo, Cultrix, s/d, vol. I, pp. 103-106.

4 Citado por Ernani Silva Bruno, op. cit., p. 106.

5 Patrícia Maria Melo Sampaio, *Os fios de Ariadne: Tipologia de fortunas e hierarquias sociais em Manaus (1840-1880)*, Niterói, 1993, mimeo.

questionar a produção historiográfica acerca da Cabanagem é, na verdade, penetrar no próprio espaço da construção de uma memória histórica, que hoje se afigura como hegemônica. Memória essa que legitima e reforça a dominação dos segmentos por ela silenciados.[6]

Quando o cientista inglês Alfred Russel Wallace passou pelo rio Negro, em 1849-1850, o Airão devia estar reduzido a proporções tão insignificantes, que o naturalista não lhe dedicou mais do que uma linha, em seu livro *Narrative of travels on the Amazon and rio Negro*,[7] editado em Londres em 1853. Essa situação deve ter perdurado durante toda a década de 50 do século XIX, pois uma lei provincial de 1858 — a lei nº 92, de 6/11/1858 — reduziu o número de freguesias da província do Amazonas, excluindo algumas, dentre elas a de Airão — que havia se tornado freguesia, ou colégio eleitoral, ligado ao termo de Manaus, em 1833, no momento da criação da Comarca do Alto Amazonas.

Quando Robert Avé-Lallemant, alemão de Lubeck, passou por Manaus em 1859, entrevistou-se demoradamente com algumas pessoas que conheciam muito bem o rio Negro, entre elas o capitão de artilharia Joaquim Firmino Xavier, autor de um minucioso relatório, que Lallemant incluiu na íntegra em seu livro *No rio Amazonas*. Esse relatório do capitão Firmino trata do abandono de muitas povoações ligadas ao movimento messiânico e milenarista ocorrido no noroeste do Amazonas alguns anos antes, em torno da figura carismática do índio Venâncio. Embora Lallemant não tenha estado no Airão, por ter dado notícias do rio Negro com base em informações tão detalhadas, como aquelas fornecidas pelo capitão Firmino, é interessante registrar aquilo que ele escreveu em 1859:

> Cada vez se arruína mais o que o português construiu outrora com muito trabalho e sacrifício. Cidades como Airão, Moura, Barcelos, Moreira,

---

6 Luís Balkar Sá Peixoto Pinheiro, "Cabanagem: Imagens e representações de uma revolta popular", Manaus, revista *Amazônia em Cadernos*, nºs 2-3, 1993-1994, pp. 182-183.

7 Alfred Russel Wallace, *A narrative of travels on the amazon and rio Negro*, Nova York, Dever Publication, 1972.

> Tomar, Castanheiro estão decaindo rapidamente e cifram-se hoje em parte a poucas casas, ao lado de igrejas em ruínas.[8]

Embora haja uma utilização inadequada, por parte de Lallemant, da palavra "cidade" para se referir ao povoado do Airão, no século passado, não há dúvida de que os três depoimentos — Spix (1821), Wallace (1849) e Lallemant (1859) — coincidem no essencial: o lugarejo que outrora se chamou Santo Elias do Jaú estava agora, meados do século XIX, em um processo no qual "cada vez se arruína mais".

A povoação de Tauapessassu, atual Novo Airão — cem quilômetros a jusante do Velho Airão, na mesma margem direita do Negro —, também sofreu os efeitos da Cabanagem. Visitada pelo suíço Luiz Agassiz, em 1866, como já vimos, e por sua esposa, Elisabeth Cary Agassiz, Tauapessassu não tinha mais que uma dezena de casas quando o cientista por lá passou. As conseqüências da Cabanagem ainda se faziam sentir, duas ou três décadas depois, dado o colapso da economia da região ocorrido entre 1835 e 1840, envolvendo não apenas a quase paralisação das exportações e do extrativismo, mas, inclusive, a própria produção de alimentos e o abastecimento das cidades e pequenas povoações. Além dessas conseqüências paralisantes do comércio regional e das comunicações, registre-se ainda o desbaratamento de antigas comunidades ribeirinhas, por terem os caboclos — inclusive os que não aderiram aos cabanos — internado-se nos matos, com medo da repressão. Quando o italiano Gaetano Osculati passou pela Amazônia, em 1848, oito anos depois de finda a Cabanagem, teve notícias de pessoas que ainda continuavam foragidas, distantes de seus povoados de origem, quase sempre com fome e levando vida itinerante, tal o terror espalhado pela repressão no tempo do brigadeiro Soares d'Andréa.

Além desse temor mais antigo, ligado a um conflito já findo, Osculati ainda tomou conhecimento em Manaus — onde esteve entre o 3 de fevereiro e o 9 de março de 1848 — do novo temor, provocado, nos caboclos, pelos métodos violentos de recrutamento para o serviço militar, aos quais já nos referimos. Diz ele:

---

8 Robert Avé-Lallemant, *No Rio Amazonas (1859)*, Belo Horizonte, Itatiaia, 1980, pp. 119-120.

> Algumas semanas antes de minha chegada, aportou em Manaus um piróscafo de guerra brasileiro com o objetivo de recrutar índios para o serviço militar. A presença dessa nave causou tal espanto àqueles pacíficos habitantes, que a maior parte fugiu, precipitadamente, para a floresta.[9]

Dezessete anos depois desse recrutamento forçado, na barra do rio Negro, registrado por Osculati em 1848, o governo ainda continuava fazendo recrutamentos forçados no baixo rio Negro, como vimos pelo depoimento dos Agassiz, de 1865. O recrutamento forçado para o serviço militar foi, portanto, ao lado da Cabanagem, um fator a mais de depopulação do baixo rio Negro, responsável pela penúria e abandono de suas povoações.

Porém, mais do que qualquer outro fator, foi a Cabanagem que colocou um marco na história da Amazônia, em meados do século XIX. Em seu livro *Índios da Amazônia: de maioria a minoria (1750-1850)*, o historiador Carlos de Araújo Moreira Neto mostrou como os tapuios representavam a categoria mais numerosa dentro dessa rebelião — e, provavelmente, seu setor mais radical —, embora não tenham tido um peso correspondente nos foros de decisão, pois

> não parecem ter tido condições de discutir e de formular seu próprio programa político, de modo explícito e coerente, e muito menos de fazê-lo discutir e aceitar pelo movimento.[10]

A repressão foi muito intensa sobre esses tapuios, ou caboclos, assim como foi terrível sobre os grupos indígenas que apoiaram a Cabanagem, entre eles os Mura e os Maué.

---

9 Robert Avé-Lallemant, op. cit., pp. 119-120.

10 Carlos de Araújo Moreira Neto, *Índios da Amazônia: De maioria a minoria (1750-1850)*, Petrópolis, Vozes, 1988, p. 67.

A Cabanagem nos arredores do Airão

Não há fontes escritas que me autorizem a dizer se, durante a Cabanagem (1835-1840), ainda havia índios Mura no Airão e no Jaú, vivendo como grupo étnico à parte dos caboclos ou tapuios. Em 1786, ainda havia, como se percebe pelo relato de Alexandre Rodrigues Ferreira,[11] mas 48 anos depois, em 1835, é bem provável que não e que os descendentes dos Mura já vivessem, nessa época, no Jaú/Airão, como índios genéricos, ou tapuios. O que não diminui em nada o risco de vida a que estiveram sujeitos, durante a repressão pós-Cabanagem, pois tanto os índios Mura como os tapuios eram vistos, pelos militares encarregados da refrega, como inimigos em potencial, tivessem ou não participado de atos de rebelião armada durante a revolta cabana. O certo é que, na fase inicial do movimento, um dos líderes da ofensiva anticabana — Ambrozio Aires, mais conhecido por Bararoá — partiu de Tomar, no rio Negro, ao lado de 77 guardas nacionais, com eles se reunindo a outros membros da elite local, em Barcelos. Dali seguiram, em dois barcos, rio Negro abaixo, convidando todos os brancos e proprietários de Carvoeiro, Moura, Airão e Tauapessassu, para o primeiro combate amazonense contra os cabanos, que acabou ocorrendo em Ituipiranga, nas imediações do Tapajós.

Até esse momento, "a comarca ainda não conhecia os horrores da guerra civil", como disse Arthur Cezar Ferreira Reis.[12] Bararoá, entretanto, já mostrara seu caráter duro e cruel. Proclamado comandante em chefe da reação anticabana no Amazonas, comportou-se, em Ituipiranga, de forma desumana. O próprio Arthur Cezar, embora louve os dotes guerreiros de Bararoá — "com a gente reunida no rio Negro, provou os méritos militares que o ornavam"[13] —, reconhece que "rebelde que lhe caísse às mãos tinha a vida perdida, (...) atacou os cabanos sem lhes dar quartel, sem dó nem piedade, acabando por vencê-los".[14] Se a reação já

---

11 Alexandre Rodrigues Ferreira, *Viagem filosófica ao rio Negro*, Belém, Museu Paraense Emílio Goeldi, s/d, p. 559.

12 Arthur Cezar Ferreira Reis, *História do Amazonas*, Manaus, 1931, p. 166.

13 A. C. F. Reis, op. cit., 165.

14 Idem, 165.

era assim antes de os conflitos terem chegado ao Amazonas — Ituipiranga fica em terras do Pará —, pode-se bem imaginar o que aconteceu após a tomada de Manaus pelos rebeldes e os conflitos de Serpa/Itacoatiara, de Tauapessassu/Novo Airão e de Barcelos. A repressão, nos anos seguintes, continuou ainda dizimando, por vingança ou precaução, milhares de índios e tapuios, apesar da rendição cabana de 1840, em Maués. Bararoá, nessas alturas, já estava sem vida — foi morto pelos cabanos em 1837, em Autazes —, mas não deixa de ser significativo o fato de que o próprio Tenreiro Aranha, primeiro presidente da província do Amazonas — instalada em 1852, doze anos após a rendição dos cabanos —, refira-se a ele qualificando-o de bárbaro e desumano. Diz ele, referindo-se à reação anticabana comandada por Taqueirinha e Bararoá:

> Taqueirinha e Bararoá se tornaram célebres praticando impunemente, em nome da legalidade, os mais bárbaros, desumanos e canibais crimes por mera satisfação dos seus instintos de fera.[15]

Como a história da Cabanagem continua sendo pouco conhecida, principalmente a da Cabanagem do Amazonas — apesar dos inúmeros trabalhos já publicados — e como esse assunto só entra neste meu ensaio quando puder esclarecer algo a respeito do passado do Airão e de outras povoações vizinhas, no rio Negro, limito-me a fixar algumas posições para evitar mal-entendidos. Em primeiro lugar, é sabido que inúmeras violências também foram cometidas por alguns cabanos, não só contra as autoridades estatais, como acontece nas rebeliões — o coronel Joaquim José Santiago, comandante das armas, foi morto por um cabano, em Belém, logo no início dos conflitos, e o presidente da província, Bernardo Lobo Souza, morto por um tapuio —, mas, inclusive, violência de cabano branco contra cabano negro — Angelim, o último presidente cabano, mandou açoitar e fuzilar cabanos mais radicais, que escapavam de seu controle. Ou seja, não considero a Cabanagem de forma maniqueísta nem idílica e conheço bem as contradições do movimento. Nem acho, tampouco, no pólo oposto, que a revolta não tenha passado de um simples derramamento de sangue. O próprio Arthur Reis, inteli-

---

[15] A. C. F. Reis, op. cit., p. 95.

gente historiador de idéias políticas conservadoras, reconhece, em seu clássico *História do Amazonas*, que, quando Bernardo de Sena invadiu Manaus, em 1836, à frente dos cabanos — sem disparar um tiro, pois as elites locais não conseguiram articular-se para opor resistência —, suas reivindicações eram "liberdade e um brasileiro nato, compenetrado dos seus deveres, que faça a felicidade da província".[16] Segundo Arthur Reis, durante os seis meses que o Alto Amazonas conviveu com os rebeldes, sem relações com a capital paraense, "os cabanos, justiça se lhes faça, contrariando quanto se dizia deles, governaram com lisura".[17]

Pois bem, voltemos agora aos assuntos diretamente relacionados com a história do baixo rio Negro e do Airão. Após a tomada de Manaus e a nomeação de novas autoridades — indicadas por Bernardo de Sena e aprovadas pela Câmara —, chegaram ao Amazonas os revoltosos vindos de Santarém, liderados por Apolinário Maparajuba, e o movimento cabano se estendeu pelo Solimões e pelo Negro. No Solimões, a Cabanagem passou por Tefé — a câmara municipal decidiu aderir no dia 19 de maio de 1836 — e se prolongou até a fronteira do Peru, com a adesão dos soldados brasileiros do forte de Tabatinga. Em um primeiro avanço pelo rio Negro, os cabanos passaram por Tauapessassu, Airão, Moura e Carvoeiro, chegando até Barcelos. Bararoá tentou liderar uma reação anticabana, mas foi derrotado e teve de se esconder nas matas de Santa Isabel. Todas as vilas ocupadas reconheceram Eduardo Francisco Nogueira Angelim, chefe cabano de Belém, como presidente interino da província — não havia sido criada ainda a província do Amazonas, portanto as povoações e vilas do rio Negro pertenciam à província do Pará.

É difícil dizer o que aconteceu naquele momento em Airão, pois não há fontes escritas. Como a povoação estava reduzida a proporções diminutas, é quase certo que tenha aderido à Cabanagem, mesmo que esta não tenha trazido mudanças substanciais para seu reduzido contingente populacional. Podemos afirmar isso por dois motivos. O primeiro, porque todas as outras vilas e povoações de que temos notícias escritas aderiram formalmente aos cabanos — Tauapessassu, Barcelos, Tefé,

---

16 A. C. F. Reis, op. cit., p. 167.

17 Idem, p. 168.

Tabatinga, Manaus —, sendo improvável que a minúscula Airão, sozinha, pudesse ter liderado uma reação anticabana. Aliás, se isso tivesse acontecido, desse fato, com certeza, haveria registros escritos. Os líderes da reação anticabana não se refugiaram na área do Airão/Jaú, mas rio acima, em Santa Isabel, no caso de Bararoá, e rio abaixo, em "um cacoal do baixo rio Negro", no caso de Henrique João Cordeiro, onde não foi incomodado pelos rebeldes. O segundo motivo, porque, sendo grande o número de tapuios em Airão e na bacia do Jaú e ínfimo o número de brancos, é de se supor que o ideário dos revoltosos tenha encontrado algum eco naqueles caboclos dos rios e igarapés vizinhos, assim como vinha ocorrendo desde 1835 em outros pontos da Amazônia, no rastro do avanço impetuoso da revolta. Aliás, a maior de todas as revoltas ocorridas no Brasil durante o período da Regência.

Após essa primeira fase da rebelião, passados seis meses, do mesmo ano de 1836, começou a reação anticabana. Bernardo Sena havia sido morto no dia 3 de junho, em um tumulto ocorrido no quartel, em Manaus. Em agosto, já reorganizados após o susto, os grandes proprietários de várias vilas e povoações vão às armas e começam a expulsar os cabanos e todos aqueles que haviam aderido à revolta, encarcerando-os ou matando-os. Os rebeldes são derrotados ou expulsos de Tefé, de Barcelos, de Serpa, de Manaus e assim sucessivamente, com mais ou menos violência, dependendo do caso. Em Tauapessassu/Novo Airão a refrega foi sangrenta, com muita violência e morte de inúmeros caboclos e líderes cabanos. Diz Arthur Ferreira Reis: "O capitão Miguel Nunes Benfica destroçou os cabanos em Tauapessassu".[18]

Embora não haja, mais uma vez, registro escrito sobre o ocorrido em Airão, é certo que seus habitantes — e também tapuios do Jaú, do Unini e do Puduari — viveram meses de grande tensão, indignação e temor, com as notícias — que nas solidões amazônicas circulam oralmente com incrível rapidez entre os caboclos — das refregas de Barcelos e Tauapessassu, não se podendo inclusive descartar a participação de alguns de seus caboclos nos acontecimentos sangrentos desta última povoação.

---

[18] A. C. F. Reis, op. cit., p. 170.

Mesmo após a prisão do presidente cabano no Pará, os combates entre cabanos e "legalistas" do Amazonas continuaram durante mais três anos no rio Madeira — em Borba, principalmente —, no rio Abacaxis, no Autaz, em Luzéa, no rio Urubu, no paraná do Ramos. À medida que iam sendo derrotados, nos grandes enfrentamentos, os cabanos se espalhavam pelos igarapés e rios menores, e os combates prosseguiam, de forma mais cruel, nos cacoais e fazendas, de onde voltavam às vezes a atacar as vilas e povoações, como ocorreu em Silves e em Serpa. Isso aconteceu inclusive no rio Negro, com a tentativa de invasão de Manaus, em novembro de 1836, e de Barcelos, posteriormente. Diz Arthur Reis:

> Ousadíssimos, não se arrecearam de tentar assaltos a Serpa, Silves e Mariuá — antigo nome de Barcelos —, cujos habitantes e guarnição, por isso, viram-se obrigados a permanecer na defensiva, descurando os trabalhos agrícolas e outros misteres.[19]

Como já vimos pelo depoimento de Gaetano Osculati, oito anos depois do fim da Cabanagem, em 1848, ainda havia gente escondida no mato, vivendo longe de suas povoações de origem, com medo da repressão. Como já vimos pelo depoimento dos Agassiz, de 1865, vinte e cinco anos depois do fim da rebelião, Tauapessassu ainda não se havia recuperado da refrega e continuava reduzido a umas poucas casas. Estamos, portanto, diante de um acontecimento maior na história da Amazônia e do baixo rio Negro. Mudanças muito grandes ocorreram nesse período. Os ribeirinhos da segunda metade do século XIX já são muito diferentes dos ribeirinhos tapuios da primeira metade do mesmo século. As condições histórico-sociais da segunda metade já não são as mesmas do período anterior, inclusive no que diz respeito aos ribeirinhos dos rios Puduari, Jaú e Unini, vizinhos do Airão.

Toda a Amazônia, aliás, passou por essas profundas alterações, como tão bem analisou o historiador Carlos de Araújo Moreira Neto no seu livro de 1988, já citado, no qual ele diz, de forma conclusiva:

---

[19] A. C. F. Reis, op. cit., p. 172.

> Nos cem anos que separam o início da política pombalina na Amazônia (1750) da criação da província do Amazonas, desmembrada do Grão-Pará (1850), o caráter étnico-cultural da região muda de maneira radical e irreversível. Até meados do século XVIII, a Amazônia brasileira apresentava uma face definitivamente indígena. Um século depois, os grupos indígenas tribais sobreviventes refluíam, sob o impacto da onda crescente de ocupação nacional, para áreas de refúgio nas matas e altos cursos dos rios, onde se conservaram arredios ou hostis.[20]

Na microrregião que estamos estudando, podemos dizer que isso de fato ocorreu. Como vimos, em 1786, quando Alexandre Rodrigues Ferreira passou pelo Airão, ainda havia dois grupos indígenas tribais vivendo na área do Jaú (os Mura) e do Unini (os Juma), além de um certo número de tapuios, ou seja, de índios destribalizados e deculturados, resultado do longo processo anterior de convivência dos Aroaqui, Manao, Baré e outros grupos étnicos com os brancos na missão carmelita de Santo Elias. Já por ocasião da Cabanagem, ou logo após o conflito, não havia mais nenhum grupo indígena tribal vivendo na margem direita do baixo rio Negro — onde se localizam as povoações de Airão e Tauapessassu —, restando apenas, em matas dos altos cursos do Jauaperi/Alalaú, e do Camanaú — afluentes do Negro pela margem oposta — os Waimiri-Atroari, mais ou menos autônomos, arredios ou hostis, dependendo da ocasião, e, de qualquer forma, sem contato permanente e efetivo com o Airão, por eles atacado, aliás, em 1865, como já vimos. Quanto aos tapuios, foram "destroçados" pelo capitão Miguel Nunes Benfica durante a refrega de Tauapessassu, em 1836, tendo os demais, diante do terror espalhado pela repressão, dispersado-se pelos fundos das matas e igarapés do Puduari, Jaú, Pauini e Unini. Ou, então, foram recrutados à força para trabalhos forçados em Manaus, após a Cabanagem, daí não mais regressando. Os últimos remanescentes desses antigos tapuios, ou índios deculturados e destribalizados, devem ter sido aqueles vistos por Elizabeth Cary Agassiz, na vila de Pedreira, entre Tauapessassu e o Airão, em 1865, quando três deles foram violentamente recrutados para o serviço militar e a Guerra do Paraguai.

---

[20] Carlos de Araújo Moreira Neto, op. cit., p. 15.

Como bem observou Carlos de Araújo Moreira Neto:

> A partir de meados do século XIX, a face da Amazônia brasileira se transforma radicalmente pela diminuição drástica do número de índios tribais e destribalizados, que passam de maioria a minoria.[21]

A história social do Jaú e de outros rios vizinhos do Airão enquadra-se perfeitamente dentro dessa caracterização mais geral. Desaparecem os Mura e os Juma, do Jaú e do Unini, e os tapuios passam de maioria a minoria, após a Cabanagem e os recrutamentos forçados nas matas e igarapés desses rios. Começa, a partir daí, lentamente, a substituição, entre os ribeirinhos do Jaú, do caboclo tapuio pelo "sertanejo da Amazônia",[22] como os chama Carlos de Araújo Moreira Neto.

Embora destribalizado, o caboclo tapuio ainda era um índio. Já o sertanejo da Amazônia pertence à sociedade nacional envolvente e é um brasileiro, mesmo quando seu estilo de vida ainda tem quase tudo a ver com o estilo de vida do caboclo tapuio. Inclusive nos casos extremos, bem analisados por Moreira Neto, em que o sertanejo, ou caboclo amazonense, ainda sabe falar nheengatu, como falava o caboclo tapuio. E isso, porque, a despeito de algumas semelhanças — economia de subsistência, utilização dos mesmos implementos indígenas para a caça, a pesca e o viver cotidiano —, o sertanejo é um membro da sociedade nacional envolvente e disso tem consciência, não se considerando índio e, até mesmo, em alguns casos, reproduzindo, em relação aos índios, os preconceitos da sociedade envolvente, que considera os índios como bichos e como praga.

No início, esses sertanejos eram amazonenses propriamente ditos, isto é, nascidos no Amazonas. De 1880 em diante, a esse sertanejos de primeira hora vieram se juntar milhares de sertanejos expulsos do Ceará e da Paraíba pela grande seca de 1877 e atraídos para o Amazonas pelas perspectivas cada vez mais promissoras das frentes de extração da borracha. Entretanto, antes de passar a esse assunto, temos de voltar à questão do grande colapso da economia amazonense e, em particular, da economia do rio Negro, nas primeiras décadas do Império.

---

[21] Carlos de Araújo Moreira Neto, op. cit., p. 15.

[22] Idem, p. 82.

Arruinamento efetivo ou visão etnocentrista?

Alguns autores, nos últimos anos, fazendo leituras críticas dos relatos dos viajantes estrangeiros que passaram pela Amazônia no século XIX, constataram uma constante presença de um certo ranço ideológico e etnocentrista no olhar desses observadores. Ou um gosto pela aventura e pelo exotismo que levava muitos relatos a um grande distanciamento da realidade amazônica, a tal ponto estavam eles impregnados de falsas expectativas e projeções psicológicas daqueles aventureiros. Os textos de cientistas e naturalistas — Spix, Martius, Natterer, Langsdorff, Wallace, Bates, Agassiz, Stradelli — não estão isentos desses problemas, evidentemente, os quais também são freqüentes nos relatos de observadores nascidos no Brasil e membros das elites da época. Todos eles, com raras exceções, viam os ribeirinhos e caboclos por um ângulo europeu oitocentista, carregado de expectativas em relação ao "progresso" e ao regime de fábrica, em franca expansão naqueles anos, tanto na Europa como nos Estados Unidos. Aos olhos desses viajantes, o mundo tapuio dos tapiris e tipitis, com suas palhas arejadas e redes multicoloridas, por estar muito distante da revolução industrial e das máquinas a vapor, parecia, quase sempre, como parte de um passado atrasado que precisava, rapidamente, terminar. Como bem observou Hideraldo Lima da Costa,[23] na tese já citada, a Amazônia aparecia como potencialmente rica, com seus produtos naturais, aos olhos dessas elites brancas — estrangeiros e nacionais —, mas o "elemento humano" era o grande problema. Ou seja: o problema da Amazônia era aquele mundo tapuio impenetrável, tão distante dos brancos quanto a "floresta impenetrável" era distante de Elisabeth Cary Agassiz. Mundo indígena impregnado de formas caboclas de se ver a vida, o trabalho, o tempo, a família e a natureza, tão diferentes das formas capitalistas européias de se encarar os mesmos temas no século XIX.

---

[23] Hideraldo Lima da Costa, "Cultura, trabalho e luta social na Amazônia", São Paulo, Pontifícia Universidade Católica, tese de mestrado, 1995.

É claro, portanto, que, quando um desses viajantes disser, como disse Spix em 1821, que o Airão estava reduzido a "umas trinta palhoças miseráveis", é preciso que o historiador verifique, por outros meios, se de fato aqueles habitantes do Airão estavam na miséria, ou se suas moradias só eram consideradas "miseráveis" por serem feitas de palha, material de construção tão vantajoso nas regiões quentes e úmidas como a Amazônia, mas que não pertencia ao universo cultural e mental de um alemão de Munique, como era o nosso ilustre zoólogo, que acabava tendo, por isso mesmo, dificuldade em aceitá-lo como material de construção tão digno quanto o tijolo, o adobe e as telhas. O mesmo cuidado deve ser tomado, pelo historiador regional, com os textos dos demais viajantes, quando estes se referem à "indolência" dos ribeirinhos e à "preguiça" do caboclo, pois muitas vezes essas observações são apressadas e não passam de estereótipos, os mesmos que impediam o homem branco viajante de apreciar em suas belezas e sutilezas a vida dos pescadores da Martinica, ou dos habitantes da Polinésia, que nunca deixaram de trabalhar, embora não fossem trabalhadores assalariados.Em meu livro *Entre árvores e esquecimentos*, já tratei muito dessa questão, baseando-me no relato de um indígena da Polinésia — Tuiavii de Tiavéa —, portanto não vou mais voltar ao assunto.

Só que, uma vez feito esse alerta metodológico inicial e elementar — a necessidade de crítica das fontes historiográficas —, permanece ainda a questão: o Airão estava, de fato, arruinando-se, ou os depoimentos que parecem confirmar essa versão não passam de visões mais ou menos preconceituosas do modo de vida dos caboclos amazônicos?

Depois de muito refletir sobre o tema, nos últimos dois anos — desde que avistei pela primeira vez, em 1994, no meio da mata, as enigmáticas ruínas de pedra da velha igreja de Santo Elias —, cheguei à conclusão de que, de fato, e independentemente dos possíveis preconceitos dos autores dos documentos históricos que reuni, o povoado de Airão passou por uma crise muito grande e prolongada, durante um período de um século, antes que a borracha, a partir de 1880, viesse a revigorar o ânimo de seus moradores. Nesse sentido, os relatos concordantes — nos quais a "decadência" do Airão é tema recorrente — do ouvidor Sampaio (1775), de Alexandre Rodrigues Ferreira (1786), de Spix (1821) e de Wallace (1849) têm, todos eles, razão, quando se referem ao desmanchar-se do antigo povoado e a seu evidente desmoronamento secular. Aliás, corroborando essa conclusão, vou logo a seguir apresentar os depoimentos de mais dois observadores que passaram pelo Airão na primeira metade do século XIX, ambos confirmando a existência real, e nada imaginária, daquela lenta desagregação sócio-cultural da povoação que estamos estudando. Porém, antes de passar a esses novos textos e ainda resumindo as minhas conclusões, devo também dizer que, se por um lado, o povoado do Airão vinha se arruinando, desde o final do século XVIII, com seus habitantes brancos em dificuldades financeiras cada vez maiores — extrativismo minguando, comércio se retraindo —, por outro lado, isso não quer dizer que a vida dos ribeirinhos do Jaú, Carabinani e Pauini estivesse igualmente em dificuldade crescente, ou em "decadência". Este é o ponto central da questão: a crise do povoado não era necessariamente expressão da crise da microrregião adjacente, como seria de se esperar em outros contextos culturais e históricos em que as relações cidade-campo se construíram de maneira qualitativamente diferente. Aliás, no caso do Airão, não dá sequer para se pensar em termos de "cidade", naquela época — nem Manaus tinha vida urbana propriamente dita em 1822! —, não se podendo, tampouco, pensar nos igarapés e matas de seu entorno utilizando-se do conceito clássico de *campo*. O que aconteceu na realidade do Airão e do baixo rio Negro tem de ser compreendido mediante outras categorias e conceitos, pois a especificidade histórica amazônica era por demais singular naquela primeira metade do século XIX. Se o historiador não procurar essa especificidade histórica regional, suas leituras e tentativas de decodificação dos discursos ideológicos dos viajantes correm o risco de se tornar tãosomente novos discursos, com a especificidade se perdendo, mais uma vez, "entre árvores e esquecimentos".

Agarrações e fugas

Para se entender essa especificidade do modo de vida caboclo tapuio, no baixo rio Negro, no período 1750-1850 — período anterior à formação de um estilo de vida sertanejo amazônico, ou caboclo amazonense —, é preciso partir das mudanças ocorridas com o fim do regime das missões — Santo Elias do Jaú — e a instauração do Diretório pombalino. Nesse aspecto, a história dos índios destribalizados da antiga missão carmelitana do Jaú passou por situações semelhantes às de outras missões, carmelitanas ou jesuíticas, da Amazônia. Do ponto de vista qualitativo — relativa auto-suficiência econômica e alguma proteção contra caçadores de escravos, no tempo dos carmelitas —, a situação piorou e muito, após a reforma pombalina, ficando os índios aldeados do Jaú — descendentes de antigos Aroaqui, Manao, Baré — muito mais expostos aos impactos culturais e agressões físicas vindas do regime colonial português.

Os missionários carmelitas, evidentemente, não se limitaram à catequese, colocando quase sempre seus catecúmenos destribalizados a seu serviço no trabalho extrativista de coleta de drogas do sertão, abundantes nas matas do Jaú, do Carabinani, do Pauini e do Unini. Apesar do caráter mercantilista dessas operações, obtidas através da exploração do trabalho indígena — no caso dos jesuítas, isso fica evidente pela simples leitura de João Lúcio de Azevedo[24] —, não é menos verdade que esses missionários, apesar de se comportarem como patrões, frente ao tapuio extrator de drogas, ajudaram também — e muito, às vezes! —, a proteger seus aldeados de novos ataques escravistas, evitando assim uma sujeição ainda maior do índio ao mundo branco dos colonos, ávidos de riquezas florestais.

Esse caráter contraditório das missões já foi assinalado por vários autores. Carlos de Araújo Moreira Neto, por exemplo, diz:

> Durante o predomínio das missões, a despeito da espoliação empresarial do trabalho dos índios *missioneros*, tão bem caracterizada por Lúcio de Azevedo, as comunidades nativas tinham asseguradas, pelo menos, a continuidade de sua vida social e econômica e a certeza da permanência na área que ocupavam, além de uma relativa proteção contra agressores e caçadores de escravos, brancos ou a serviço deles.[25]

Essa relativa proteção terminou com a reforma decidida, em Lisboa, pelo Marquês de Pombal, cuja instrumentação principal na Amazônia

---

24 João Lúcio de Azevedo, *Os jesuítas no Grão-Pará, suas missões e a colonização*, Coimbra, Universidade de Coimbra, 1930, 2ª ed.

25 Carlos de Araújo Moreira Neto, op. cit. p. 79.

foi dada pelo Diretório — "Diretório que se deve observar nas povoações dos índios do Pará e Maranhão" —, assinado em Belém, em 1757, pelo próprio irmão do marquês, Francisco Xavier de Mendonça Furtado, novo governador do estado. Por detrás de uma fraseologia enganosa, que tentava dar a aparência de estar libertando os índios, o Diretório, na verdade, fez com que todos os índios destribalizados — *missioneros*, ou caboclos tapuios — ficassem à disposição dos colonos e do regime do trabalho escravo e servil, infinitamente mais duro do que o regime de trabalho nas missões. Foi esse Diretório, portanto, o ponto de partida do longo processo de arruinamento do antigo povoado carmelitano do Jaú. Quando Alexandre Rodrigues Ferreira passou pelo Airão, em 1786, viu duas coisas interessantes a esse respeito: primeiro, constatou que o "diretor" — previsto no Diretório — da povoação do Airão era absolutamente incompetente para o cargo, tal o desleixo e o abandono em que se encontravam os moradores, e, segundo, teve notícias, pelos moradores mais antigos, de um período anterior, relativamente mais próspero, em que havia até "sobrados" — no plural, portanto, no mínimo dois — no Airão, com os carmelitas comemorando a festa do Divino "com fausto e pompa". Esse depoimento do naturalista confirma o que foi dito para a Amazônia em geral: no caso concreto do Airão também houve mudança para pior. A vida era bem melhor no tempo da missão de Santo Elias do Jaú (1694-1757). Ficou mais difícil com a reforma pombalina e o Diretório (1757-1798).

No final do século XVIII, foi extinto o Diretório, mas as novas leis portuguesas, de 1798, tinham um caráter ainda mais duro. Carlos de Araújo Moreira Neto chama-as de "leis antiindígenas".[26] Vieram sob a forma de uma carta régia. Abusos sem fim passaram a ser cometidos pelos grandes comerciantes e autoridades governamentais, que, além de explorar o trabalho dos caboclos tapuios em atividades extrativistas, nas matas e igarapés circunvizinhos, passaram também a arrancá-los à força de suas povoações, ou das comunidades ribeirinhas mais próximas, para levá-los como servos, ou criados, a fim de utilizar essa força de trabalho

[26] Carlos de Araújo Moreira Neto, op. cit., p. 30.

em suas grandes propriedades, distantes das povoações de origem desses caboclos.

Dessas "agarrações", como se dizia na época, resultou uma nova forma de trabalho compulsório, por um lado, enriquecendo muitos proprietários luso-brasileiros de Belém, Manaus, Serpa ou Santarém, e, por outro, deu também como resultado o quase desaparecimento de várias povoações amazônicas, no rio Negro inclusive. Os caboclos tapuios que não eram agarrados à força passavam a ter um medo tão grande desses trabalhos forçados — é de se supor que as vítimas dessas agarrações nunca mais voltavam ao convívio de seus familiares e amigos, dadas as enormes distâncias amazônicas e o ritmo lento das navegações a remo e a vela no período anterior à navegação a vapor —, que, quando podiam, mudavam-se para o interior, indo morar às margens de rios menores, ou de igarapés mais distantes, onde sobreviviam de forma rudimentar, porém livre. Essa relativa autonomia era mil vezes preferível aos trabalhos forçados em Manaus e em Belém.

Outros caboclos não se mudavam para esses lugares distantes, simplesmente fugiam no momento de uma nova agarração, indo buscar refúgio nesses pequenos nichos de liberdade na floresta, última guarida do tapuio, do índio destribalizado e deculturado, no interior de um imenso regime colonial — que veio de fora e lhe fora imposto — no qual o trabalho escravo era legalmente permitido e incentivado pelo Estado.

Como se percebe, agarrações e fugas foram um fator a mais de depopulação do baixo rio Negro, ao lado das epidemias, da repressão pós-Cabanagem e dos recrutamentos forçados para o serviço militar. Com uma única precisão: a agarração dizimava a população do povoado do Airão e dos rios mais próximos — foz do Jaú, foz do Carabinani, foz do Unini, foz do Puduari —, enquanto a fuga, espécie de reação em legítima defesa, despovoava o Airão, mas, paradoxalmente, povoava ou repovoava os altos rios e igarapés distantes — Carabinani acima das cachoeiras, médio e alto Unini, médio e alto Pauini. Assim como alguns grupos étnicos tribais haviam migrado para locais cada vez mais inacessíveis da floresta, no final do século XVII e início do XVIII — principalmente após a terrível "guerra justa", que liquidou Ajuricaba e os Manao —, também os caboclos tapuios, cem anos depois, no final do século XVIII e início do XIX, fugiram, diante do aumento da agressividade colonialista permitida pelo Diretório e pelas leis de 1798, para locais inacessíveis e tentavam refazer suas vidas na solidão das matas. Para eles, a economia de subsistência não foi um fator de atraso. Foi a salvação! Para eles, a floresta não era impenetrável e a vida no seu interior não foi um retorno à barbárie. Pelo contrário, embora isolados do mundo dos brancos e da civilização ocidental, eles ali conseguiram escapar das agarrações e trabalhos compulsórios, vivendo, portanto, uma vida mais digna, com seus pilões, casas de palha e sacos de farinha, comendo bichos de casco — tartaruga, tracajá, jabuti e outros quelônios — e pescando e caçando como seus antepassados tribais pescaram e caçaram, e tomando freqüentes e refrescantes banhos de rio, e fazendo filhos que nasciam livres, e até mesmo, muito provavelmente, cantando e dançando nos dias de festas religiosas que haviam aprendido a comemorar com os padres carmelitas. Entre elas, a festa do Divino e a festa do padroeiro, Santo Elias. Posso levantar essa suposição, porque as tradições religiosas e festeiras do antigo Jaú dos carmelitas nunca se perderam por completo, ali na região. Basta lembrar que, alguns anos depois do fim do Airão (1964), um grupo de antigos ribeirinhos deu início à construção de uma pequena comunidade, alguns quilômetros dali, no próprio rio Negro, e que essa comunidade se chama Santo Elias, o mesmo nome da velha missão carmelitana, dissolvida dois séculos antes pelo Diretório pombalino!

As agarrações, como vimos, embora beneficiassem os brancos de Manaus e Belém, contribuíram para solapar os projetos dos brancos em meio extrativista, que tinham como base e eixo, na bacia do Jaú, o povoado de Airão, local de residência do "diretor", na época pombalina, e dos comerciantes, no século XIX, mas, paradoxalmente — e aí estão as especificidades da história amazônica a que me referia —, esse arruinamento da povoação não significou uma decadência para os habitantes dos rios e igarapés do entorno, pois, através das fugas, muitos tapuios conseguiram sobreviver como quilombolas em sua própria terra, naqueles nichos de autonomia escondidos na natureza. Nesse caso, por ter lhes dado liberdade e garantido a vida, a floresta foi, literalmente, "mãe natureza", sem nenhum arroubo literário, romântico ou simbolista.

Estamos aí, portanto, não apenas diante de uma crítica conceitual do termo decadência — inadequado, para a história, como diz Le Goff, por ter origem no vocabulário da biologia —, porém, mais que isso, diante de uma situação histórica concreta que, uma vez analisada com rigor, não se enquadra nem no conceito de decadência/degeneração, que vem das ciências naturais, nem, tampouco, no conceito que provisoriamente estivemos utilizando, de arruinamento, que tem origem na arquitetura e na arqueologia. A não ser que — e vem aí uma ressalva importante — perceba-se que esse arruinamento, de fato ocorrido no povoado do Airão, nem sempre, ao longo do tempo, significou um igual aviltamento das condições de vida das populações ribeirinhas dos altos rios da vizinhança. O arruinamento dos projetos do colonialismo centrados no Airão muitas vezes teve como contrapartida, graças às iniciativas de fuga — recusa total —, uma reconstrução da qualidade de vida dos caboclos tapuios destribalizados, que, em pequenas comunidades ribeirinhas, em "lugares" remotos do vale do Jaú, puderam viver como quilombolas em sua própria terra, durante algumas décadas pelo menos, enquanto não veio a febre da borracha.

É claro que a referência aos quilombos negros serve apenas — por meio de um exercício de história comparada — para esclarecer melhor esses intrincados labirintos da fuga e da vida escondida em nichos de relativa liberdade, na floresta amazônica, mas não queremos, em absoluto, identificar as duas situações. Não ocorreu, no Jaú, nada semelhante ao que ocorreu no rio Trombetas, onde de fato surgiram quilombos amazônicos negros. Quanto aos negros que atualmente moram no lugar chamado Tambor, no vale do Jaú, imediações do rio Pauini, não são descendentes de quilombolas, nem dos dois únicos escravos negros de que se tem notícia na Airão do século XIX, mas sim de um casal de imigrantes negros, sergipanos, que vieram para o Jaú no início do século XX, por volta de 1910. Ele chamava-se Jacinto Francisco de Almeida, e ela, dona Leopoldina, até onde pude averiguar, no Jaú, com o auxílio das técnicas de história oral.

O paralelo entre os nichos caboclos de liberdade amazônica, durante o Império, no período anterior à expansão da borracha, com os espaços negros de resistência livre, nos quilombos, serve, no entanto, para a melhor compreensão do caráter colonialista e opressor das povoações criadas por brancos no rio Negro. Por isso, o arruinamento do Airão pode até mesmo ter sido visto, por aqueles caboclos que escaparam das agarrações e descimentos, como um mal menor, e não como uma desgraça, como diziam os brancos e viajantes, que lastimavam a decadência daquelas povoações.

Como se percebe diante de tanta ambigüidade e sutileza, a história da Amazônia não pode ser estudada de forma linear e mimética, sendo necessário descobrir, a cada passo, por detrás das aparências — "floresta indomável", "caboclos que não querem trabalhar", "povoados em decadência" —, a multifacetada e plural história de seus ribeirinhos, tão cheia de paradoxos e contradições, durante o Império.

Antes de passar ao próximo assunto, gostaria de assinalar o fato de que Carlos Araújo Moreira Neto também fez comparações entre a vida nesses espaços caboclos de autonomia na selva, na Amazônia, e os quilombos negros.[27] Chamo ainda a atenção de leitores interessados no nheengatu e na língua tupi para um fato significativo, registrado por Antenor Nascentes em seu *Dicionário da Língua Portuguesa:*[28] o substantivo *quilombola*, normalmente utilizado para o negro escravo refugiado, na verdade vem do cruzamento do tupi *canhambora*, que quer dizer *fujão*, com o quimbundo *kilombo*, que significa *união, povoação*, o que mostra como o tema das fugas e dos refúgios no mato fez parte tanto da história do negro como da história do caboclo tapuio, destribalizado, no Brasil escravista.

Depopulação e aniquilamento: o critério definitivo

Aprofundando ainda mais nossa reflexão sobre o tema da decadência — houve, de fato, arruinamento, ou esse tema é produto ilusório de mentes impregnadas da ideologia oitocentista do progresso? —, eu gostaria de recorrer a mais algumas fontes importantes para a história do rio Negro no fim do período colonial e início do Brasil independente.

O primeiro depoimento é o do ouvidor Sampaio, cuja "viagem e correição" às povoações do rio Negro, em 1774-1775, tinham por finali-

---

27 Carlos de Araújo Moreira Neto, op. cit., p. 85.

28 Antenor Nascentes, *Dicionário da língua portuguesa*, Rio de Janeiro, Academia Brasileira de Letras, 1961-1967, 4 vols.

dade precípua "dar completa idéia do estado presente daquela capitania": "(...) achando na sua correição alguns lugares despovoados, saberá por que se despovoaram e por que modo se poderão povoar".[29] Ou seja, o ouvidor Sampaio, 220 anos atrás, estava tentando entender o mesmo problema que eu estou hoje, neste ensaio, procurando analisar: como foi que o rio Negro se despovoou e suas gentes se arruinaram.

O ouvidor esteve em Airão, Barcelos, Moreira, Tomar e Lamalonga, no rio Negro, além de algumas povoações do Solimões. Diz ele, falando do extrativismo:

> O comércio das drogas do sertão, que é o mais avultado, é feito por obediência, e não por gosto. A mesma obediência obriga os índios, ou aos serviços gerais das povoações, ou aos dos particulares; os pagamentos desses trabalhos são de pouco estímulo.[30]

Mais adiante: "É fato inegável que no tempo das missões havia maior número de índios do que agora".[31]

O ouvidor enumera várias causas desse decréscimo populacional. Além da exploração do índio no trabalho extrativista e nos serviços públicos e domésticos, fala também das doenças e dos serviços compulsórios em atividades militares:

> Depois de criada esta capitania, estabelecida nela uma guarnição militar, fortificadas as fronteiras, tudo isso pede obras, diligências e diminuição de aldeias dos índios. A criação da Capitania do Mato Grosso, cujos ares são mortíferos, levou e leva para a navegação da mesma, pelo rio Madeira, muitos índios desta capitania, onde tem ficado a maior parte deles. O contágio de bexigas tem grassado continuamente.[32]

Diante desse quadro mais geral, de aumento das obrigações indígenas e do trabalho compulsório, fica claro por que muitos caboclos tapuios preferiam fugir e por que as povoações do rio Negro encontravam-se abandonadas. Com um agravante, na época do Diretório pombalino, em

---

29 Francisco X. R. de Sampaio, op. cit., p. 86.

30 Idem, pp. 91-92.

31 Ibidem, p. 94.

32 Ibidem, p. 96.

relação à época das missões: "Os missionários seguiam com muita presteza os fugidos das povoações" — diz o ouvidor — "até os recolherem às mesmas, o que agora se não observa tão exatamente".[33]

Viajando pelo rio Negro oito anos depois do ouvidor Sampaio, Manuel da Gama Lobo d'Almada passou por Airão e Barcelos antes de chegar a São Gabriel da Cachoeira, em maio de 1784, aí permanecendo dois anos, como engenheiro-militar auxiliar do governador João Pereira Caldas na demarcação das fronteiras Norte, decidida pelo Tratado de Santo Ildefonso em 1777. Era, portanto, um homem que conhecia bem o rio Negro. Percorreu o Uaupés, o Xié, o Tiquié, o Apaporis, depois subiu o rio Branco, visitou o Catrimani, naufragou no Uraricoera. Tendo tomado conhecimento da forma brutal com que os colonos tratavam os índios aldeados, teve atritos com diretores — da época do Diretório pombalino —, criando, para si, inimizades que durariam vários anos. Em carta escrita na fortaleza da Barra no dia 10 de julho de 1793, dirigida a dom Francisco de Souza Coutinho, Lobo d'Almada, referindo-se àquela viagem pelo rio Negro, feita alguns anos antes, menciona a utilização, pelos brancos, de índios aldeados em seus serviços particulares. Denuncia também uma série de maus-tratos e violências físicas, de proprietários brancos contra caboclos tapuios, mulheres tapuias, inclusive, praticados com o conhecimento e a anuência dos diretores. Não é de se admirar que, nessas circunstâncias, a tendência dos aldeados fosse fugir, deixando rarefeita a população dos lugares. Diz Lobo d'Almada:

> E como apagaria eu a injustiça e a desumanidade para com os índios, eu que, considerando-os como porção do Estado a mais necessária e a mais perseguida, falei já tanto em favor deles, dirigindo-me aos pés do Trono. Eu, que, na minha visita, dispus que cessassem de ser atropelados com serviços de particulares a arbítrio dos diretores, devendo dar-se-lhes tempo para cuidar das suas casas e roças para abrigo e sustentação das suas famílias?[34]

---

[33] Francisco X. R. de Sampaio, op. cit., p. 96.

[34] Manuel Gama Lobo d'Almada, carta dirigida a dom Francisco de Souza Coutinho, escrita em 10 de julho de 1793 na fortaleza da Barra do Rio Negro, editada por Arthur Cezar Ferreira Reis em *Lobo d'Almada: um estadista colonial*, Manaus, 1940, p. 220

Observe-se que Lobo d'Almada, como servidor do Estado colonial, na época em que ainda estava em vigor o Diretório pombalino, tem uma postura, diante dos índios aldeados, bem diferente da antiga postura dos padres missionários, considerando os índios como "porção do Estado". No entanto, por ser um homem íntegro, Lobo d'Almada não deixa de denunciar o oportunismo dos diretores e a cobiça dos colonos brancos, que obrigavam os índios a trabalhar em roças de brancos, abandonando, portanto, suas próprias roças. Quando o índio, ou a índia — cabocla tapuia — recusava-se a prestar esses serviços agrícolas e domésticos para os brancos, era castigado. Diz Lobo d'Almada:

> (...) deixei um provimento em que proíbo expressa e absolutamente que as mulheres sejam metidas em tronco, nem que se lhes dêem palmatoadas, advertindo que devem ser tratadas, ainda quando delinqüentes, com brandura e comedimento próprio de seu sexo.[35]

As proibições de Lobo d'Almada quase não tiveram efeito prático no cotidiano de Airão, Moura, Carvoeiro e Barcelos, onde os índios aldeados continuaram sem tempo para se dedicar às suas próprias roças e a seus próprios filhos, levando, ainda, de vez em quando, inclusive as mulheres palmatoadas e castigos torturantes no tronco, sendo fácil perceber, mais uma vez, como qualquer oportunidade de fuga era sempre bem-vinda. Em outras palavras, essas povoações eram locais de trabalhos forçados e trabalho servil, razão pela qual sua população continuava diminuta, com a morte prematura dos caboclos tapuios, ou as suas fugas incessantes rumo aos altos rios da região e igarapés mais inacessíveis.

Diante de um tratamento tão "injusto e desumano" — palavras do próprio Lobo D'Almada em 1793 — que não cessou de ser assim nas décadas seguintes, não é de se espantar que esses caboclos tapuios tenham aderido fervorosamente à Cabanagem, alguns anos depois. Tão fervorosamente que foi necessário que o capitão Miguel Nunes Benfica destroçasse os cabanos em Tauapessassu/Novo Airão, porque nenhum deles queria se render, tal o ódio e a revolta acumulada em suas mentes

---

35 Manuel Gama Lobo d'Almada, op. cit., p. 220.

e corações durante as décadas anteriores, de palmatoadas, trabalho compulsório e muito tronco. Nem é de se espantar, também, que o ouvidor Sampaio tenha observado que o trabalho extrativista, com as drogas do sertão, era feito "por obediência, e não por gosto". Isso mostra como a história do extrativismo no rio Negro conheceu várias fases e situações, não sendo correto falar do extrativismo no Airão/Jaú como tendo sido sempre o mesmo, uma espécie de extrativismo a-histórico, só pelo fato de os produtos da floresta terem continuado os mesmos. Alguns produtos permaneceram os mesmos, evidentemente, outros se sobressaíram mais, em certas épocas, em função de novas demandas do mercado externo e do mercado brasileiro, mas as condições de extração desses produtos, isto é, as condições de trabalho, no Airão, Jaú, Carabinani e adjacências, é que se alteraram ao longo das décadas e dos séculos, e elas estão diretamente associadas às condições de vida dos ribeirinhos desse rios, cuja história estamos reconstituindo neste livro.

Essas fugas de caboclos tapuios eram tão freqüentes, no rio Negro, como eram freqüentes as fugas de negros no baixo Amazonas e nas fazendas dos arredores de Belém, naquela mesma época. Em seu *Compêndio das eras da província do Pará*, Baena relata, para o período 1821-1823, que a Junta Provisória organizava partidas de tropa regular para reprimir e prender os "pretos fugidos", pois estes, a partir de seus "mocambos", situados "nos arrabaldes da cidade", "invadiam de repente as canoas para desvalijar os viajantes".[36] Parece que os tapuios que fugiam do trabalho compulsório e do tronco, no Amazonas, limitaram-se a tentar viver em paz, em seus esconderijos da mata, sem atacar viajantes, no período anterior à Cabanagem. Porém, com a repressão que se seguiu a essa revolta, muitos caboclos tapuios, impossibilitados de voltar a suas comunidades de origem, passaram a assaltar cacoais, fazendas e canoas. É muito difícil falar com alguma segurança sobre esses fatos, porque a principal relação de presos rebeldes que chegou até nós foi escrita, em 1838, pelo comandante da repressão, Soares d'Andréa,[37] que se refere

---

36 Antônio Ladislau Martins Baena, *Compêndio das eras da Província do Pará*, Belém, Universidade Federal do Pará, 1969, p. 329.

37 Francisco José de Souza Soares d'Andréa, manuscrito do Arquivo Nacional publi-

àqueles tapuios rebeldes como meros ladrões e assassinos. Mesmo assim, dá para perceber, pela leitura do rápido resumo dos "motivos por que foram presos" aqueles cabanos — falecidos a bordo da corveta Defensora, entre agosto de 1837 e dezembro de 1838 —, que os tapuios derrotados na Cabanagem invadiram, queimaram e saquearam, enquanto viveram foragidos pelo interior do Amazonas e do Pará, no final da década de 40 do século XIX e início da década seguinte. Como a refrega em Tauapessassu foi grande, em 1836, pode-se considerar a hipótese de que alguma situação semelhante tenha ocorrido nesse trecho do rio Negro vizinho do Airão.

Em outros rios do Amazonas, a repressão foi tão grande, que o decréscimo populacional arruinou fazendas e povoados. Os sucessores de Soares d'Andréa no governo do Pará — Bernardo de Souza Franco e João Antônio de Miranda — levaram a repressão até suas últimas conseqüências no Tapajós, no baixo Madeira, no Canumã, na baía de Maués. A esse respeito, diz Carlos de Araújo Moreira Neto:

> A repressão que se seguiu atingiu pesadamente a generalidade da população tapuia e indígena da Amazônia, singularizando com rigor particular os grupos que participaram ou foram envolvidos pelo movimento, como os Mura e os Maué.[38]

Os tapuios foram praticamente excluídos da sociedade amazônica, passando de maioria a minoria de 1850 em diante.

Foi tão grande a depopulação provocada pelas venalidades surgidas na época do Diretório, mais as agarrações e novos descimentos das primeiras décadas do século XIX, mais as epidemias e a Cabanagem, que a população da Amazônia como um todo, em 1850, como bem mostrou Moreira Neto[39] no trabalho citado, era menor de que a população da mesma região um século antes, em 1750! Ou seja, embora muitos caboclos tapuios tenham conseguido se livrar dos males trazidos pelo colo-

---

cado por Carlos de Araújo Moreira Neto como anexo de seu livro *Índios da Amazônia*, op. cit., pp. 283-314.

38 Idem, p. 137.

39 Ibidem, p. 20.

nialismo português e pelo colonialismo interno brasileiro, fugindo para o mato e novas áreas ribeirinhas, de fato a Amazônia perdeu a sua numerosa população tapuia aldeada, que passou de maioria a minoria, e é esse dramático e violento esvaziamento populacional e sócio-cultural que não pode ser esquecido. Esse tema não é ideológico, fruto de algum viés etnocentrista nos discursos de viajantes preconceituosos da primeira metade do século XIX. Se a força de trabalho era — e de fato era — a principal força produtiva no extrativismo amazônico, sua rápida degradação e posterior aniquilamento — parcial, pelo menos — não podem ser esquecidos, quer seja a palavra decadência a mais apropriada para se compreender esse fenômeno, quer não seja, e tenha de ser substituída por outra. Essas discussões no plano teórico-conceitual, contudo, não podem prejudicar a percepção da tragédia humana de fato ocorrida no rio Negro, como se nada disso tivesse acontecido e a continuidade fosse a principal característica da história da Amazônia, ficando as descontinuidades por conta dos discursos ideológicos...

Taperas do rio Negro

João Henrique de Matos fez uma longa viagem pelo rio Negro logo após o fim da Cabanagem, em 1842 e 1843, depois de ter sido nomeado — em 9 de setembro de 1841 — "comissário de inspeção e exame" dos pontos contestados, nas fronteiras Norte, pelo governo inglês da Guiana. Seu relatório foi concluído no dia 25 de outubro de 1845 e intitula-se "Relatório do estado de decadência em que se encontra o Alto Amazonas". Na comarca do Alto Amazonas, havia apenas duas vilas — Barcelos e Manaus, antiga Vila da Barra do Rio Negro — e ambas estavam estagnadas. Quanto às povoações, várias estavam extintas, e todas, sem exceção, em estado de arruinamento evidente.

Chamo a atenção para o fato de João Henrique de Matos ter usado a palavra decadência para caracterizar a situação do rio Negro, a qual, de fato, era lastimável. Em Barcelos, antiga capital, Matos só encontrou o seguinte:

> Uma pequena igreja construída de madeira já desmoronada; uma casa velha que servia de residência ao pároco; uma outra semelhante que serve para os trabalhos da Câmara Municipal; outra que tal em que reside e dá aula o professor de primeiras letras, que, além de ser provido defini-

> tivamente, desamparou a cadeira e retirou-se para esta cidade (Manaus), e algumas mais muito ordinárias, pertencentes aos moradores daquele distrito, que me disse o respectivo vigário, o reverendo padre Felipe de Santiago Pinto, estarem a maior parte do ano desocupadas, porque seus donos apenas se recolhiam à vila nos dias festivos do ano.[40]

João Henrique de Matos era natural de Barcelos, portanto não olhava sua vila natal por algum possível prisma estrangeiro e etnocentrista. O estado geral da vila era, de fato, de acanhamento e desaire, com a população minguando ao longo das décadas. Segundo ele, a população, naquele ano de 1842, consistia em 74 fogos, "entre brancos, mamelucos, tapuios, mestiços e pretos", enquanto, no ano de 1790, em que ele próprio havia abandonado Barcelos, a vila possuíra 640 fogos![41]

Se isso era assim em uma vila, nas povoações a situação era ainda pior em 1842. Diz ele, sobre o rio Negro:

> Estando a maior parte das suas povoações privadas da instrução literária e despovoadas de seus habitantes, sem que hoje se saiba o seu domicílio, ocultando-se nas brenhas para se isentarem do pesado serviço dos alistamentos, dos devoradores do país, e dos sedentos de ambição.[42]

João Henrique de Matos, navegando de Manaus até a fronteira Norte, pelo rio Negro, encontrou apenas 18 vilas e povoações, estando as demais extintas, em 1842. As existentes estavam semi-arrruinadas e eram as seguintes: Vila da Barra do Rio Negro, Airão, Moura, Carvoeiro, Vila de Barcelos, Moreira, Tomar, Santa Isabel, Castanheiro, Santa Bárbara, Santa Ana, São Joaquim de Coani, São Felipe, Senhora da Guia, São João de Marabitanas. Todas elas, juntas, tinham uma população de 7.650 pessoas, dos quais 450 eram escravos.[43]

---

40 José Henrique de Matos "Relatório do estado de decadência em que se encontra o Alto Amazonas", in *Revista do Instituto Histórico e Geográfico Brasileiro*, Rio de Janeiro, 1979, nº 325, p. 147.

41 José Henrique de Matos, op. cit., p. 147.

42 Idem, p. 146.

43 Ibidem, p. 146.

As povoações extintas eram em número de 11 — Poiares, Lamalonga, Boa Vista, Nova Senhora de Loreto, São José, Castanheiro Velho, Nossa Senhora de Nazaré de Curianá, São Miguel, São Jerônimo, São João Batista de Mabé e São Marcelino — e haviam tido, sessenta e tantos anos antes, uma população total de 1.290 habitantes livres.[44]

Tauapessassu, como se percebe, não aparece em nenhuma das duas listas. Quanto a Manaus — Vila da Barra do Rio Negro —, sua situação era igualmente precária. Entre 1818 e 1821, a vila possuía vários edifícios, que o relatório de João Henrique Matos enumera: uma casa com a denominação de palácio, para residência dos governadores; um quartel de tropa; duas casas na ribeira; uma cordoaria de piaçava; um depósito de algodão; uma fábrica de pano; uma fábrica de fazer anil; uma ferraria; uma olaria etc. Já agora, em 1842, isto é, vinte anos depois, quase tudo estava em ruínas: a casa que servia de fabrico de pano de algodão serve agora de aquartelamento de tropa e da guarda policial; a que servia de hospital, hoje de prisão; uma pequena parte que ainda existe da olaria, com os dois fornos, está agora em total ruína, "e breve todos esses edifícios desaparecerão".[45]

Depois de constatar o "estado de perfeito abandono" em que se encontravam as duas únicas vilas do Amazonas — Barcelos e Manaus —, que gozaram da categoria de capital do governo da extinta capitania, João Henrique de Matos, referindo-se às demais povoações, exclama, perplexo: "Faça-se idéia como não estarão as outras!"[46]

Henrique de Matos era um bom observador. Diante do desmoronamento e extinção de várias povoações do rio Negro, não conclui que tudo estava definitivamente terminando, naqueles locais, percebendo, com argúcia, que muitos habitantes, sobreviventes da Cabanagem e das agarrações, tinham se refugiado em pequenos sítios e igarapés do interior. Segundo ele, para se compor uma "completa estatística da população", naquela época, era preciso "viajar e penetrar todos os rios que são tributários do rio Negro, compostos de ramificações de outros muitos,

---

44 José Henrique de Matos, op. cit., pp. 146-147.

45 Idem, pp. 148.

46 Ibidem, pp. 149.

pelos quais habitam a maior parte dos moradores do distrito", não se limitando aos arrolamentos dos párocos e autoridades civis, "*porque todos os anos caduca a população pela volubilidade de seus habitantes tapuios.*"[47]

Pouco tempo depois da viagem de João Henrique de Matos, o cônego André Fernandes de Souza escreveu suas "Notícias geográficas da capitania do rio Negro no grande Amazonas", que a *Revista do Instituto Histórico e Geográfico Brasileiro* publicou, em 1848. Esse texto reforça as conclusões de Matos. Fernandes de Souza relata que os caboclos tapuios eram arrancados de suas famílias e separados de suas comunidades ribeirinhas pelos poderosos da época, sendo obrigados a servi-los em suas grandes propriedades, ou em suas casas, em Manaus. Foi durante o governo de José Antônio Salgado (1801-1804) que se começou a pôr em prática

> a detestável agarração de índios nas aldeias para os serviços, que depois se fez mais odiosa, por ser executada por soldados de primeira linha (...) e o pior é que ficou esta prática até agora naquela capitania.[48]

Como se percebe, se essa detestável prática da agarração começou por volta de 1801, no rio Negro, e ainda estava em uso em 1848, quando Fernandes de Souza publicou essas *Notícias*, isso significa que praticamente toda a primeira metade do século XIX foi assim e que, mesmo antes da Cabanagem, havia fatores de arruinamento agindo nas povoações daquele rio, entre elas o Airão. Não é de se admirar que muitas delas tenham virado taperas. Fernandes de Souza relata que José Joaquim Victorio da Costa, político influente entre 1806 e 1818, praticamente despovoou Barcelos, levando índios para trabalhos forçados em suas propriedades de Manaus.[49]

Essa situação é ainda mais trágica, quando se pensa que a dizimação dos índios não trouxe benefícios duradouros para ninguém, nem sequer

---

[47] José Henrique de Matos, op. cit., pp. 149, grifos do autor.

[48] André Fernandes de Souza, "Notícias geográficas da capitania do rio Negro no grande Amazonas", in *Revista do Instituto Histórico e Geográfico Brasileiro*, Rio de Janeiro, 1848, nº 10, p. 475.

[49] A. Fernandes de Souza, op. cit., p. 475.

para os brancos, com exceção de uma ínfima minoria de oligarcas. A exploração do trabalho indígena não trouxe "progresso" para os pequenos povoados do rio Negro, dominados por luso-brasileiros, que, alguns anos depois, estavam, eles também, semidestruídos.

Em geral a exploração de uns — os oprimidos, subjugados ou escravizados — resulta na riqueza e bem-estar de outros, os vencedores ou conquistadores. Isso é o que tem acontecido, com freqüência, na história da humanidade, aí incluídas outras regiões do Brasil, como o Nordeste, por exemplo. Já no rio Negro, o drama foi maior: Tânatos envolveu brancos, índios e caboclos, entre 1728 — "guerra justa" contra Ajuricaba — e o pós-Cabanagem — década de 40 do século XIX —, arrastando-os, todos, para o arruinamento generalizado. A responsabilidade pela depopulação do rio Negro, contudo, cabe aos grandes oligarcas escravistas, pois foi sua forma violenta de atuar que provocou a extinção de vários povos indígenas nessa área.

Os caboclos sobreviventes dispersaram-se, como bem observou o cônego Fernandes de Souza em 1848:

> Achando a pobre gente indiana o seu recurso na fugida, dispersou-se, bem como a poeira o é pelo vento rijo, encontrando-se uns nos matos, outros na comarca do Pará, a buscar asilo à sua desgraça.[50]

Mesmo assim, é provável que algumas pequenas modificações tenham começado a se verificar no Airão na primeira metade da década de 60 do século XIX, no sentido de uma melhora, no início quase imperceptível. Quando o poeta Gonçalves Dias, em viagem pelo rio Negro, passou pelo Airão, em 1861, essas mudanças eram, de fato, quase imperceptíveis: o escritor permaneceu apenas uma hora por ali e seguiu viagem em direção a Barcelos. Mas Joaquim Leovigildo de Souza Coelho[51] passou por Airão, no mesmo ano, e observou que havia criação de

---

[50] A. Fernandes de Souza, op. cit., pp. 477-478.

[51] Joaquim Leovigildo de Souza Coelho, "Relatório sobre o estado das povoações do rio Negro", documento nº 4, anexo ao relatório apresentado pelo presidente da Província do Amazonas, Dr. Manoel Clementino Carneiro da Cunha à Assembléia Legislativa Provincial, em 3 de maio de 1862.

bois e carneiros, bem como pequenos sítios, nos arredores, onde os habitantes plantavam mandioca, arroz, café e algum fumo. Segundo ele, o café era de boa qualidade. A igreja estava em bom estado, toda coberta de telha, e o travejamento do teto bem arranjado e conservado. Internamente, suas paredes estavam bem rebocadas e caiadas, assim como a cúpula e altar mor bem arranjados, com grande e bonita imagem do padroeiro, Santo Elias. Tinha, ainda, um púlpito e uma rica pia de mármore. Refere-se, ainda, à existência de um cemitério. Por pouco que fossem, esses indicadores já assinalam o início de um lento revigoramento da produção e das tradições culturais locais após uma longa crise de um século de duração. No entanto, todas as casas ainda eram feitas de taipa e cobertas de palha, em 1861. Pode até ser que essa não fosse, afinal, uma forma tão precária de se morar, nos trópicos. Mas, de qualquer maneira, é um tipo de casa bem diferente daquelas que surgiram no Airão a partir da expansão da borracha.

Início da navegação a vapor no rio Negro

Outro fato importante ocorrido durante o Império foi a introdução da navegação a vapor na Amazônia, por Irineu Evangelista de Souza, Visconde de Mauá, com o estabelecimento de uma linha pelo rio Negro, em 1854, que ia até Santa Isabel, com escalas em Airão. Essa navegação regular tirou os brancos do Jaú de seu isolamento secular.

De Manaus a Tauapessassu, a viagem passou a ser feita em 13 horas e 15 minutos, segundo o relatório escrito por Joaquim Leovigildo de Souza Coelho, que fez essa viagem pelo rio Negro em 1861, cronometrando o tempo gasto entre cada uma das escalas. De Tauapessassu ao Airão, gastavam-se 10 horas e 30 minutos, aproximadamente. Isso significa que, do Velho Airão a Manaus, havia apenas um dia de viagem, o que, para aquela época, era visto com um tempo relativamente curto. Basta lembrar que, dez anos antes, no período anterior à navegação a vapor, gastavam-se sessenta a oitenta dias — em embarcações à vela, ou à sirga — para ir de Manaus a Belém resolver um negócio. E mais sessenta ou oitenta dias para voltar!

Quando Tenreiro Aranha veio, de Belém para Manaus, em dezembro de 1851, no vapor Guapiassu, gastou apenas 17 dias, o que era uma verdadeira revolução nos transportes e nas comunicações. Poucos anos depois, esse mesmo percurso passou a ser feito em dez dias. Com isso, um serviço de correio começou a funcionar regularmente, não só entre Manaus e Belém, como também entre as vilas e povoações do interior do Amazonas e a capital dessa província. Era um serviço mensal. Partia dos pontos limítrofes dos rios, percorrendo todos os intermédios até Manaus.

De Airão até Moura, povoação vizinha a montante do rio, gastavam-se 7 horas e 20 minutos, em 1861. Essa melhoria no sistema de transportes, no final do Império, e sua regularidade possibilitaram uma retomada do extrativismo no vale do Jaú e em outros afluentes do rio Negro. Segundo Joaquim Leovigildo de Souza Coelho, piaçava, estopa, breu, peixe seco e salsa constituíam, em 1861, o principal comércio do rio Negro. Como a piaçava só ocorria da boca do rio Branco para cima, o Airão pode ter participado de sua coleta e comercialização, mas com dificuldades, pois Moura e Carvoeiro estavam mais próximos das áreas coletadoras e também Barcelos.

Segundo o mesmo relatório de Souza Coelho, a fabricação de óleo e manteiga de tartaruga era outra atividade extrativista freqüente nas imediações do Airão, principalmente no rio Unini. Segundo ele, nas praias do Unini, "apanham grande quantidade de tartarugas",[52] de cujos ovos extraía-se um azeite que servia para a iluminação das casas e, até mesmo, para iluminação pública, em certas ocasiões especiais. O Unini também era abundante em copaíba. Já o Jaú, segundo o mesmo relatório, "é muito abundante em pau-roxo, e das suas matas extraem grande quantidade de breu."[53]

Apesar de a tartaruga existir em quantidade no Unini, ela "não era muito abundante no Negro", o que obrigava os moradores que se dedicavam a esse tipo de comércio a ir apanhá-las nas praias do rio Branco, não muito distante, onde existiam em abundância. Entretanto, Souza Coelho, revelando também uma consciência dos problemas ambientais de sua época, diz, em seu relatório:

---

52 A. Fernandes de Souza, op. cit., p. 11.

53 Idem, pp. 477-478.

> Esses homens apanham milhares de ovos de tartaruga para um único pote de manteiga; é uma verdadeira destruição e seria bem que se proibisse esse ramo de comércio em que é preciso estragar tanto para lucrar tão pouco.[54]

É interessante notar que Souza Coelho não era contra o lucro, nem contra o extrativismo, mas contra aquele resultado tanatológico de algumas atividades extrativistas, praticadas sem nenhuma regulamentação, que acabavam "estragando tanto para lucrar tão pouco".

Do vale do Jaú, extraía-se grande quantidade de breu, como já vimos. Diz o relatório citado:

> O que aqui chamam breu é antes resina do que breu. Dão golpes em árvores resinosas e apanham a resina que corre e endurece ao contato com o ar, e a isto chamam breu. Ele tem uma cor preta, é leve e esponjoso. É muito empregado na província para alcatroar as canoas e botes.[55]

No vale do Jaú também comercializam a estopa, que, segundo Souza Coelho, "é o líber da casca de uma árvore. Arrancam-o, batem-o e assim preparado é empregado para calafetar as embarcações. É de cor amarela e muito resistente".[56]

Como se vê, tanto o breu como a estopa — produtos extrativistas do Jaú no período anterior à borracha — estavam relacionados com a navegação fluvial e a construção naval. O mesmo pode ser dito da lenha para os vapores, que gerou uma nova atividade econômica no Airão e demais povoações do rio Negro, a partir do advento da navegação fluvial durante o Império. Abatiam árvores na floresta, que eram, em seguida, desbastadas, toradas, rachadas e transportadas para a beira do rio, onde, depois de secar, eram vendidas como lenha para alimentar as fornalhas dos barcos a vapor. Airão tornou-se, assim, um porto de lenha. É o que diz Joaquim Thomas da Silva Coelho, primeiro tenente da Armada, em 1874:

---

54 A. Fernandes de Souza, op. cit., p. 23.

55 Idem, p. 23.

56 Ibidem, pp. 23-24.

> No dia 3 de fevereiro, segui viagem para Airão, onde aportei no dia 4, e tendo tomado lenha bastante, e um prático do rio, suspenso o ferro às 8 horas da manhã, sulcava o lago do mesmo nome.[57]

As madeiras mais utilizadas nessa produção de lenha eram as seguintes, segundo depoimento escrito por Rufino Luiz Tavares[58] a bordo do vapor Pirajá no dia 23 de outubro de 1861: acaricoara, cacoarana, massaranduba, murapiranga, macacaúba, pau-de-lacre, pau-mulato e taixizeiro da mata.[59] Segundo ele, essas madeiras empregadas como combustível eram madeiras de primeira espécie, que produziam 12 a 13 libras de vapor, funcionando a máquina a três quartos de força. Essas madeiras eram extraídas das matas e possuíam um poder calorífico pouco inferior ao dos combustíveis minerais. Cada milheiro de achas desse tipo custava 40 mil-réis em 1861, mas não eram encontradas com abundância nos portos de lenha. O mais freqüente era encontrar "madeiras de segunda espécie": anaurá, abiurana, caramuri, embirana, puruí, tataperirica, taixizeiro de igapó e uarumá-açu. Essas produziam 7 a 8 libras de vapor funcionando a máquina a um terço da força, e o milheiro de achas custava 30 mil-réis. Eram madeiras extraídas dos igapós e outros lugares, contendo, portanto, bastante umidade, o que ocasionava a perda de grande parte do poder calorífico das mesmas.

Como a navegação a vapor começou em 1854, no Negro, e durou mais de meio século, antes de ser substituída pelos motores de explosão, é evidente que a produção de lenha durante esse longo período, no Airão, afetasse consideravelmente as matas e igapós, inclusive da foz do Jaú. Grande parte das capoeiras e matas secundárias que hoje podem ser vistas nessas áreas não são, portanto, apenas o resultado do abandono de

---

57 Joaquim Thomas da Silva Coelho, *Relatórios de Presidentes de Província no Amazonas*, vol. 5, p. 178.

58 Rufino Luiz Tavares, "Relatório A", anexo ao relatório apresentado pelo presidente da província do Amazonas, Dr. Manuel Clementino Carneiro da Cunha, à Assembléia Legislativa Provincial, em 3 de maio de 1862, p. 45.

59 Hilário Maximiano Antunes Gurjão, *Descrição da viagem feita desde a cidade da Barra do Rio Negro, pelo rio do mesmo nome, até a serra do Cucuí*, Manaus, Tipografia de M. S. Ramos, 1855.

antigas roças, mas o resultado dessa longa — mais de cinqüenta anos — atividade produtora de lenha para os barcos a vapor. Como entre as madeiras de primeira espécie encontravam-se algumas madeiras de lei, também usadas na marcenaria — macacaúba, murapiranga —, percebe-se, aí também, mais uma vez, aquele desperdício mencionado por Souza Coelho, que "estragava tanto para tão pouco lucro". A fornalha não é, obviamente, o uso mais adequado de uma madeira nobre...

Alguns administradores e governantes do período anterior à expansão da borracha perceberam esses problemas, como já vimos, e os efeitos que eles poderiam ter a longo prazo, com riscos de extinção de espécies animais e vegetais. Perceberam, também, que essa lenta retomada da atividade extrativista, a partir de 1850 e 1860, ainda não alterara qualitativamente a situação de penúria e crise da recém-criada província do Amazonas. Foi o que observou o engenheiro Hilário Antunes Gurjão,[59] em 1854, percorrendo o rio Negro de Manaus até Cucuí, fronteira da Venezuela, em missão especial determinada por Ferreira Penna, presidente da província. Gurjão era bacharel em matemática e major da artilharia. Quando passou por Tauapessassu, não encontrou ninguém! O que não significa que a povoação estivesse extinta, pois Gurjão observou que o corpo da igreja estava coberto de telhas e em bom estado de conservação, havendo, ainda, 18 casas cobertas de palha bem conservadas. Isso significa apenas que a povoação estava reduzida a proporções tão ínfimas, que, quando seus habitantes saíam para trabalhar nas roças de mandioca e no extrativismo, não ficava ninguém em Tauapessassu...

Ao passar por Airão, o major Gurjão também constatou a mesma penúria. É interessante comparar três depoimentos da mesma época — posterior à Cabanagem e anterior à expansão da borracha —, todos eles relativos ao povoado de Airão: o do cônego Fernandes de Souza (1848), o do major Gurjão (1854) e o de Souza Coelho (1861).

Fernandes de Souza diz que a população de Airão era de "quinhentas almas", em 1848, e que a igreja era coberta de palha, não havendo pároco residente.

Seis anos depois, em 1854, o major Gurjão diz que a igreja — de 61 palmos de comprimento e 39 de largura — continuava de palha e que não tinha portas nem janelas, apenas as aberturas correspondentes, faltando-lhe, ainda, rebocar e caiar as paredes, havendo, também, 61 casas cobertas de palha, "não tendo algumas delas paredes laterais".

Embora o estado de conservação de uma igreja não possa, isoladamente, ser tomado como parâmetro para se avaliar as condições de vida dos moradores de uma povoação, não há dúvida de que — dado o fervor religioso dos ribeirinhos do rio Negro, desde o tempo dos carmelitas e ainda hoje muito atuante em Carvoeiro e Novo Airão — podia ser tomado como indicativo da maior ou menor disponibilidade de recursos naquele lugar. Quando as coisas "iam bem", as igrejinhas do Amazonas estavam sempre caiadas. O que se percebe, portanto, nos dois depoimentos anteriores, é que tanto em 1848, como em 1854, "as coisas não iam bem", e que o Airão viveu durante duas décadas — a de 1840 e a de 1850 — as prolongadas conseqüências da Cabanagem.

Já no terceiro depoimento, o de 1861, de Souza Coelho, parece haver indícios de uma lenta recuperação da vida econômica no Airão e no Jaú: criação de bois e carneiros, roças de café, produção de breu e de estopa, navegação a vapor, produção de lenha. Mesmo que tudo isso tenha sido realizado em quantidades muito pequenas, não deixa de ser um sinal de que o ponto mais baixo da crise já havia passado e que, agora, em 1860, o Airão estava ganhando novos moradores e um novo alento. Em 1872-1873, José Gonçalves da Costa já funcionava como cobrador de impostos no Jaú.

Na verdade, apesar desses pequenos sinais de melhoria, foi só a partir de 1880, com a borracha, que o Airão saiu — depois de mais de um século — de sua pachorrenta situação estagnada. Padres e colonos haviam desestruturado a vida indígena anterior, em suas múltiplas formas — ligadas aos Tarumã, Manao, Mura, Juma e tapuios destribalizados —, sem conseguir, no entanto, estruturar, de forma sólida e próspera, um novo modo de vida, branco e ocidental, nas imediações da foz do Jaú, assim como no baixo rio Negro, de um modo geral. A mudança — passageira, como veremos — só começou, de fato, na última década do Império, com a borracha. Não foi só uma mudança econômica, foi também cultural, pois aos remanescentes dos antigos índios genéricos (tapuios), já agora em minoria, e aos caboclos brasileiros (sertanejos amazônicos), somaram-se, a partir da grande seca do Nordeste de 1877, os sertanejos nordestinos. Uma nova aculturação ia se dar nos igarapés e matas do vale Jaú, com o convívio de caboclos locais com gente nascida no Ceará, na Paraíba e outros estados do Nordeste.

Apesar de sua debilidade econômica, o povoado do Airão, naquele período anterior à borracha, resistia à crise com muita garra, caso contrário teria sucumbido — ou seus habitantes teriam se mudado dali — por ocasião do ataque de índios Waimiri-Atroari, em 1865.

Quando eu afirmei, no início deste livro, que as ruínas do Airão suscitavam em mim uma sensação de estar diante de um enigma, eu quis dizer, justamente, o quanto a história da Amazônia é complexa e cheia de desigualdades: pelo Airão passavam máquinas a vapor, no século XIX, e passageiros a bordo daqueles barcos, e pelo Airão passavam também índios Waimiri-Atroari, com seus arcos, flechas e bordunas, tentando ainda disputar, com os brancos, uma terra para sempre conquistada... Sem cair em nenhuma daquelas formas desfocadas de se ver a Amazônia — a partir do prisma de outras sociedades conhecidas, da Europa ou do Sudeste do Brasil — já tão bem analisadas e criticadas, em ensaio erudito, pela professora Neide Gondim,[60] da Universidade do Amazonas, eu acho que o Airão, de fato, e todo o rio Negro continuam estimulando, até hoje, de forma enigmaticamente criativa, o pensamento dos historiadores que deles se aproximam sem preconceitos.

---

60 Neide Gondim, *A invenção da Amazônia*, São Paulo, Marcos Zero, 1994.

6

CAVERNA DAS PROFECIAS

Na última década do Império, a *Hevea brasiliensis* veio dar novo alento ao povoado de Airão. A produção gumífera do Negro e de seus afluentes nunca foi tão importante quanto a dos seringais dos afluentes da margem direita do Amazonas: Xingu, Tapajós, Madeira, Purus, Juruá, Javari. De todos esses rios, o Purus era sem dúvida o mais produtivo, seguido de perto pelo Juruá. A localização dos primeiros nordestinos no vale do Purus começou em 1852, segundo Arthur Cezar Ferreira Reis.[1] Lento no início, o afluxo de imigrantes cresceu nos anos de 1870. Em 1873, a população fixa já era da ordem de 5 mil nordestinos, só no Purus. Em 1902, em todo o vale do Juruá, havia mais de trezentos seringais. O Brasil se tornou o maior produtor mundial de látex, cujo consumo havia aumentado muito, na Europa e nos Estados Unidos, por causa das fábricas de pneus e da indústria de artefatos de borracha. Embora no baixo rio Negro e no rio Jaú a produção não fosse comparável à do Purus e do Juruá, foi suficientemente importante para provocar um renascimento do povoado de Airão, que saiu, assim, de um longo período de estagnação.

É difícil dizer com precisão quando a borracha passou a ter uma importância econômica significativa no vale do Jaú, mas a extração do látex devia ser praticada no final dos anos 1870, pois pouco tempo depois já aparecem registros confirmando a presença de alguns comerciantes no Airão negociando com essa goma. O primeiro de que se tem notícia chamava-se José Gonçalves Bahia, que estava com armazém instalado no Airão em setembro de 1882, comprando mercadorias da casa aviadora J. G. Araújo, de Manaus, e vendendo borracha, obtida de seringueiros instalados no Jaú e seus afluentes. O segundo comerciante chamava-se

[1] Arthur Cezar Ferreira Reis, *O seringal e o seringueiro*, Rio de Janeiro, Ministério da Agricultura, 1953.

Francisco José Marques Vianna. Ele negociava com a casa aviadora J. G. Araújo, em fevereiro de 1883. É possível que, antes desses dois comerciantes citados, algum outro já estivesse instalado no Airão, mas, se isso aconteceu, não era com a firma J. G. Araújo que ele fazia seus aviamentos, pois, nos arquivos dessa empresa,[2] consultados por mim minuciosamente, não consta nenhum outro nome antes desses dois que acabo de citar. Como a casa aviadora J. G. Araújo foi uma das maiores do Amazonas e seguramente a maior de todas na história do Airão, controlando o comércio da borracha no Jaú durante pelo menos quatro décadas, acho que se pode considerar José Gonçalves Bahia e Francisco Marques Vianna como pioneiros na comercialização da borracha do Jaú.

No início, a produção foi pequena, se comparada com a do rio Purus, mas, como o preço do produto no mercado mundial era muito favorável, não havendo ainda concorrência para a borracha amazônica, não é nada desprezível, por exemplo, a remessa de 3 mil quilos de borracha fina e de 313 quilos de sernambi que a firma Vianna & Filho fez para J. G. Araújo no dia 14 de fevereiro de 1883. Uma produção de 3 mil quilos de borracha pressupõe, nos seringais do Jaú, o trabalho de vários seringueiros. O negócio era tão lucrativo, com o aumento da demanda nos Estados Unidos e na Europa, que outros comerciantes logo se instalaram no Airão, começando a negociar também com J. G. Araújo. Joaquim Roiz Collares estava no Airão em fevereiro de 1884. Apolinário Antônio estava em março desse mesmo ano, de 1884, em que remete mil quilos de borracha fina para Manaus, assim como 123 quilos de sernambi. O aumento do número de comerciantes no Airão expressava sempre um movimento de duplo sentido: aumento das exportações de borracha por parte dos comerciantes portugueses de Manaus, proprietários da casa aviadora J. G. Araújo; crescimento, nos seringais do Jaú, do número de

---

2 Esse acervo contém milhares de documentos e cartas provenientes das várias empresas da família Araújo: Araújo & Irmão, Araújo Rosas, Araújo & Companhia, Araújo e Cia. Ltda. e J. G. Araújo, como ficou mais conhecida. Ao longo deste ensaio, utilizarei sempre esta última denominação, para evitar confusões. Como todas as firmas pertenciam ao mesmo grupo, estando, hoje, todos os papéis no mesmo local — o acervo J. G. Araújo, do Museu Amazônico —, resolvi optar por essa denominação única.

imigrantes nordestinos. A mão-de-obra local, formada de sertanejos amazônicos e remanescentes de tapuios destribalizados — já agora uma minoria no conjunto da população ribeirinha —, não foi suficiente para atender ao rápido aumento da demanda. Como a grande seca de 1877 no Nordeste estimulara a emigração — no Ceará, Paraíba e demais estados da região —, os cearenses e paraibanos começaram a chegar a Manaus e ao Jaú, em número cada vez maior, atraídos pela perspectiva de trabalho nos seringais.

Em seu livro *O seringal e o seringueiro*,[3] Arthur Cezar Ferreira Reis diz que os maranhenses foram os primeiros a chegar à Amazônia, localizando-se preferencialmente no Solimões e no Purus. Depois vieram os cearenses, seguidos de paraibanos, pernambucanos, rio-grandenses-do-norte e alagoanos. Os principais comerciantes do Airão, no início do século XX, eram os irmãos Bezerra, paraibanos de Mamanguape, que chegaram à boca do rio Jaú no ano de 1900. Por informações obtidas oralmente com o senhor João Bezerra de Vasconcelos, soube que no Jaú predominaram os cearenses e os paraibanos, embora houvesse sergipanos na foz do Pauini e pequenos contingentes de nordestinos de outras procedências nos inúmeros seringais das redondezas do Airão. Com a ocorrência de uma nova grande seca no Nordeste, de proporção igualmente calamitosa, em 1888, esse afluxo de nordestinos se intensificou ainda mais.

Enquanto isso, a produção de borracha no Jaú aumentava, com os altos preços, atraindo novos comerciantes, todos eles clientes de J. G. Araújo. Em 1885, instalaram-se no Airão cinco novas casas comerciais: a de Felipe Santiago Coroatá, a de Brás & Soares, a de Antônio da Cunha Mendes, a de Frederico Antônio & Irmão e a de José Joaquim de Faria. Outras três casas comerciais instalaram-se na região em 1886 — a de Hilário de Jesus e Joaquim dos Santos Cartaxo, a de Manoel Baptista Souza Pereira e a de Joaquim Braz Ribeiro — e mais duas em 1887, a de Francisco Rodrigues Couto e a de Manoel José Gonçalves, embora esta última tivesse sua sede em Moura "e fabrico de borracha no rio Unini". As demais tinham sede em Airão.

---

3 Arthur Cezar Ferreira Reis, op. cit.

Como se percebe, o Airão de 1880, última década do Império e do regime monárquico no Brasil, não mais se parece com o Airão de 1850 e 1860, de estagnação econômica e marasmo sócio-cultural. Quando a escravidão foi abolida no Brasil, em 1888, e a república proclamada, em 1889, havia treze casas comerciais instaladas no Airão, trabalhando com seringais do Jaú e do Unini, e mais uma casa comercial negociando no Unini, com sede em Moura. Esse panorama comercial e extrativista — extração de látex e *fabrico* de borracha — é qualitativamente diferente do quadro econômico das duas décadas anteriores, embora não se possa descartar a possibilidade de que, no futuro, se forem descobertas novas fontes escritas, além da documentação existente no acervo J. G. Araújo, no Museu Amazônico, as datas pioneiras aqui registradas para instalação dos primeiros negociantes de borracha — 1882 e 1883 — possam ser recuadas para algum momento anterior, do final da década de 70 do século XIX. Como já vimos, em 1872 um tal Gonçalves da Costa funcionava como cobrador de impostos no Jaú. É mais provável, porém, que o fisco estivesse visando principalmente o extrativismo anterior — copaíba, breu, estopa, óleo de tamaquaré, lenha —, e não o novo surto extrativista, ligado à exportação de uma matéria-prima estratégica — a borracha — para a industrialização da Europa e dos Estados Unidos. Digo isso a partir da análise das cartas enviadas para J. G. Araújo, em 1882 e 1883, pelas duas firmas pioneiras. Percebe-se, pela leitura dessa correspondência comercial, como ainda era mínimo o volume de compras e a qualidade dos produtos consumidos no Airão, o que mostra como a produção de borracha, embora já existisse, ainda não estava em expansão propriamente dita em 1882 e 1883.

Vejamos isso em detalhes. Em 1883, a firma Vianna & Filho, de Airão, remetia, no dia 14 de fevereiro, borracha fina e sernambi para J. G. Araújo, de Manaus. Borracha produzida no vale do Jaú. Em contrapartida, pediu a J. G. Araújo o fornecimento de algumas mercadorias — alho, cebola, latas de manteiga, caixas de sabão, barricas de cimento Portland e "uma caixa de água florida" — para serem enviadas aos seringais do Jaú. Embora essas mercadorias revelem mudanças nos hábitos de consumo dos ribeirinhos do Jaú e dos moradores do Airão, percebe-se que ainda não se pode falar de nada que não seja o estritamente necessário, com exceção, talvez, das barricas de cimento Portland, que revelam a existência de obras de construção civil em Airão — casas não mais de taipa e palha —, e da caixa "de água florida", provavelmente um espécie de água de colônia. Em duas cartas do final do ano anterior, o ano de 1882, o comerciante José Gonçalves Bahia pedira a J. G. Araújo mercadorias que revelam a mesma frugalidade nos hábitos de consumo nos seringais do Jaú: tabaco, agulhas, bolacha, "livrinhos de tabuada"... Se o dinheiro já estivesse entrando em grande quantidade, no Jaú, em 1882-1883, o consumo teria um outro perfil, como veio a ter alguns anos depois. Pode-se dizer, portanto, com base nessas fontes documentais, que em 1882 a produção de borracha ainda era pequena, no Airão/Jaú, o que, aliás, coincide com aquilo que se sabe pela bibliografia: enquanto ainda havia espaço livre para ocupação de rios nos quais as seringueiras eram abundantes — Purus, Juruá —, a ocupação dos demais rios, nos quais essas árvores existiam em menor quantidade, foi mais lenta. Ora, se em 1882 a produção de borracha no Jaú ainda era pequena, muito menor ainda devia ser ela dez anos antes, em 1872-1873, quando o tal José Gonçalves da Costa funcionava como cobrador de impostos do Jaú! Em outras palavras, nos anos de 1870 a produção de borracha já crescia rapidamente nos rios de alta produção — 5 mil nordestinos encontravam-se no vale do Purus —, mas ainda estava em seus primórdios no Jaú e no Unini.

Em meados de 1880, começou a virada, o que se percebe tanto pelo aumento da produção de borracha, no Jaú e no Unini, como pelo tipo de consumo, de seus moradores e moradores do povoado de Airão. As mercadorias consumidas, à época, não se limitavam ao mínimo necessário. Com certeza é preciso fazer uma distinção entre as mercadorias destinadas aos familiares dos treze comerciantes de Airão — cujas rendas e lucros foram aumentando com o tempo — e as mercadorias de qualidade inferior e mais próximas do mínimo necessário destinadas aos caboclos ribeirinhos e seringueiros nordestinos recém-chegados. Mesmo assim, é sintomático que os comerciantes de Airão, a partir de um certo momento, de 1885 em diante, não encomendem a J. G. Araújo apenas produtos ligados à sobrevivência na selva — sal, açúcar, café, lamparinas, querosene, pólvora, espoletas, tabaco, aguardente, anzóis, farinha, fósforo, sabão, vinagre, purgantes —, mas também sapatos, botas e botinas, xícaras de porcelana, caixas de genebra, baralhos, chocolate bom, barricas de cerveja, vinho português e até mesmo — carta de janeiro de 1885, do comerciante Antônio da Cunha Mendes — "casimira preta para fraque"!

Durante todos os anos de 1890 e os de 1900-1910, a produção de borracha e o consumo de mercadorias, inclusive de mercadorias importadas da Europa, foram elevados no povoado do Airão e nas comunidades ribeirinhas do Jaú, Carabinani, Pauini e Unini, com diferenças sociais acentuadas, sem dúvida, fruto da exploração do trabalho dos seringueiros pelos seringalistas e comerciantes — quase sempre as mesmas pessoas —, mas, de qualquer forma, dentro de um quadro histórico-social bem diferente daquele que o baixo rio Negro conhecera quarenta anos antes, no pós-Cabanagem. Uma mudança ocorreu, nesse período, acompanhada de muita euforia e ilusão em relação ao futuro. Também o ritmo da vida econômica do Airão se alterou, com a construção de várias casas de alvenaria e de alguns armazéns, bem como pelos novos hábitos alimentares e de consumo introduzidos pelos recém-chegados, tanto no povoado de Airão — alguns comerciantes eram portugueses, outros vinham do Nordeste, havendo inclusive chineses de Macau —, como nos seringais, onde os nordestinos passavam a ter filhos com caboclas amazonenses e a se adaptar ao estilo de vida local. Essa melhora ia acabar sendo passageira, é verdade, e o consumo de supérfluos não pode ser entendido como uma acumulação geradora de novos investimentos, ou promotora de uma diversificação da vida econômica, mas, de qualquer maneira, o Airão do período 1880-1914 não era mais o mesmo. A borracha tirou-o de seu torpor secular, durante esses 34 anos pelo menos. Resta saber, porém, se para os seringueiros e ribeirinhos, que constituíam a maioria da população, essa melhora aparente foi, de fato, uma transição para melhor estado, ou condição. Passaram esses ribeirinhos — tanto os nordestinos como os anteriores — para uma situação aperfeiçoada em algum aspecto, houve algum alívio em relação aos problemas anteriores, alguma benfeitoria efetiva?

Submissão e controle

Embora todos aqueles comerciantes citados — compradores de borracha e vendedores de mercadorias, nos seringais do Jaú — estivessem ganhando dinheiro, alguns deles, por diversas razões, foram ficando mais ricos que os demais. Nos anos de 1880 e 1890, a família Vianna foi a mais rica e poderosa do Airão. Nas décadas seguintes, foi a família Bezerra.

É fácil perceber, pela leitura da correspondência entre aqueles comerciantes — na década de 90 do século XIX chegaram mais alguns ao Airão, entre eles Caetano de Assis Silva, que se instalou na foz do Jaú, e Manoel Cavalcanti — e a firma J. G. Araújo, a existência de inúmeras diferenças no interior desse pequeno núcleo controlador da economia local. Como todas as cartas foram escritas à mão, percebe-se que alguns comerciantes do Airão escreviam com muita dificuldade pequenas cartas de quatro ou cinco linhas, com caligrafia própria de um recém-alfabetizado, às quais eram anexadas longas listas de mercadorias solicitadas. Já outros comerciantes redigiam com fluência, tinham boa caligrafia e chegavam a usar linguagem empolada, como aquele Antônio da Cunha Mendes — o que havia encomendado casemira preta para fraque —, que usa as palavras "perfunctório" e "eqüitativo" em uma correspondência comercial que visa a encomendar sabão, vinagre, cebola e fósforos. Embora esses diferentes graus de instrução não signifiquem que os mais letrados estivessem mais preparados para ganhar dinheiro nos seringais do Jaú, eles revelam, pelo menos, que aquela pequena elite de comerciantes não pode ser vista como um bloco homogêneo.

A heterogeneidade desse setor dominante — os comerciantes dominavam e controlavam, de fato, a compra e venda de borracha em todo o vale do Jaú e seus afluentes — também pode ser percebida pelo volume de negócios que cada um fazia. Alguns remetiam 180 quilos de borracha fina para Manaus, pelo vapor. Outros remetiam 3 mil quilos de cada vez, ou mais. Alguns encomendavam pequenas quantidades de mercadorias ao J. G. Araújo, o que mostra que não tinham muitos clientes nos seringais. Outros, como os Vianna, fazem grandes e diversificados pedidos, o que revela uma extensa clientela no Airão e nos seringais. Alguns comerciantes continuam pedindo a J. G. Araújo apenas o mínimo necessário — sal, açúcar, café, tabaco, querosene —, outros, por sua vez, fazem pedidos mais sofisticados. Felipe Santiago Coroatá pede, em fevereiro de 1885, uma grosa de batom — que ele chama de "batom ou palito de mulher" —, e Frederico Antônio, em abril do mesmo ano, pede vinho branco e vinho tinto. Brás & Soares, além das freqüentes encomendas de pólvora, chumbo e espoleta, usados nas espingardas de carregar pela boca, pedem, em abril de 1885, uma arma inglesa de cano. Em janeiro de 1887, Francisco Rodrigues Couto pede uma espingarda de dois canos. Em maio de 1886, aparece a primeira referência a máquinas de costura no Jaú, em carta de Felipe Santiago Coroatá. A carta de 24 de abril de 1885 de Vianna & Filho solicita, entre outras coisas mais simples e usuais — chita, riscado, morim —, xícaras de porcelana e "duas dúzias de pentes finos de marfim". Também são freqüentes pedidos de cavaquinhos, rabecas e outros instrumentos musicais, além de foguetes para festas. José Joaquim de Faria, por exemplo, em carta de 13 de dezembro de 1885, preparando-se, possivelmente, para as festas de Natal e Ano Novo, pede um barril de cachaça, uma barrica de bolacha e seis dúzias de foguetes bons para festa de igreja. A velha igreja de Santo Elias recuperava forças e ganhava um novo vigor...

No início da navegação a vapor pelo rio Negro, havia apenas um vapor a cada dois meses. Essa situação se manteve assim até 1879. Em 1885, a linha do rio Negro era ocupada por cinco vapores, que realizavam suas viagens mensalmente e com regularidade, fazendo escalas no Airão. Foi, porém, a partir da segunda metade dos anos 1880, com a expansão efetiva e vertiginosa da produção de borracha, que o número de vapores aumentou ainda mais. Em 1888, o Airão era servido por sete vapores, cujos nomes aparecem com freqüência na correspondência dos comerciantes locais com J. G. Araújo. São eles Rio Branco, Macapá, João Augusto, Japurá, Piauhuiense, Acre e Andirá. Em 1890, esse número continuou aumentando, tornando-se ainda maior no início do século XX, com a entrada dos vapores da Amazon River — o Inca, o Aracaju, o Sorocaba, o Paraíba — e da firma J. G. Araújo — o Aripuanã, o Zuleide, o Eline. Esses vapores traziam mercadorias para os comerciantes do Airão e imigrantes nordestinos, para os seringais do Jaú. Os demais produtos do extrativismo antigo foram declinando, até desaparecer por completo do comércio entre o Jaú e Manaus. Como o lucro obtido com a comercialização da borracha era muito maior, dados os altos preços no mercado mundial, não compensava mais trabalhar com breu, estopa, óleo de copaíba, óleo de tamaquaré. Quase todo mundo foi coletar látex no Pauini, no Carabinani, no Jaú e no Unini, entre 1885 e 1914. A produção de lenha foi a única que se manteve e até mesmo se ampliou, pois era indispensável para a navegação a vapor. As matas do entorno sofreram o impacto dessa produção de lenha, não tendo sido pequeno o desmatamento provocado naquelas três ou quatro décadas em que durou a febre da borracha.

Embora o segmento dominante fosse heterogêneo, todos aqueles comerciantes se inseriam na produção/comercialização da borracha na qualidade de proprietários, ocupando, assim, uma situação socialmente diferente daquela vivida por seringueiros e ribeirinhos em geral. No entanto, uma vez constatada essa diferenciação social, geradora de inúmeros antagonismos e conflitos, é preciso tomar cuidado para não simplificar a questão, buscando compreender, mais uma vez, a especificidade regional. Ou seja, apesar de serem proprietários, os comerciantes do Airão não eram empresários modernos propriamente ditos. Embora inseridos no processo de comercialização da borracha, que era feito, em escala internacional, sob a égide do capital financeiro, esses comerciantes ainda conservavam, em suas relações com a casa aviadora J. G. Araújo, relações pré-capitalistas, em que o compadrio, a amizade e a fidelidade clientelística acabavam dando o tom e dispensando, muitas vezes, o capital inicial. É como se a firma de Manaus aviasse um pedido com base na expectativa de que, com as mercadorias enviadas pelo vapor de março, o comerciante José Gonçalves Bahia, por exemplo, de Airão, fosse, pelo vapor de abril, enviar, de retorno, 1 mil ou 2 mil quilos de borracha fina! Esse comerciante, muitas vezes, por meio desses expedientes de sujeição, acabava se tornando um mero preposto de J. G. Araújo, embora conservasse, formalmente, sua própria razão social para efeitos fiscais.

Por outro lado, no que diz respeito às relações desses comerciantes/seringalistas com os seringueiros, é preciso também perceber como as transações comerciais nem sempre se faziam com base na compra e venda a dinheiro, mas sim com base em um crédito concedido ao imigrante nordestino, que se embrenhava na mata com algumas mercadorias para sua subsistência, deixando, no barracão ou no regatão, dívida difícil de pagar, pois os preços de revenda eram altíssimos e os métodos escorchadores. Muitas vezes, a mesma relação hierárquica existente entre a casa aviadora de Manaus e os comerciantes de Airão acabava se reproduzindo nos igarapés e rios menores dentro do Jaú, com novos prepostos intermediando, na foz do Pauini, ou nas proximidades de um seringal, a cadeia de distribuição de mercadorias e pequenos favores. Acabava também remetendo, em seguida, para o cume da hierarquia social — via Airão até Manaus e daí para fora do Brasil — a borracha fina que gerava fortunas colossais. Desse emaranhado hierárquico de relações de sujeição-proteção-exploração, surgiu um novo modo de viver nos afluentes do Jaú, bem diferente do estilo tapuio e ribeirinho do período anterior à borracha. Os antigos nichos de relativa autonomia comunitária e auto-subsistência familiar foram dando lugar a uma exploração absolutamente desenfreada, com imigrantes nordestinos comendo "o pão que o diabo amassou", como ainda se diz na região. A nova toponímia expressa bem aquelas agruras da época — lugares do Jaú com nomes do tipo "Inferno", "Purgatório" e "Passa-Fome", não muito distantes do seringal dos Savedra e da antiga fazenda dos Bezerra, chamada Maracaru.

Às vezes algum comerciante se rebelava, no Airão, tentando renegociar, com a firma de Manaus, o preço de sua sujeição. Também os seringueiros procuravam acesso a uma situação mais favorável. Todavia, quase sempre, para uns e outros, os limites da renegociação eram bem estreitos e rígidos.

A troca de pequenos favores tornava a sujeição menos mercantil e mais política, nos moldes do coronelismo e do mandonismo tradicionais. Quando um dos filhos dos Vianna de Airão precisou ir a Manaus, para prosseguir seus estudos, seu pai escreveu à firma J. G. Araújo pedindo proteção: "Segue para essa capital meu filho Jerônimo, com o fim de prosseguir seus estudos. Esperamos que continuem a proporcional-lhes (sic) os mesmos favores que até aqui têm lhe dispensado". Quando a mulher do sócio de Gonçalves Antunes ficou doente, no Airão, em janeiro de 1887, este comerciante escreveu para J. G. Araújo pedindo ajuda:

> O portador desta é nosso sócio e vai para aí com o fim de ver se encontra algum remédio para uma rapariga que está com ele, e que está bastante doente, ao qual vosmecês farão o favor de dar por nossa conta alguma coisa de que ele precisar, que em maio vosmecês serão reembolsados.[4]

---

4 Carta de Gonçalves Antunes, de 15 de janeiro de 1887, acervo J. G. Araújo, Museu Amazônico.

Quando o carpinteiro que estava construindo a casa do comerciante José Joaquim de Faria, em Tauapessassu, teve de ir a Manaus, em junho de 1885, o negociante/seringalista escreveu a J. G. Araújo pedindo adiantamento em dinheiro, por conta de futuras remessas de borracha:

> O portador desta é o senhor Salvador Baptista da Redenção, meu mestre carpinteiro, a quem peço vosmecês pagarão a quantia de 32 mil-réis, de saldo de seus vencimentos, de serviço que esse senhor aqui fez em minha casa. Esse senhor tem de voltar no vapor de julho, e vosmecês aí lhe darão o que ele precisar para continuar aqui o meu trabalho, como sejam mantimentos e mais alguma coisa de que ele precise para acabar esse serviço em minha casa.[5]

Como se percebe, embora fosse a maior beneficiada no processo de comercialização da borracha, a casa aviadora de Manaus tinha, para com seus prepostos do Airão, em contrapartida, uma série de obrigações não contratuais: pequenos favores e serviços de proteção, que acabavam gerando uma relação comercial de tipo especial, característica da história da Amazônia no fim do Império e durante a República Velha. Esses favores, por outro lado, pressupunham uma continuidade na compra e venda de borracha, garantindo, dessa maneira, o monopólio e o controle do fluxo da preciosa goma dos seringais do Jaú para os armazéns de J. G. Araújo em Manaus. Pressupunham, também, fidelidade política no momento das eleições. Surgiram, assim, os famosos coronéis de barranco, ao longo de todos os rios amazônicos, inclusive no Jaú. É difícil dizer com precisão — pois não há cartas a respeito — à qual das facções da oligarquia amazonense os grandes comerciantes de Airão aderiram, na República Velha. Mas é muito provável que tenha sido àquela facção comandada por Silvério Nery, pois a rua que beirava o rio em Airão, naquela época, chamava-se Silvério Nery, e esse tipo de homenagem sempre expressava afinidades partidárias. Nery começara a carreira política como vereador, no tempo da monarquia, e depois foi deputado, governador do Amazonas (1900-1904) e senador da república.

---

5 Carta de José Joaquim de Faria, de 7 de junho de 1885, acervo J. G. Araújo, Museu Amazônico.

O apoio de J. G. Araújo a uma facção oligárquica, em Manaus, era decisivo para a obtenção de apoio dos comerciantes do Airão e, por intermédio destes, para se obterem os votos dos pequenos comerciantes do vale do Jaú. Controle da produção e comercialização da borracha estavam intimamente associadas à sujeição e controle de processos eleitorais e político-partidários no estado do Amazonas. Não se deve esquecer, além disso, que, enquanto não foi criado o município de Airão, em 1955 — com sede posteriormente transferida para Novo Airão/ Tauapessassu —, essa localidade pertenceu ao município de Manaus, que capitaneava, assim, toda a política do baixo rio Negro na República Velha.

Nos anos 1890, contudo, o direito de voto só existia para uma minoria, ficando os analfabetos, os cidadãos sem renda e as mulheres de fora do processo eleitoral. Os constituintes amazonenses de 1891-1892 foram eleitos por uma minoria, inclusive no Airão, onde a maior parte dos seringueiros não sabia ler nem escrever. É justamente essa exclusão de seringueiros e caboclos ribeirinhos sem renda que tornava o processo eleitoral discriminatório. Com isso, uma parte da oligarquia amazonense do período monárquico continuou dirigindo politicamente o Amazonas, depois de ter fundado o Partido Democrático em julho de 1890, em aliança com alguns republicanos. Silvério Nery aderiu a essa facção oligárquica, dirigida pelos Moreira — Emílio Moreira e Guilherme José Moreira, barão de Juruá —, tendo sido membro do diretório do Partido Democrático e deputado constituinte em 1891. Mais conhecido, no Amazonas, como "Partido dos Moreira", o Partido Democrático era majoritário no Legislativo estadual. Seu adversário, o Partido Nacional, também era oligárquico, pois a própria lei eleitoral vedava o direito de voto aos cidadãos sem renda e analfabetos, como bem demonstrou a professora Maria das Graças Pinheiro da Costa, da Universidade do Amazonas, em artigo publicado pela revista *Amazônia em Cadernos*,[6] do Museu Amazônico, em 1995.

---

[6] Maria das Graças Pinheiro da Costa, "A política educacional no Amazonas: a educação nas Constituintes de 1891 e 1892", in *Amazônia em Cadernos*, vol. 2, n°s 2-3. 1994.

Os proprietários das grandes casas aviadoras de Manaus — Freitas Ferreira, Tavares Gomes, Gaspar Almeida, B. Levi, Antunes Montenegro, J. C. Arana, J. G. Araújo — monopolizavam o comércio da borracha, nos anos 1910, e controlaram uma parte considerável da vida política nos rios e seringais por eles explorados. Esse processo já vinha dos últimos anos do Império, mas, nas duas primeiras décadas da República Velha, tornou-se absoluto. Foi nessa época — em que os coronéis de barranco mandavam e desmandavam no interior do Amazonas — que os seringais do Jaú absorveram centenas de nordestinos e que a vida dos ribeirinhos tornou-se mais dura e também mais rígida a disciplina de trabalho. O mercado mundial era ávido por borracha, e as grandes casas aviadoras de Manaus exigiam uma maior produção, em nome daqueles créditos e pequenos favores concedidos aos comerciantes de Airão. O resultado dessa dupla pressão exercida sobre os seringueiros era o aumento extraordinário do número de horas de trabalho nos seringais. Ninguém plantava mais nada, não havia tempo para outras formas de extrativismo, a borracha criou um acelerado e desesperado ritmo de vida no vale do rio Jaú, enquanto seus preços estiveram elevados.

Além de controlar os comerciantes de Airão, J. G. Araújo controlava também os comerciantes de Moura, de Carvoeiro, de Barcelos, de Moreira, de Tomar, de Santa Isabel, de Cucuí. Até mesmo comerciantes da parte venezuelana do rio Negro vinham se abastecer em Manaus, pois isso resultava mais fácil do que ir às cidades do Orenoco ou a Caracas. Em 1882, Rafael Calderón, comerciante de San Carlos de Rio Negro, já mandava piaçava da Venezuela para Manaus, importando mercadorias de J. G. Araújo, pelo vapor que vinha até Santa Isabel — daí para cima a carga seguia em barcos à vela e a remo. Até mesmo com Ciudad Bolívar, no Orenoco, chegou a haver comércio esporádico, como se vê por cartas existentes no acerco J. G. Araújo, em que um certo Manoel Mendoza, comerciante daquela cidade venezuelana, menciona o envio, em outubro de 1882, pela canoa Guainía, de vários balaios para o Brasil. O prestígio de J. G. Araújo era tão grande, que em 1885 ele conseguiu — por intermédio de amigos políticos do Rio de Janeiro — aproximar o venezuelano Manoel Carrión do ministro brasileiro das relaçõe exteriores, para que ambos estudassem a possibilidade de melhorar a navegação entre São Gabriel da Cachoeira e a Venezuela. Manoel Carrión voltou da Corte para a Venezuela — depois de ter se entrevistado com dom Pedro II — com 34 mil-réis emprestados por José Rodrigues Magalhães, do Rio de Janeiro, a pedido de J. G. Araújo, por conta de negócios deste com o rio Negro venezuelano.[7]

O pequeno comerciante que tentasse escapar desses poderosos esquemas de monopólio e controle montado pelas grandes casas aviadoras era imediatamente detectado por uma formidável rede de delação e bisbilhotice. Por exemplo, em 1885, a firma Carvalho Filho, de Badajós — além de controlar parte do comércio do rio Negro, J. G. Araújo controlava, também, parte do comércio do Solimões, do Purus, do Juruá, do Madeira —, informava Manaus da tentativa de alguns comerciantes de vender borracha para outra casa aviadora, por um preço melhor. Essa tentativa de exercer o livre comércio contrariava o rígido esquema de monopólio e controle. Por isso, era vista, pelo informante bisbilhoteiro como um mal, ou um ato de má fé. É o que diz ele, em carta escrita em Badajós no dia 24 de abril de 1885 e dirigida a J. G. Araújo:

> Dizem que o João Caetano já comprou algumas mercadorias ao mesmo (o outro comprador de borracha). O Amaro, que também avia-se de vosmecês por intermédio do Pires, já vendeu uma partida de borracha e diz publicamente que, de 300 quilos de que dispõe, não os remete e venderá aqui, isto me foi contado por pessoa que merece fé (...) Avisamos-lhes para tomarem alguma prevenção (...) Além disso, esta localidade vai marchando em um terreno muito inclinado, por causa da má fé dos habitantes (...) e nós que vemos os males que daí podem resultar (...) procuramos pôr um paradeiro.[8]

No Airão, a submissão dos comerciantes locais em relação à casa aviadora de Manaus foi maior ainda, nas duas últimas décadas do século XIX. Quase ninguém reclamava, ou tentava vender borracha em melhores condições. Quando surge alguma reclamação, na correspondência que analisei, trata-se de assunto de menor importância. Os Vianna, por

---

[7] Carta de Manoel Carrión, escrita em 16 de fevereiro de 1885, acervo J. G. Araújo, Museu Amazônico.

[8] Carta de Carvalho & Irmão, de 24 de abril de 1885, acervo J. G. Araújo, Museu Amazônico.

exemplo, reclamaram do preço de uma chapa de fogão, vendida a eles por J. G. Araújo, em junho de 1885, por um preço superior ao de uma chapa idêntica vendida na mesma época para outro comerciante de Airão, Brás & Soares. E aproveitaram a ocasião para devolver alguns tapetes que não lhes haviam agradado e uma espingarda que viera com a mola quebrada... Mas não há registro escrito de alguma reclamação maior que expressasse tentativa de romper o monopólio e o controle. Por isso é que alguns desses comerciantes, do período 1880-1914, tornaram-se prepostos de J. G. Araújo e do capital financeiro, tal a acomodação e dependência deles em relação ao sistema oligárquico. Deviam ficar insatisfeitos, às vezes, mas não ousavam agir.

A grande crise da borracha, na segunda década do século XX, veio uma vez mais alterar esses esquemas de dominação, pois, de um lado, os seringais começaram a se esvaziar, com centenas de nordestinos voltando para seus estados de origem, e, por outro lado, com a falência e o fechamento de várias casas comerciais do Airão, o poder local foi se concentrando, a partir de 1914, nas mãos de uma única família, a dos Bezerra, que passou a mandar no Jaú do mesmo modo com que, na Paraíba, na região de Mamanguape — de onde haviam saído, alguns anos antes —, os coronéis mandavam: com um misto de autoritarismo, paternalismo e truculência. Quem ainda permaneceu no Jaú, de 1918 em diante, viveu sob esse novo e último esquema de dominação, estruturado em torno da pessoa do senhor Francisco Bezerra, cujo poder foi muito maior do que o dos Vianna, seus antecessores, pois, enquanto estes compartilhavam o poder local com outros comerciantes e com o próprio J. G. Araújo, os Bezerra, na época das vacas magras — queda abrupta dos preços da borracha, no mercado mundial, e concorrência da borracha do Sudeste Asiático —, mandavam sozinhos. E fizeram isso até os anos 1950. A história do Airão e do Jaú, no século XX, principalmente a partir de 1914, girou em torno da família Bezerra. Porém, antes de passar à análise do tempo das vacas magras — expressão utilizada por Samuel Benchimol[9] em seu livro *Amazônia* —, vejamos as alterações e permanências ocorridas no vale do Jaú no período 1880-1914.

---

[9] Samuel Benchimol, *Amazônia*, Manaus, Umberto Calderaro, 1977.

Caboclos amazonenses e ribeirinhos do Jaú

Como já vimos, devido a uma série de fatores que provocaram depopulação, os caboclos tapuios haviam passado a minoria em meados do século XIX, em quase toda a Amazônia. No entanto, embora minoritários, continuaram vivendo, de forma tradicional, às margens dos rios mais distantes e recuados. Nas imediações do Airão, esses índios destribalizados ainda foram vistos por Agassiz, em 1865, no local chamado Pedreira. Foi com essa população ribeirinha, de índios genéricos — *tapuios*, como se dizia na Amazônia naquela época —, que os seringueiros nordestinos passaram a conviver, no final dos anos 1870, no Jaú e seus afluentes. Um convívio que levou à miscigenação e a diversas formas de aculturação recíproca, com filhos de *tapuias* adquirindo hábitos cearenses, e com cearenses passando a usar objetos do artesanato local, e a viver em moradias típicas do interior do Amazonas.

Esse convívio, nem sempre pacífico, durou mais de trinta anos, sempre renovado pela chegada de novos imigrantes nordestinos, mas não renovado pela chegada de novos tapuios, o que provocou um aumento, com o passar do tempo, da presença relativa de nordestinos. Mas, atenção, essa é uma outra especificidade da história da Amazônia: os nordestinos não podiam pura e simplesmente reproduzir, no Jaú, seu antigo modo de vida, gestado no Polígono das Secas, pois os ecossistemas amazônicos eram muito diferentes! Houve trocas, abandonos, mudanças, adaptações, inovações, invenções, tudo isso dentro de uma paisagem aquática e florestal exuberante, ou ameaçadora, dependendo do momento. Desse intenso processo demográfico-cultural, nasceu um novo tipo de caboclo, o sertanejo amazônico, ou caboclo amazonense — não mais caboclo tapuio. Mesmo após o retorno, para o Nordeste, de centenas de imigrantes cearenses e paraibanos, de 1914-1918 em diante, esse estilo de vida aculturado sobreviveu, bem ou mal, ao arruinamento definitivo do povoado de Airão, em 1964, pois muitos ribeirinhos antigos permaneceram no vale do Jaú e em seus inúmeros igarapés. Ainda hoje por lá habitam seus descendentes, ou eles próprios: são cerca de mil pessoas, inclusive alguns recém-chegados — nos anos 1970 e 1980 —, todos eles se dedicando a novas formas de extrativismo e a atividades de subsistência.

Enquanto a produção de borracha foi intensa, entre 1880 e 1914, todos os rios que fazem parte da bacia hidrográfica do Jaú foram habitados. Do tempo das vacas magras em diante, essa população foi se tornando cada vez mais rarefeita. Nem a mudança de conjuntura, durante a Segunda Guerra Mundial — época dos "soldados da borracha" na Amazônia —, conseguiu reverter essa situação no vale do Jaú. Alguns desses soldados-seringueiros, recrutados no Nordeste e no Rio de Janeiro, no início dos anos 1940, desentenderam-se com o senhor Francisco Bezerra, depois de uma curta estada no Jaú — no igarapé das Onças —, e rapidamente voltaram para Manaus. Apesar de autoritário e violento, Francisco Bezerra mantinha no Jaú um moralismo austero, incompatível com o estilo de vida desses homens recrutados às pressas, ou enganados pela propaganda patriótica da época da guerra, que lhes acenava com um ganho fácil nos seringais do Norte, para bem geral dos exércitos aliados e do governo de Getúlio Vargas.

Entre 1880 e 1914, os seringueiros espalharam-se por grande parte do Jaú, do Pauini e do Carabinani, dando origem a uma série de colocações e lugares cujos nomes ainda estão presentes na memória das pessoas que pude entrevistar. A relação mais completa foi obtida nas três longas entrevistas que fiz com o senhor João Bezerra de Vasconcelos, sobrinho do velho Francisco Bezerra. A partir de suas recordações e dos fatos que ele ouviu em conversas com pessoas mais idosas, antigos moradores do Jaú, podemos reconstituir alguns elementos do cotidiano daqueles seringueiros. Faremos isso tendo como ponto de partida o povoado de Airão. Antes de entrar pela boca do Jaú, os seringueiros que se preparavam para uma nova safra de borracha, entre 1900 e 1925, paravam suas canoas, ou batelões, em um lugar chamado Caverna das Profecias. Era esse, invariavelmente, o ritual de entrada no Jaú: depois de se abastecer em alguma casa comercial do Airão, parar a canoa nessa caverna para saber a sorte. Com o passar dos anos, devido à erosão, a entrada desse grande buraco, tipo caverna, acha-se quase fechada, mas não é difícil localizá-la ainda, na entrada do Lago de São João, a um quilômetro acima das ruínas do Airão, já bem próximo da foz do Jaú.

> Todos os seringueiros que cortavam seringa de machadinha nos rios Jaú e Carabinani tinham por obrigação parar sua canoa ou batelão, que eram movidos a remo ou à vela, para passar, um por um, por esse buraco.

> Aquele que entrasse na parte de baixo da caverna e saísse na parte de cima sem dificuldades ia fazer muita borracha e gozar de muita saúde durante a safra, e passaria — ainda estaria vivo — o dia de São João do próximo ano. Porém, aquele que tivesse dificuldades para passar, ou por azar não pudesse sair, ia ter um péssimo fabrico de borracha e estava sujeito a adoecer e morrer ao ser atacado pelo beribéri e o impaludismo que assolavam os seringais, e esta pessoa jamais passaria o dia de São João do próximo ano.[10]

Alguns ribeirinhos moravam ali por perto, próximo à foz do Jaú, em um lugar chamado São Luís e em um outro chamado Terra Vermelha. Ou, então, às margens dos lagos — Uruá, Sapiá, Sapiazinho, Caetano — e dos igarapés do Gareira, Castanho e Preto. A maior parte dos seringueiros, entretanto, morava bem distante da foz. Subindo rio acima, a partir da foz do Jaú, havia um lugar com vários moradores chamado Perna de Pau. Mais acima ainda ficavam os lagos Manu e Comprido e o igarapé Manixiuaú, todos eles com alguns ribeirinhos isolados. Esse trecho do baixo Jaú era freqüentado por todos os moradores do vale, pois não havia outra maneira de chegar ao rio Negro para se abastecer em Airão. Daí para cima, no entanto, os caminhos aquáticos se bifurcavam, com alguns seringueiros entrando pela foz do Carabinani e com outros seguindo no rio Jaú acima até o Pauini.

Antes de passar à reconstituição dos trechos seguintes, vejamos um pouco a história desses lugares que ficam entre a boca do Jaú e a foz do Carabinani. Na confluência do Jaú com o Negro, moravam dois comerciantes, um nordestino e um português. O nordestino chamava-se José Caxias e estava estabelecido na margem esquerda, no lugar denominado São Luís, onde ele era proprietário de um pequeno prédio de pedras e tijolos, que lhe servia de estabelecimento comercial. Essa edificação possuía uma pequena rampa, também feita de pedras, onde os navios de linha atracavam para descarregar mercadorias e embarcar borracha. Na margem oposta vivia o português, senhor Felinto Romeiro Teixeira, proprietário de uma casa de alvenaria que lhe servia de residência e comércio.

---

10 João Bezerra de Vasconcelos Filho, *Memórias do João Bezerra*, texto inédito, datilografado. As informações seguintes, sobre nomes de lugares e de moradores do Jaú e do Carabinani, foram extraídas desse texto.

Ali ele vendia mercadorias para seringueiros e comprava borracha, que remetia, pelos barcos grandes, para Manaus. Ambos faziam concorrência aos comerciantes estabelecidos no povoado de Airão, embora fossem todos clientes da mesma casa aviadora de Manaus. Essa rivalidade fez com que alguns comerciantes de Airão construíssem pequenos barracões, rio acima, nos quais deixavam empregados ou prepostos, na tentativa de, com essa maior proximidade dos seringais, poder comprar mais borracha. E outras vezes não, esses pequenos barracões eram de fato de algum pequeno comerciante isolado, como foi o barracão de taipa do Chico Brasileiro, próximo à foz do Carabinani, no local das cachoeiras, havendo, inclusive, o caso do barracão do chinês Lourenço Savedra, que não estava ligado a nenhuma casa comercial de Airão, mas sim de Tauapessassu. Este já ficava bem mais acima, no seringal chamado Monteiro.

Na foz do Carabinani havia um outro barracão, além daquele, de taipa, do Chico Brasileiro. Era um barracão grande, coberto de zinco, de propriedade da firma J. S. Amorim & Companhia Limitada, que tinha como gerente o senhor José Soares de Amorim. Como a passagem dos doze saltos da cachoeira do Carabinani era muito difícil, principalmente em certas épocas do ano, o senhor José Soares Amorim abriu uma estrada, com seus próprios recursos, por volta de 1905, e nela colocou uma carroça puxada por dois burros, com a qual transportava borracha de um lado para outro, cobrando por esse serviço de ultrapassagem dos saltos. Próximo a esses barracões da foz do Carabinani, havia um terceiro barracão, em um lugar chamado Santa Rosa. Pertencia a uma firma de chineses, que, além de ter seu próprio seringal, possuía um grande número de fregueses seringueiros "colocados" no mesmo rio. Nesse local, houve um acidente com a caldeira de uma lancha a vapor, que explodiu, tendo os restos ficado por ali até hoje.

De volta ao Jaú, e subindo esse rio, passava-se por vários igarapés — Santo Antônio, Cavalo, Ataíde, Tiaracá — e lugares, nos quais viviam ribeirinhos em número maior ou menor, dependendo do caso. Esses lugares, em número de onze, ficavam entre a foz do Carabinani e a Cachoeira Grande do rio Jaú: Jacu, Açaizal, Ataíde, Tracajá, Roque, José Gouveia, Nazaré, Acutiaú, Moura, Tiaracá e Quebrado.

Entre esse ponto — Cachoeirinha e Cachoeira Grande — e a primeira fazenda dos Bezerra, localizada rio acima, em um lugar chamado

Arpão, o viajante daquela época passava por mais 17 lugares — Erasmo, Piquiá, Patauá, Miratucu, Capoeira Grande, Pagé, Das Pedras, Máximo, Brabo, Inambu, Sororoca, Corda, Baixo Grande, Macaco, Sorva, Supriano e, finalmente, Arpão, de onde, além da primeira fazenda dos Bezerra, chegava-se ao barracão de taipa do senhor Jacinto Luiz de Almeida, que também se dedicava à extração de borracha nesse local.

Acima dessa primeira fazenda dos Bezerras ficava a foz do Pauini e o lugar chamado Tambor, onde moravam os negros sergipanos já mencionados. Rio acima, passava-se por mais dez comunidades ribeirinhas e lugares isolados — Copaíba, Sucuriju, Praia Alta, Caju, igarapé das Onças, Pinheiro, Mangarataia, Miriti, Cujubim, Sete Voltas —, até se chegar à segunda fazenda dos Bezerra, em um local chamado Pereira. Um pouco mais acima ficava um seringal de chineses da família Anhapi, em um local chamado Forquilha. Entre Pereira, dos Bezerras, e Forquilha, dos chineses, havia quatro lugares habitados por caboclos ribeirinhos, chamados, respectivamente, Mucura, Ferrugem, Feijão e Chidáua. Acima dos chineses Anhapi, havia 21 lugares habitados por seringueiros nordestinos e caboclos ribeirinhos: Bode, Copaíba, Sapato, Canauiri, Do Bento, São Paulo, Caruaru, Caju, Paca, Taboca, Tanguri, Ana Grande, Mirarema, Peixe-Boi, Rio Velho, Bacabinha, Casca Dura, Patauá, Marcos, Patauá de Cima e Poção. Chegava-se, aí, a uma terceira fazenda dos Bezerra denominada Maracaru. Como se percebe, a ocupação do vale do Jaú e de seus afluentes, na época da borracha, foi um fato histórico inquestionável, gerador de direitos, pelas leis brasileiras.

Entre a fazenda Maracaru, dos Bezerra, e o seringal Monteiro, dos chineses Savedra, havia mais 13 lugares, habitados por seringueiros nordestinos e caboclos ribeirinhos mais antigos: Volta das Pombas, Maqueira, Boa Vista, Luazinha, Caraipé, Urubutinga, Do Pinto, Casado e Juruti. Mais acima ainda, havia muitos outros pequenos lugares, habitados, igualmente, por nordestinos e caboclos amazonenses, em processo permanente de miscigenação e aculturação. Essas pequenas comunidades ribeirinhas não foram batizadas, por seus primeiros moradores, com nomes tirados da língua geral, o nheengatu, mas sim com nomes em português, o que indica um povoamento datando da década de 90 do século XIX, ou dos primeiros anos do século XX. É o caso dos lugares que ficavam acima do seringal Monteiro, espalhando-se em direção ao alto curso do rio: São José, Coelho, Formiga, Anta, Tapagem, Cocho, Pipino, Olaria, Quarenta, Chico Preto, Panela e Travessão. Essas informações sobre o processo de povoamento do Jaú não foram obtidas de qualquer pessoa. Estão aqui registradas graças à boa memória do senhor João Bezerra de Vasconcelos, que trabalha no Cartório do Airão! Como os cartorários têm fé pública, esse depoimento, mesmo sendo extrajudicial, tem um valor histórico extraordinário, pois mostra como o Parque Nacional do Jaú não foi criado em "terras de ninguém", ou em igarapés e rios "sem história", tendo, pelo contrário, um longo passado de ocupação e uso, de suas águas e matas, por gente que ali viveu, trabalhou, criou filhos, pegou malária e, principalmente, conheceu a crise, o arruinamento e o abandono — como também estava previsto na Caverna das Profecias...

Voltando à foz do rio Carabinani e subindo esse rio, depois de ter passado suas mercadorias pela carroça do senhor José Soares de Amorim, puxada por dois burros, e contornados, assim, pela mata, os doze saltos da cachoeira do Carabinani — Boa Vista, Gavião, Paredão, Morcego, Matapi, Guariba, Guilherme, Farinha, Piranga, Jacitara, Grande e Julião —, o viajante que estivesse indo rio acima ia passar por vários igarapés, quase todos freqüentados pelos extratores de seringa, e por muitos lagos, paranás, poços, voltas e barrancos, onde quase sempre morava alguém. Na memória do senhor João Bezerra de Vasconcelos e em seu papéis cartoriais, ficaram registrados 112 nomes, ligados à toponímia do Carabinani, dos quais cito apenas alguns. Os primeiros, logo após o décimo segundo salto, chamavam-se Cara Dura, Sacado, Do Nilo, Santa Rosa e Preguiça. Os últimos, no alto Carabinani — a dois ou três dias de viagem dali, em canoa a remo —, chamavam-se Barro Vermelho, Tabocal, Tremendal, Branco, Casseta, Tapuru e Cujubim. Entre início e fim, o Carabinani abrigava muito seringueiro, e muito ribeirinho espalhado pelo lago das Pedras, pelo lago do Cabeçudo, pelo igarapé do Miriti, pelo igarapé do Panelão, pelo poço do Filomeno, pelo lago do Capelão, pelo paraná Jutaí, pela volta do Nonato, pelo lago de Maria Francisca, pelo barranco do Firmino, ou do Galego, ou do Pinheiro, ou do Chico Preto, todos eles brasileiros e imigrantes, ou filhos de cearense com índia destribalizada, gente trabalhadora que ajudou, no anonimato, o Brasil se tornar o maior produtor mundial de borracha entre 1880 e 1914.

É evidente que a criação do Parque Nacional do Jaú não pode ser feita à revelia dos descendentes daqueles valentes seringueiros, ou tranqüilos ribeirinhos. Também não pode prejudicá-los. O melhor seria que fosse feita com a ajuda e a cooperação de todos eles. Suas histórias de vida, no Jaú e no Carabinani, que um futuro projeto de história oral pode recuperar e registrar, vão enriquecer muito o conhecimento que os cientistas buscam obter naquela belíssima unidade de conservação.

7

RUA OCCIDENTAL

A borracha trouxe muito dinheiro para a Amazônia, mas não deu origem a um processo de acumulação semelhante àquele ocorrido, na mesma época, no Sudeste cafeeiro. As grandes fortunas foram amealhadas em Manaus, mas os comerciantes e seringalistas, entre eles os de Airão e de Tauapessassu, também se beneficiaram. Basta comparar o relatório feito por Tenreiro Aranha, primeiro presidente da província do Amazonas, em 1852, e o relatório de Eduardo Ribeiro, governador do estado, em 1896, para se perceber como a situação econômico-financeira se modificou nesse período.

Tenreiro Aranha dizia:

> O algodão, o anil, o café, a mandioca e o tabaco tiveram cultura tal que dava para o uso e consumo e sobrava para a exportação em grande quantidade; e assim as fábricas de anil, de cordoarias de piaçava, de fiação e tecidos, e redes de algodão, e de palhinha e penas, a de telhas e alvenaria, as de construção civil e naval, com hábeis artistas, fizeram aparecer templos e palácios, e possantes embarcações (...) Agora o café, a mandioca e o algodão, à falta de cultura, têm desaparecido (...) Dos antigos templos e palácios, das fábricas e oficinas apenas restam fragmentos para tristes recordações; e, se porventura quiserem restabelecer-se, não se acharão mestres, nem operários, nem sequer de telhas e tijolos, para as construções (...) Estou vendo por toda parte o aniquilamento, já dos serviços rurais, já dos ofícios mecânicos.[1]

Algumas expressões usadas por João Baptista de Tenreiro Aranha, no excerto citado, de 1852, podem hoje nos parecer inadequadas. De fato, há um certo exagero de retórica, quando ele fala de embarcações possantes, para se referir à navegação mais antiga, ou à construção de

---

1 João Baptista de Tenreiro Aranha, Relatório de 1852, coleção *Relatórios de presidentes da província do Amazonas*, op. cit.

palácios e templos, para designar aquelas toscas igrejas, de Barcelos, e modestos casarões que serviram de sede do governo da capitania, em Manaus. Mas, apesar disso, e para além desses arroubos de oratória, permanece válido seu depoimento a respeito do estado de penúria do Amazonas pós-Cabanagem e anterior à borracha.

Quarenta e quatro anos depois, Eduardo Gonçalves Ribeiro, governador do Amazonas, assim se referia à situação do estado por ele dirigido, em 1896:

> As rendas públicas continuam a crescer progressivamente. É extraordinária a diferença que se observa de um exercício financeiro para outro (...) As condições econômicas e financeiras do Estado são as mais lisonjeiras, as mais prósperas que se pode desejar. Desde que foi inaugurado o regime republicano neste Estado, sua riqueza aumenta progressivamente de modo notável. De uma receita arrecadada de 2.243.000$000 (dois milhões e duzentos e quarenta e três mil-réis) em 1890, chegamos, em 1895, a apenas cinco anos de diferença, a uma de 10.260.000$000 (dez milhões e duzentos e sessenta mil-réis) A completa transformação por que está passando a cidade de Manaus é a prova patente do que vos afirmo.[2]

Alguns anos depois desse informe de Eduardo Gonçalves Ribeiro, o vice-governador do Amazonas, monsenhor Coutinho, confirmava, mais uma vez, essa prosperidade financeira:

> Regozijo-me de poder anunciar-vos — dizia ele em janeiro de 1904 — que a receita arrecadada até 31 de dezembro, com exclusão das coletorias do interior, referente àquele mês, excede à previsão orçamentária, o que é bom augúrio para a liquidação do exercício, (...) e prova irrevogável do desenvolvimento das forças produtoras do Estado.[3]

É evidente que o tema subjacente a esses discursos é o do progresso, já tão criticado na historiografia brasileira nos últimos anos. Eu mesmo escrevi um longo ensaio, o já citado *Entre árvores e esquecimentos*,

---

2 Eduardo Gonçalves Ribeiro, "Mensagem de 1º de março de 1896", Coleção *Relatórios de governadores do estado do Amazonas.*

3 Monsenhor Francisco Benedito Fonseca Coutinho, "Mensagem de 20 de janeiro de 1904, coleção *Relatórios de governadores do estado do Amazonas.*

para mostrar o caráter muitas vezes ideológico desses hinos ao progresso, tão freqüentes na história brasileira, que acabavam ocultando, por detrás de uma apologia do crescimento econômico — possibilitado, no fim do século XIX, pelo café, no Sudeste, e pela borracha, no Norte —, inúmeras mazelas do regime republicano e a exploração sem fim dos trabalhadores. No plano teórico e epistemológico, esse ideário progressista gerou visões de mundo teleológicas, que valorizaram as causas finais, ou que, de forma ingênua, tentavam "explicar" a história de forma cumulativa e linear.

Em outras versões, a idéia de progresso conduziu muitos historiadores a um racionalismo exagerado — em detrimento de outras formas de apreensão da realidade — e à idéia de que o mundo ético e social seria governado por leis, como o mundo físico. O corolário dessas diversas versões no que se refere às relações de brancos, negros e índios — ou de europeus com o chamado Terceiro Mundo — foi, muitas vezes, um eurocentrismo generalizado, no qual estiveram mergulhados quase todos os pensadores do século XIX, Hegel e Marx inclusive, e não apenas Comte. Pois bem, essa idéia unilateral de "progresso", ou de progresso entre aspas — que é aquela que não percebe os aspectos destruidores e tanatológicos da submissão do planeta ao capital financeiro —, acabou sendo criticada pelos historiadores de diferentes tendências. Alguns desses autores, por incompreensão ou proselitismo, formularam críticas tão contundentes do conceito de progresso, que acabaram anulando por completo a possibilidade de o historiador apreender e analisar, em suas pesquisas, fenômenos objetivos de crescimento real "das forças produtoras" — como dizia monsenhor Coutinho em Manaus, em 1904.

Como a idéia de progresso é dupla, implicando sempre uma espécie de direção, ou rumo, relacionado, subjetivamente, com um juízo de valor, esses críticos negativistas recusaram em bloco a idéia de progresso. Esse tipo de crítica só é radical na aparência, pois, na verdade, ao eliminar teoricamente a possibilidade de mudanças e transformações profundas para melhor — mais alimentos, melhor condições de higiene e saúde, acesso ao ensino e à educação, mais horas dedicadas à cultura, esporte e lazer, com os direitos humanos respeitados e a liberdade de cada indivíduo valorizada —, esses teóricos criaram, artificialmente, uma historiografia da continuidade, na qual todo e qualquer juízo de valor acaba sendo visto como "ideológico", sempre que dele decorra a idéia de descontinuidade histórica.

No caso concreto da história do Amazonas, esse espírito de negação sistemática tem impedido alguns historiadores de perceber diferenças de qualidade, no plano social — houve abolição de trabalho escravo, em todo o Brasil, em 1888 — e no plano econômico — em 1852, no tempo de Tenreiro Aranha, "por toda a parte o aniquilamento dos serviços rurais, dos ofícios mecânicos". Já no tempo de Eduardo Ribeiro, 1896, "as condições econômicas e financeiras do Estado são as mais lisonjeiras e as rendas públicas continuam a crescer".

Mesmo sabendo que essas mudanças não trouxeram benefícios econômicos para o conjunto da população, mas principalmente para uma minoria, e apesar de perceber que o acúmulo de riquezas em Manaus tinha como contrapartida, para os seringueiros, o trabalho excessivo, o isolamento e a malária, nos igarapés do Jaú e do Carabinani, e também sem se esquecer, evidentemente, da utilização ideológica e ufanista da palavra progresso por parte de tanta gente, ainda assim, fica a questão: tudo permaneceu igual entre 1852 e 1896? Houve continuidade ou descontinuidade? Ou continuidade e descontinuidade simultaneamente? Esta última hipótese, que me parece correta, será apreciada adiante, mas agora ainda cumpre observar o seguinte: afirmar unicamente a continuidade não é apenas uma forma de negar em bloco a idéia de progresso, mas, também, de negar em bloco a idéia de decadência. Ora, essa mudança para pior, qualquer que seja a palavra que venha a substituir a palavra decadência no vocabulário dos historiadores, também foi imediatamente sentida, pelos amazonenses, em 1925, com o início da queda dos preços da borracha e a chegada do tempo das vacas magras. Jonathas de Freitas Pedrosa, por exemplo, governador do Amazonas, em sua mensagem de 25 de fevereiro de 1913, já não repete aquilo que, antes dele, havia sido dito por monsenhor Coutinho (1904) e por Eduardo Ribeiro (1896). Pelo contrário, Jonathas de Freitas Pedrosa[4] percebe a mudança que se inicia para pior — pior para seringalistas, seringueiros e estadis-

---

4 Jonathas de Freitas Pedrosa, Mensagem de 25 de fevereiro de 1913, coleção *Relatórios de governadores do estado do Amazonas*.

tas — e diz: "Com o decrescimento contínuo das rendas públicas, tem aumentado a dívida flutuante de um modo assombroso". Em resumo, se o historiador não levar em conta, em suas análises, esses diversos componentes da realidade amazônica fornecidos não só pela história das mentalidades e das idéias, mas também pela história do extrativismo, do comércio, dos preços, da política, da navegação fluvial, da cultura regional, ele corre sempre o risco de se limitar a contrapor discurso contra discurso: o seu próprio contra o dos homens daquela época. Por mais louvável que seja esse esforço de tentar desnudar o conteúdo ideológico de muitos textos do passado escritos por viajantes e políticos da época, quando desvinculado do restante da história, esse esforço historiográfico pode resultar em mal-entendidos. Como tem sido freqüente, no Brasil, a utilização do livro *História e memória*,[5] de Jacques Le Goff — como referencial teórico para se criticar o conceito de decadência — geralmente para negar sua ocorrência histórica em certas regiões do país —, acho interessante retomar aqui a polêmica em torno dessa questão.

A problemática das transições

Le Goff, em *História e memória*,[6] faz a crítica, correta, de algumas utilizações abusivas do termo decadência, nas quais ocorre uma espécie de biologização da história, com a sociedade sendo vista como um organismo animal, ou um ser biológico, que passaria por fases sucessivas de nascimento, crescimento e morte. Essas análises de Le Goff fazem parte de um dos capítulos do livro citado, justamente o capítulo mais controverso, intitulado *Decadência*. Nos demais capítulos, vários temas são abordados de forma magistral pelo grande historiador francês, como a escatologia, as idades míticas e a memória. Mas, ao tratar do tema da decadência, que já era difícil devido às utilizações biologizantes do termo, Le Goff, a meu ver, introduziu novos elementos complicadores. No final do capítulo,[7] sua própria visão de história é afirmada: o processo

5 Jacques Le Goff, *História e memória*, Campinas, Editora da Unicamp, 1990.

6 Idem, pp. 375-396.

7 Ibidem, op. cit., p. 417.

histórico não conheceria rupturas, mas tão-somente continuidade, e o conceito de decadência teria sido inventado por aqueles que querem ler o movimento em história, estando hoje desacreditado devido a esses compromissos ideológicos.[8]

Como essa visão de história tornou-se muito comum na historiografia do final do século XX, inclusive no Brasil, vale a pena observá-la mais de perto. Segundo Le Goff, "a continuidade é o fenômeno fundamental da história".[9] Dois grandes acontecimentos históricos são analisados por ele, a título de exemplo, com base na historiografia ocidental: o fim da independência do mundo grego, conquistado pelos romanos, e a destruição do Império Romano do Ocidente, conquistado pelos bárbaros. Apesar de toda sua erudição, Le Goff não consegue, a meu ver, sustentar sua tese. Nos dois casos citados, não ocorreu, efetivamente, ruptura brusca alguma, e uma certa continuidade maior pode ser assinalada. É uma continuidade, contudo, que coexiste e se combina com uma série de descontinuidades menores, em um processo contraditório que daria origem, algum tempo depois, a sociedades qualitativamente diferentes. Esta é justamente a problemática da transição, que Le Goff não leva em conta: mesmo não tendo havido ruptura instantânea — impossível, aliás, a não ser que um cataclismo cósmico tivesse afetado a história dessas sociedades —, essas civilizações passaram por mudanças ao longo do tempo. Ora, são justamente essas mudanças que tornam legítimas as leituras da história que se valem da idéia de movimento. As teorias da história daí decorrentes nem sempre são ideológicas.

É ideológica a visão que Spengler oferece da história, na obra *O declínio do ocidente*,[10] com sua noção fisiológica de decadência, mediante a qual a sociedade é encarada como organismo vivo, biológico, passando a oposição fundamental a ser aquela que oporia o mecânico ao orgânico, a natureza à vida. Não é, porém, necessariamente ideológica — no sentido de "inventada", como diz Le Goff — aquela historiografia que se serve da lógica dialética para perceber as transições e mudanças

---

8 Jacques Le Gof, op. cit., p. 417.

9 Idem, p. 417.

10 Oswald Spengler, *O declínio do Ocidente*, Rio de Janeiro, Zahar Editores, 1973.

ocorridas de fato no próprio processo social, ou seja, para compreender o movimento histórico.

Se em vez de tomar como exemplos o helenismo e o Império Romano, Le Goff tivesse analisado os hititas, ou Cartago, ficaria muito difícil sustentar a tese da continuidade como fenômeno fundamental da história, como o faz, dentro de uma perspectiva de longa duração. Se pensarmos no Império Asteca, ou Império Inca, não há como evitar a noção de ruptura, ao analisar sua história do século XVI em diante. Se a palavra decadência é imprópria, que se procure outra, que assinale aquilo que efetivamente ocorreu entre astecas e incas, que não foi continuidade, mas a transformação em relação ao processo anterior à chegada dos espanhóis. Uma transformação que não foi instantânea, cataclísmica, como se um meteorito do tamanho da Espanha tivesse caído no México em um abrir e fechar de olhos e outro do tamanho da Europa nos Andes, mas que foi uma transformação *quand même*. Ou seja, um processo que combinou, no seu interior, aculturação, deculturação, desagregação, marginalização, extinção e formação do novo, com muita violência e morte de permeio, e que acarretou, ao cabo de cem ou duzentos anos, mudanças qualitativas radicais nas sociedades andinas e mesoamericanas. Não houve continuidade na história dos povos indígenas, houve descontinuidade. E, na história do Brasil também, para os povos Manao, Tucum e Tarumã, do baixo rio Negro e tantos outros mencionados ao longo deste ensaio, houve, efetivamente, desagregação social e penúria material. E, em muitos casos, “decadência” seguida de extinção completa, ou seja, desaparecimento e morte. Negar essa ruptura total é negar o genocídio, que não foi inventado, mas existiu na realidade histórica do Brasil. Mesmo quando não houve aniquilamento populacional, profundas alterações econômico-culturais provocaram, muitas vezes, rupturas na história desses povos indígenas, o que mostra como a história demográfica por si só não pode nos fazer ver continuidade lá onde, de fato, houve descontinuidade, na vida cultural.

Agora especificamente sobre o Airão, o monte de ruínas que por ali restou coexiste, hoje em dia, com a melhoria nas comunicações e nos transportes no rio Negro, nas duas últimas décadas, e com o prosseguimento da vida cabocla nos rios circunvizinhos. A descontinuidade, portanto, também não é o fenômeno fundamental da história. O que mais chama a atenção, no caso concreto que estamos analisando, é que o novo e o antigo se combinam, mediante a interação de múltiplos processos que envolvem tanto as sociedades tribais, quanto Manaus, onde a mais sofisticada tecnologia está atualmente presente. Isso torna o impacto ocidental bem mais diversificado e complexo.

Como está muito arraigada a idéia — entre sociólogos e historiadores — de que a mudança se irradia das grandes cidades para o interior, fica também evidente, no caso do Jaú e do Unini, que isso nem sempre foi assim, historicamente, pois dois povos indígenas foram exterminados — os Manao e os Juma — em períodos históricos anteriores a 1850, em que a urbanização de Manaus ainda era uma falsa urbanização. Ora, para a história desses povos, não podia ter havido mudança maior! No entanto, para a sociedade brasileira envolvente, a mudança não pode ser sobreestimada, sendo antes provável que esses fatos catastróficos — para os índios — pouco tenham afetado a vida dos brancos em Manaus, Airão e Barcelos. Seria mais correto falar, então, de mudanças *na* sociedade, e não de mudanças *da* sociedade brasileira envolvente, o que tem o mérito de subtrair, do conceito de descontinuidade, aquele caráter superdimensionado, que não corresponde à sua natureza real. Isso parece ser assim — continuidade e descontinuidade coexistindo historicamente — no mundo todo, mas é particularmente visível nos países onde uma revolução social democrática nunca aconteceu.

A palavra decadência é inadequada, por ter conotações biológicas, e a palavra *morte* também, quando se refere às sociedades? É verdade, mas, afinal, isso são metáforas, e a analogia não faz mal a ninguém. Pelo contrário, só enriquece o pensamento do historiador. Le Goff, a meu ver, exagerou na sua polêmica com os marxistas mecanicistas e acabou jogando fora a noção fundamental de movimento, quando deveria apenas ter criticado o sentido ambíguo da palavra decadência. Basta reler o artigo em questão para se perceber que, depois de afirmar que o conceito de ruptura teria sido inventado por aqueles que querem ler o movimento em história, Le Goff[11] afirma que a continuidade, "fenômeno fundamental da história", não é uma continuidade imóvel, "mas uma conti-

---

[11] Jacques Le Goff, op. cit., p. 417.

nuidade atravessada por transformações, mutações e crises". Além de a palavra mutação, empregada por Le Goff, também ter conotações biológicas, fica difícil perceber do quê ele está falando, pois, se a continuidade não-imóvel é atravessada por transformações e mutações, ela não é mais continuidade, pois "transformar" é tornar diferente do que era!

Quero agora voltar ao tema dos conflitos interétnicos que continuam ocorrendo na Amazônia e Centro-Oeste do Brasil. Os inúmeros choques que ainda ocorrem entre a sociedade brasileira e os povos indígenas — cuja constante repetição ao longo de quatrocentos anos eu costumo chamar de *o grande desencontro* — suscitam uma problemática relacionada com o estágio em que se encontra a própria sociedade brasileira. Uma sociedade mergulhada em um processo de declínio, no sentido de profunda desagregação sócio-cultural, dificilmente poderia vir a se relacionar, a médio prazo, de forma pacífica, com as sociedades indígenas. Será esse o caso da sociedade brasileira?

Apesar do efeito desagregador da crise econômica prolongada pela qual o Brasil vem passando, no final do século XX, com seus corolários sociais aviltantes — desemprego, fome, desnutrição, mortalidade infantil elevadíssima, analfabetismo, piora na qualidade do ensino e dos serviços de saúde, aumento da criminalidade e da corrupção administrativa —, a meu ver a sociedade brasileira não está em "decadência", ou pelo menos não ingressou ainda de forma plena nesse processo. Deixando agora de lado o caráter impreciso e incerto da palavra decadência, é preciso perceber que, para além dessa ambigüidade, permanece uma diferença fundamental entre decadência e crise, que é preciso assinalar. O que, mais uma vez, Le Goff não faz. Aliás, ele identifica ambas as situações, propondo, inclusive, no livro citado, que o conceito de decadência seja abandonado em benefício do conceito de crise.[12] Essas questões não são menores, ou simples querelas etimológicas. Quem elimina as noções de ruptura e de decadência — ou de qualquer palavra mais apropriada para designar o mesmo fenômeno — está no fundo imbuído de uma visão de história na qual o progresso linear ainda continua presente, embora Le Goff se defenda dessa evidência.

---

[12] Jacques Le Goff, op. cit., p. 414.

Crise e decadência são conceitos diferentes. Uma sociedade pode estar em crise, e não ser "decadente" no plano histórico-cultural. As sociedades da Europa Ocidental conheceram inúmeras crises ao longo do século XIX, dentro de um contexto histórico que não era de decadência, mas sim, pelo contrário, de desenvolvimento vigoroso das forças produtivas. Foi assim na Inglaterra, por exemplo, onde a indústria cresceu, a tecnologia avançou e a pesquisa científica também, de forma contraditória, é verdade, mas não configurando um quadro geral de estagnação ou retrocesso quando se analisa o século XIX como um todo. Ora, apesar desse desenvolvimento, várias crises ocorreram na Inglaterra dessa época, o que mostra que a palavra crise não é sinônimo de decadência. Em 1824, a situação da indústria inglesa era bastante favorável. Nos três ou quatro anos seguintes, a produção industrial diminuiu, o desemprego aumentou, muitas máquinas paralisaram-se e a circulação de mercadorias tornou-se irregular. Essa crise de 1825 afetou profundamente a vida da Inglaterra, que, nem por isso, pode ser caracterizada, nessa época, como estando em decadência. A crise de 1836-1837 abrangeu a Inglaterra e os Estados Unidos. A de 1857-1858, que se iniciou nos Estados Unidos, afetou o conjunto da economia mundial de mercado. Tudo isso, como já disse, dentro de um quadro histórico mais geral que é de desenvolvimento, e não de "decadência".

Na era do capital financeiro e, principalmente, a partir da crise de 1929 — em escala ainda maior, de 1947 aos nossos dias —, os investimentos maciços na fabricação de armamentos têm alterado qualitativamente a situação do capitalismo, retardando e adiando a configuração de crises de grande envergadura. As inovações tecnológicas prosseguem, em ritmo cada vez mais rápido, mas uma parte cada vez maior da produção não cria mais valor de uso, como acontece na indústria bélica. Os autores marxistas têm caracterizado essa situação como sintoma de decadência do sistema. No que eles têm razão, quando se recorda que os investimentos da fabricação de armamentos passaram de um por cento em 1946, sobre o total dos investimentos industriais, nos Estados Unidos, para cinco por cento no final dos anos 1950. Esse crescimento vertiginoso do desperdício — cinco vezes mais em 15 anos — e da destruição de forças produtivas reúne em si vários elementos daquilo que a historiografia tem chamado de decadência. Nesse sentido, a sociedade brasileira, inserida no quadro mais geral do capitalismo dessa fase, conhece os mesmos elementos desagregadores e corrosivos do restante do sistema. Mas a noção de decadência tem outras dimensões, que vão além de seus aspectos econômicos e demográficos quantificáveis. Essas outras dimensões são tão importantes, ou mais, do que a própria economia e dizem respeito à cultura, à história da cultura neste país. Esses planos sócio-culturais e psicossociais — dos quais a consciência política é apenas uma das expressões — podem até fazer reverter o quadro mais geral da crise econômica. E é justamente nesse âmbito cultural e psicossocial que o Brasil ainda resiste. Nesse sentido, o Brasil não está ainda, de forma completa, metido em um processo de decadência, embora o risco de que isso ocorra seja maior agora, na década de 90 do século XX, do que em toda a sua história anterior. A coesão social proporcionada pela vitalidade da cultura brasileira continua sendo mais forte do que os desequilibrantes solavancos da crise econômica, que se tornou profunda e de longa duração. Mais forte, inclusive, do que o afundamento que levou ao descrédito todas as instituições estatais. Analisar as coisas dessa maneira não equivale a introduzir questões morais na discussão em torno da noção de decadência, como afirma Le Goff. Além de Marx e de Lukács, inúmeros autores não marxistas serviram-se da noção de decadência em suas análises. Toynbee, por exemplo, para quem a noção de declínio é fundamental em história.

Professor na Universidade de Oxford, Arnold Toynbee[13] observou que a maioria das civilizações passou por duas fases de decadência, que ele chama, respectivamente, de declínio e de desagregação (*breakdown* e *desintegration*). A falência da autodeterminação caracterizaria a fase *breakdown*, na qual o Brasil já estaria metido, se adotássemos esses critérios de Toynbee para analisar o fenômeno de que estamos tratando. Já a *desintegration* se manifestaria por duas rupturas: uma cisão no corpo social e outra na alma. O militarismo, segundo o professor de Oxford, é uma das expressões da cisão no corpo social. Porém, mais grave ainda, segundo ele, é a cisão na alma. E é esse, justamente, o grau de ruptura

---

13 Arnold Toynbee, *Um estudo da História*, Brasília, Editora Universidade de Brasília / Martins Fontes, 1987, 2ª ed.

que a sociedade brasileira ainda não conheceu. É nesse ponto preciso que o brasileiro ainda resiste, consciente ou inconscientemente. Toynbee não analisou cada uma das sociedades ocidentais — européias e americanas — em sua formação histórica específica. É a civilização ocidental como um todo que constitui o objeto de seu estudo comparativo — que abrange 26 civilizações, das quais 16 já desaparecidas. Mas nada impede que se pense um pouco cada sociedade ocidental à luz dos mesmos critérios propostos por ele. O geral não exclui o particular, e vice-versa, todos os países do ocidente capitalista, no século XX, integram o mercado mundial e fazem parte da mesma divisão internacional do trabalho, além de pertencerem à mesma matriz dominante, cultural e civilizacional, fornecida pelo cristianismo. Nem que esse exercício teórico não passe de mera hipótese curiosa, é preocupante constatar que, tanto do ponto de vista da teoria marxista da história, como do ponto de vista da historiografia liberal de Toynbee, o Brasil entrou em um estágio histórico extremamente difícil.

A cultura brasileira ainda não soçobrou, nem se esfaleceu sob o impacto do desânimo, do cepticismo e da desesperança. Embora esses sentimentos tenham conquistado terreno nos anos 1980 — o sinal mais evidente foi a emigração em massa de setores da classe média brasileira para a Europa e os Estados Unidos, fenômeno até então desconhecido na História do Brasil —, a cisão na alma, ou perda da auto-estima, ainda não se generalizou, apesar dos sucessivos desgovernos das últimas décadas.

A regeneração do país virá pelo caminho da cultura. Esse é o único progresso verdadeiro, ou evolução verdadeira, a que um ser humano pode aspirar. O caminho oposto ao da cultura é o do desespero, ou sentimento de impossibilidade de se achar uma saída. O desespero é a privação do conhecimento. Alegria é cultura, e isso falta muito nos grandes centros financeiros do mundo, normalmente considerados centros de cultura! Paradoxalmente, no Brasil — e em muitas áreas pouco desenvolvidas economicamente —, a alegria é uma constante, enquanto, em certos países industrializados e desenvolvidos, o desespero é uma constante. Como entender esse paradoxo? É difícil dizer, mas com certeza não será mediante a valorização da penúria e da miséria. Será, isto sim, com a preservação da alegria e do entusiasmo pela vida, nossa grande riqueza espiritual, para que eles não se percam ao longo das mudanças futuras, tecnológicas e sociais, não só inevitáveis como desejáveis.

Se a alegria é uma riqueza cultural, a palavra "atraso" só pode ser empregada, em relação Brasil, em um sentido absolutamente economicista. E, portanto, reducionista, pois a economia não é a única dimensão da vida. E, embora importante, nem de longe a mais importante. Isso é válido tanto para São Paulo, como para o Amazonas.

Jacques Le Goff, cuja obra monumental nós admiramos no Brasil, só teria razão, a meu ver, no que diz respeito à questão da continuidade *versus* descontinuidade, se suas análises não estivessem dirigidas para a história das relações sociais e culturais que a humanidade conheceu e praticou ao longo dos milênios, nem para a história de suas realizações e destruições no plano econômico, mas, sim, para a compreensão do universo de maneira muito ampla. Mesmo assim, nesse plano filosófico macro, talvez não seja Parmênides quem esteja totalmente certo, e nem Heráclito, mas sim Empédocles. Entretanto, essa é uma outra discussão, que demanda um novo livro. Neste, fico apenas no terreno do social e do cultural: se a história não é a absoluta descontinuidade, a continuidade tampouco é sua principal característica, ou fenômeno fundamental. Tudo que era verdadeiro é, de certa forma, intemporal, por isso a continuidade existe, como dizia Le Goff, e permanecerá sempre nas civilizações, no pensamento, nas criações. Mas o que era transitório e humanamente imperfeito continuará se alterando, modificando e desaparecendo, em uma permanente — e nada ideológica — descontinuidade histórica.

Outros textos de Le Goff colocam de forma atenuada algumas afirmações que, em *História e memória*, pecam por reducionismo. Parece que todo grande pensador, em algum momento, exagera. Marx fez isso, em textos nos quais o reducionismo de tipo economicista é evidente. Quanto a Le Goff, ele é reducionista pelo lado oposto ao de Marx, em algumas passagens de *História e memória*, ao tratar das mentalidades. Por isso, prefiro um outro texto de sua autoria, teoricamente muito mais rigoroso, intitulado *As mentalidades: uma história ambígua*. Nesse pequeno trabalho, Le Goff situa, de maneira brilhante, o complexo tema do cotidiano, do comportamento e das mentalidades. Desta maneira, sim, a mentalidade dos brasileiros — principalmente daqueles que vivem na Amazônia em contato com a floresta e com povos indígenas — pode ser bem abordada pelos historiadores. "O historiador das mentalidades aproximar-se-á, pois, do etnólogo, visando a alcançar, como ele, o nível mais estável, mais imóvel das sociedades".[14] Quando o tema da continuidade é abordado por esse ângulo, não há como discordar de Le Goff, que, citando Labrousse, diz o seguinte no artigo em questão: "O social é mais lento que o econômico, e o mental, mais ainda que o social".[15] Entretanto, o historiador das mentalidades também está próximo do psicólogo social: "As noções de comportamento ou de atividade são, para este e para aquele, essenciais".[16]

A economia vem mudando rapidamente a fachada externa da vida no Centro-Oeste e na Amazônia. Contudo, a mentalidade dominante — que se relaciona com as atividades e o comportamento dos brancos em relação aos índios — ainda continua muito próxima da mentalidade dos proprietários de escravos do período colonial.

Miragens equatoriais

No ano de 1884, em que a produção gumífera no vale do Jaú começou a crescer, o movimento do porto de Manaus registrou uma exportação — borracha proveniente dos vários rios amazônicos — de 735 toneladas dessa mercadoria. Onze anos depois, em 1885, este número já chegava a 4.562 toneladas segundo B. Weinstein,[17] elevando-se, então, vertiginosamente, para 17.208 toneladas em 1910! Não é de se admirar, portanto, que Eduardo Ribeiro (1896) e monsenhor Coutinho (1904) tenham falado com tanta veemência do estado lisonjeiro das finanças amazonenses. O capital financeiro internacional, com os ingleses à frente, também deve ter obtido, naquele período, lucros lisonjeiros. Toda essa euforia financeira gerou hábitos de consumo desmedidos, em Manaus,

---

14 Jacques Le Goff, "As mentalidades: Uma história ambígua", in *História: Novos objetos*, Jacques Le Goff e Pierre Nora (orgs.), Rio de Janeiro, Livraria Francisco Alves Editora, 1988, p. 69.

15 Idem, p. 69.

16 Ibidem, p. 70.

17 B. Weinstein, *A borracha na Amazônia: Expansão e decadência (1850-1920)*, São Paulo, Hucitec, 1993, p. 225.

ou exibicionistas, com a importação de grande quantidade de artigos supérfluos e objetos de luxo. Enquanto no Sudeste, no mesmo período, a burguesia cafeeira investiu em fábricas, ferrovias, bancos e grandes obras de infra-estrutura, no Amazonas nada disso se verificou, em escala semelhante. Obras de infra-estrutura foram realizadas, é verdade, e os serviços públicos se ampliaram, em Manaus, mas quase sempre por iniciativa do capital inglês. Além disso, esses serviços — portuários, de fornecimento de energia elétrica e de transporte coletivo — restringiram-se à capital, surgindo uma diferença cada vez mais abissal entre Manaus e as povoações do interior do estado do Amazonas.

Bradford Burns escreveu sobre o fastígio de Manaus, nos seus dias de ilusório esplendor, no ano de 1910, quando a cidade era a capital mundial da borracha:

> Tinha 50 mil habitantes, um excelente sistema portuário, sistema de coleta e disposição de lixo eficiente, eletricidade, serviços telefônicos, belos edifícios públicos, residências confortáveis (...) e era coroada pelo magnífico Teatro Amazonas, uma das esplêndidas casas de ópera daquele tempo.[18]

Nessa cidade, bem servida por bondes elétricos e onde os navios da Booth Line aportavam regularmente, a libra esterlina circulava tão livremente quanto o mil-réis. Nela viviam muitos ingleses, franceses, alemães e portugueses — como J. G. Araújo —, dedicados ao comércio da borracha, e também muitos espanhóis, italianos e sírio-libaneses, dedicados a outras atividades mercantis. Todos eles, segundo Bradford Burns, consumiam *whisky* White Label, licores Bardinet, sapatos Walk-Over, perfume Lubin, relógios Omega, gin Booth, manteiga da Escandinávia, leite condensado Fussel, máquinas Underwood, gramofones R. C. A. Victor, automóveis Deutz...

> Foi o gosto e o estilo franceses, entretanto, que muito fizeram para a formação dos hábitos diários dos barões da borracha, suas esposas, aman-

---

[18] E. Bradfort Burns, *Manaus, 1910*, Manaus, 1966, com apresentação de Arthur Cezar Ferreira Reis, pp. 6-7.

tes e seguidores. Esse grupo jactava-se que sua cidade possuía o *espírito da vida parisiense.*[19]

Os homens daquela época viviam imbuídos da doce ilusão de que aquilo ia durar para sempre — como se a continuidade fosse a principal característica da história... Aquele momento, "carregado pelo fascínio do progresso", como disse Maria Luiza Ugarte Pinheiro, contagiaria também seus historiadores, que descreviam Manaus "com superlativos e adjetivos que associavam a cidade às imagens onde ela buscava se mirar: *Paris dos trópicos, metrópole da selva, Cincinnati brasileira*".[20]

Aos olhos dos barões da borracha, aquelas expressões — "Paris dos trópicos" —, que hoje nos parecem ridículas, correspondiam a um futuro por eles desejado. Essas ilusões sedutoras também criaram devaneios na foz do rio Jaú, com muito comerciante de secos e molhados do Airão, comprador de borracha, sonhando com *vaudevilles* imaginários e banquetes gastronômicos em Manaus, onde havia muitos restaurantes franceses e onde homens e mulheres, apesar do calor intenso, vestiam-se sempre a rigor da moda européia: "Os homens trajavam-se sempre de gravata e paletó, e as mulheres habitualmente usavam luvas e chapéus".[21]

Era tão grande o fascínio que essas miragens vindas da Europa provocavam no barranco do Airão, que os comerciantes locais deram o nome de rua Occidental à principal rua da povoação. Occidental — com dois *CC*, como se escrevia antes da reforma ortográfica —, como Paris. Ou como o *vermouth* e o *champagne* consumidos em Manaus. Occidental, por oposição à floresta equatorial, vista por eles como "inferno verde", e por desprezo aos índios Waimiri-Atroari, que voltaram a atacar Moura em 1881, criando sobressaltos no Airão... Occidental como a casimira preta de fraque daquele comerciante de selva que escrevia cartas provinciais em estilo empolado... Occidental para se diferenciar da-

---

19 E. Bradfort Burns, op. cit., p. 10.

20 Maria Luiza Ugarte Pinheiro, "A cidade sobre os ombros: Trabalho e conflito no porto de Manaus (1899-1925)", tese de mestrado, PUC / SP, 1966.

21 E. Bradfort Burns, op. cit., p. 12.

quela cultura regional, cheia de casas de palha, farinha de mandioca e banhos de rio, que as caboclas tomavam três ou quatro vezes ao dia!

Apesar de todo esse fascínio provocado pelo "Occidente", de 1914 em diante os preços da borracha desabaram, no mercado mundial, e os seringais do Sudeste asiático nunca mais deixaram a Amazônia sozinha, sem concorrentes. A produção de borracha, que havia sido de 36 mil toneladas em 1913, caiu para 22 mil em 1918, e 17 mil em 1921. Em 1933, não conseguiu passar de 9 mil toneladas... Os seringais se despovoaram, inclusive os do Jaú e do Carabinani. Milhares de nordestinos voltaram para o Ceará, a Paraíba e o Rio Grande do Norte, com passagens de navio pagas pelo governo Epitácio Pessoa. Estava instalado o período das vacas magras, o último da história do Airão.

Cantigas desgarradas

À medida que a borracha, na fase dos altos preços, foi atraindo para o Amazonas gente de outros estados do Brasil e do estrangeiro, o baixo rio Negro foi incorporando novos hábitos, trazidos por ingleses, portugueses, chineses, cearenses, paraibanos. Os ribeirinhos de velha cepa — índios destribalizados falando nheengatu e um pouco de português — passaram por curiosos e inusitados contatos, assimilando alguns dos costumes dos recém-chegados e vice-versa: muito português logo se familiarizou com os balaios e tipitis amazonenses e com o óleo de tamaquaré, de muitos usos medicinais. Talvez os próprios chineses tenham aprendido a valorizar o perfume do umirizeiro, que os índios Manao apreciavam tanto, como se pode ver pela lenda que Antônio Brandão de Amorim[22] registrou.

As histórias de vida daquela gente imigrante fazem parte da saga amazônica, pois deram um novo colorido à história do rio Negro. O próprio Antônio Brandão de Amorim[23] tem uma trajetória intelectual

---

22 Antônio Brandão de Amorim, *Lendas em nheengatu e em português*, Manaus, Fundo Editorial — ACA, 1987, p. 108.

23 Cf. "Prefácio" de Jorge Tufic, intitulado "Brandão de Amorim e a literatura nacional", escrito para *o Lendas em nheengatu e português*, de A. B. Amorim, Manaus, Fundo Editorial — ACA, 1987.

sui generis: nasceu em Manaus, em 1865, de pais portugueses; foi para Portugal aos onze anos de idade e estudou em um colégio do Porto e na Universidade de Coimbra; na volta ao Brasil, foi trabalhar com Barbosa Rodrigues, no Museu Botânico, de Manaus, e depois com Ermano Stradelli. Viajou demoradamente pelo rio Negro e pelo rio Branco, coletando lendas indígenas, no final do século XIX. Depois foi dono de seringal no Purus. Estranho e atípico itinerário intelectual, que não passou pelas academias, nem pelo Rio de Janeiro, mas pelas malocas barés, macuxis e tarianas: uma história de vida bem amazonense, da época da borracha, de aculturação intensa e miragens extravagantes, com tupinólogos vendo seus filhos morrerem de malária no Purus — como aconteceu com Brandão de Amorim — e caboclos de Barcelos bebendo cerveja Carlsberg, como se pode constatar pelos freqüentes pedidos dessa bebida, feitos a J. G. Araújo pelos comerciantes do baixo rio Negro.

Ermano Stradelli também viajou, em 1884, demoradamente pelo rio Negro, pelo Uaupés e até mesmo pelo Jauaperi, em companhia de Barbosa Rodrigues, para tratar a paz com os "Krichanás" — os Waimiri-Atroari. Coletou lendas indígenas, escreveu um dicionário nheengatu-português e, principalmente, tirou belas fotografias, para a Sociedade Geográfica Italiana, legando-nos, assim, uma inestimável fonte visual para o estudo da história da Amazônia do final do século XIX e início do século XX. Assim como Antônio Brandão de Amorim, seu contemporâneo, Ermano Stradelli[24] também teve uma trajetória intelectual distante das academias e dos círculos literários de São Paulo e Rio de Janeiro: filho de família nobre de Piacenza, formado em direito em Pisa, passou quase toda a vida na Amazônia, onde esteve pela primeira vez em 1879. Passou vários anos no Purus, navegou pelo Mamoré, naufragou, foi juiz de paz, e até mesmo promotor público de Tefé! Depois de ter visitado todo o baixo rio Negro na época da borracha, deixou-nos um intrigante veredito,[25] espécie de presságio, sobre o futuro daquela encantadora e irresponsável *belle époque* dos sertões amazônicos: "A goma

---

[24] Cf. Teresa Isenburg, *Naturalistas italianos no Brasil*, São Paulo, Ícone, 1991.

[25] Ermano Stradelli, "O rio Negro, o rio Branco, o Uaupés (1888-1889)", in *Naturalistas italianos no Brasil*, Teresa Isenburg (org.), op. cit., p. 218.

elástica é a riqueza e a ruína do rio Negro", escreveu ele, em 1889, muitos anos antes da crise, quando na Amazônia, a borracha só despertava esperanças...

A presença de chineses nos seringais do rio Jaú é ainda mais excêntrica, aparentemente. Como vimos, havia chineses na foz do Carabinani, em um barracão construído no local chamado Santa Rosa. Não eram empregados de brasileiros, eram sócios de uma firma montada por imigrantes chineses oriundos de Macau. No lugar chamado Lago Grande, do rio Carabinani, havia outra firma de uma família chinesa chamada Fontenelle. No lugar chamado Monteiro, no rio Jaú, havia outro barracão de chineses da família Savedra. Não eram filhos de imigrantes chineses, mas chineses vindos diretamente da China, atraídos pela borracha, pois ainda usavam "trancinha" no cabelo. Isso me foi relatado por antigos moradores do Airão. No lugar chamado Forquilha, também no rio Jaú, havia uma outra família de chineses de Macau, os Anhapi, vizinhos dos negros sergipanos do lugar chamado Tambor, o que sugere um multifacetado intercâmbio cultural afro-macaísta-amazônico, só possível graças às mirabolantes miragens — de riqueza fácil — provocadas pela *Hevea brasiliensis*.

Esses negros da foz do Pauini vieram de Sergipe, como eu já disse, na primeira década do século XX. Primeiro veio um casal, senhor Jacinto Francisco de Almeida e sua esposa, dona Leopoldina. Não tiveram filhos. Mais tarde veio um sobrinho deles dois, chamado José Maria dos Santos. Desse Zé Maria, descendem os negros mais antigos do rio Pauini, principalmente do lugar chamado Tambor — Jacinto fixara-se no lugar chamado Arpão, e Zé Maria, no Tambor; tratavam as demais pessoas de *sinhô*, ou de *inhô*.[26]

No que diz respeito à imigração de orientais, predominam, hoje em dia, na Amazônia, os japoneses.[27] Foram eles que introduziram o cultivo da juta na região e que desenvolveram o da pimenta-do-reino, princi-

---

[26] João Bezerra de Vasconcelos Filho, "Memórias de João Bezerra", texto inédito, datilografado.

[27] Carlos Araújo, *História da imigração japonesa no Estado do Amazonas*, Manaus, Federação das Indústrias do Estado do Amazonas, 1995.

palmente no Pará. Mas os japoneses só começaram a imigrar para o Brasil em 1908 — e para a Amazônia em 1927 —, enquanto os chineses já estavam em Itacoatiara, antiga vila amazonense de Serpa, nos anos 1850! Embora nunca tenham se tornado numerosos, é interessante registrar o fato de que, nas colônias Mauá e Itacoatiara, da antiga província do Amazonas, houve uma tentativa de introdução de braços livres, em meados do século XIX, quando ainda estava em rigor o regime de trabalho escravo no Brasil. Ângelo Thomaz do Amaral, presidente da província do Amazonas, menciona, em seu relatório de 1º de outubro de 1857, a presença de 44 colonos na colônia de Itacoatiara, "dos quais 23 chineses e o restante portugueses e africanos livres".[28] Não sei se os chineses seringalistas do vale do rio Jaú tinham algum vínculo com aqueles antigos colonos chineses de Itacoatiara. Não encontrei fontes escritas, e não há mais lembrança disso na memória dos antigos moradores do Airão. Só pude averiguar a existência, em Tauapessassu, de uma firma de chineses, a Pereira & Savedra, que mantinha seringueiros por sua conta no Jaú, por volta de 1905. Em Novo Airão, antiga Tauapessassu, ainda residia, em 1995, uma senhora idosa, filha do chinês Lourenço Savedra, chamada dona Josefa, que eu, infelizmente, não consegui entrevistar. Nas cartas comerciais do acervo J. G. Araújo, que pude ler em Manaus, as primeiras referências à presença de chineses no rio Jaú datam de meados da década de 80 do século XIX. As arqueólogas Tânia Andrade Lima e Catarina Eleonora Ferreira da Silva, no relatório de atividades, escrito após as escavações feitas no Airão, em 1995, mencionam a presença de cerâmica oriental, "inquestionavelmente um item de luxo",[29] segundo elas. Não se sabe, porém, se essa porcelana tinha algo a ver com os chineses do Jaú, ou a uma possível influência deles na região, ou se aquele objeto de luxo fazia parte, tão-somente, das extra-

---

28 Ângelo Thomaz do Amaral, relatório de 1º de outubro de 1857, coleção de *Relatórios de presidentes da província do Amazonas*.

29 Catarina Eleonora Ferreira da Silva e Tânia Andrade Lima, "Proposta de tombamento das ruínas de Airão, antiga Santo Elias do Jaú, Amazonas: A contribuição da arqueologia", Relatório de atividades, Brasília, IPHAN, 1995, p. 8.

vagâncias consumistas da *belle époque* amazonense, durante a qual muito negociante cearense usou produtos importados do mundo inteiro.

Na verdade, essa presença de chineses no Jaú só era excêntrica na aparência, pois, quando observada de um ponto de vista histórico mais amplo, ela apenas reforçou uma tendência presente em toda a sociedade brasileira da época. De fato, nas últimas décadas do Império e nos primeiros anos da República Velha, a imigração — tanto de colonos lavradores, como de trabalhadores assalariados — foi intensa no Brasil todo e acabou se tornando uma das principais características histórico-sociais do período, não havendo, portanto, nada de extraordinário no fato de chineses de Macau — de língua portuguesa — terem vindo para o norte do país. Os chineses vieram atraídos pela mesma atividade econômica — a borracha —, que atraiu outros orientais, os sírio-libaneses, para a Amazônia, assim como, no Sudeste, o café atraíra italianos, alemães, eslavos e tantos outros imigrantes em busca de trabalho, ou de paz, pois as guerras, no Velho Mundo, impeliram, para a América do Sul, tantos imigrantes ou mais do que a própria fome.

Além disso, tanto no caso da borracha como no do café, não foram esses imigrantes que acabaram monopolizando a comercialização e a exportação desses produtos. Foram os ingleses que ficaram com a parte do leão, principalmente no que diz respeito à borracha. Em Manaus, até mesmo os serviços urbanos eram propriedade de firmas inglesas! Quando a crise da borracha se instaurou, muitas daquelas firmas inglesas, ligadas ao capital financeiro internacional, simplesmente se retiraram da Amazônia, em busca de negócios mais rentáveis em outros cantos do planeta. Já os imigrantes ficaram, para sempre: os sírio-libaneses viraram regatões, os japoneses foram plantar pimenta-do-reino, e a dona Josefa, filha de chineses, está morando até hoje em uma modesta casinha de Novo Airão... Não se pode, portanto, sob risco de se cair em um regionalismo xenófobo, tratar o tema dos imigrantes do mesmo modo com que se analisa o tema dos investimentos do grande capital, só pelo fato de ambos serem estrangeiros.

O que se deve perceber, isto sim, é que, na história do baixo rio Negro, as palavras autóctone, forasteiro e alienígena devem ser utilizadas com uma certa cautela. Afinal, os sírios e os libaneses que moravam em Manaus em 1905 eram tão estrangeiros quanto os portugueses da casa aviadora J. G. Araújo! Achar que os chineses são uma espécie de intrusos, por terem vindo de fora, é se esquecer que toda a Amazônia foi conquistada — a ferro e fogo — por gente vinda de fora, do Entre Douro e Minho, ou do Tejo... Gente que não falava tupi, nem aruak, mas sim uma língua que veio de fora, de um outro continente (Europa), a língua portuguesa. Ou a língua castelhana, no caso de outras áreas amazônicas. Se seguíssemos um raciocínio xenófobo, chegaríamos a um beco sem saída, pois também teríamos de considerar todos os negros como estrangeiros, pois têm origem em outro continente (a África). Desse absurdo historiográfico não escapariam nem os tapuios deculturados que falavam o nheengatu, pois o nheengatu, como bem diz o lingüista Aryon Dall'Igna Rodrigues,[30] não era língua original de nenhum povo indígena, tendo sido criada pelos conquistadores na Amazônia. Até mesmo alguns povos indígenas do rio Negro daquela época não eram dali, não eram "da terra", pois foram trazidos à força, para o rio Negro, pelos colonialistas, através dos descimentos. Era o caso dos Jurupixuna, que Alexandre Rodrigues Ferreira visitou, no final do século XVIII, nas imediações de Santa Isabel, cuja terra de origem era o rio Puruí, afluente do alto Japurá. Ora, entre o Puruí e Santa Isabel do rio Negro, há uma distância, através de rios amazônicos, tão grande quanto aquela que separa Angola de Moçambique...

Na verdade — e essa é a trágica realidade histórica do Amazonas —, os autóctones no baixo rio Negro foram exterminados pela violência do processo de conquista e colonização: não há mais nenhum índio Manao em Manaus e em Barcelos; não há mais nenhum índio Juma no rio Unini. Quanto aos índios Tarumã, cujo aldeamento está na origem do Airão, se alguém quiser encontrá-los, tem de ir à antiga Guiana Inglesa, para onde eles foram forçados a emigrar... Esses índios Tarumã são os mais antigos exilados do Brasil, estão longe de suas terras há mais de duzentos anos, e ninguém se lembra mais deles.

Os únicos, entre os autóctones, que continuaram resistindo, no baixo rio Negro, foram os Waimiri-Atroari, que em 1968, por ocasião da

---

30 Aryon Dall'Igna Rodrigues, *Línguas brasileiras: Para o conhecimento das línguas indígenas*, São Paulo, Loyola, 1986.

construção da rodovia que liga Manaus a Boa Vista (Roraima), ainda enfrentavam os brancos com armas na mão. Todos os demais, no baixo rio Negro, vivem, desde meados do século XIX, como índios destribalizados ou caboclos ribeirinhos, esse longo e doloroso desgarrar-se, do qual nasceram muitos dos atuais moradores dos rios Unini, Jaú, Pauini e Carabinani. Desgarrar significa exatamente isso: extraviar-se, perder o rumo. As miragens da *belle époque* se esfumaram, nos anos 1920, e todos — seringalistas, seringueiros e ribeirinhos em geral — perceberam que Manaus não era a Paris dos trópicos... E que os ingleses só se associam às burguesias locais enquanto têm interesse nisso!

Desgarre, desplante, extravagância, tudo isso havia em Manaus em 1910. Já nas décadas de 20 e 30 do século XX, só restavam lembranças, reminiscências. Cantigas desgarradas, que ainda foram cantadas até 1964, quando a cidade — Airão já havia sido elevada à categoria de sede do novo município, desmembrado do município de Manaus — exauriu-se, definitivamente, com a rua Occidental se cobrindo de mato, cada vez mais, daí por diante, até se transformar — descontinuidade histórica? — no monte de ruínas que Juán Pratginestós fotografou,[31] comigo e com George Rebelo, em 1994.

O que mais me impressiona nesse desgarrar-se, fruto de tantas miragens, é que a rua que, no passado, os barões da borracha batizaram com o nome de rua Occidental — vapores modernos chegando ao rio Jaú, homens trajando casimira preta no Airão, *cognac* francês na lista de encomendas para J. G. Araújo —, começava na Rua Silvério Nery — a rua dos portos e da beira-rio — e terminava no cemitério...

É como se a modernidade tivesse intuído seu fim, no Airão. A máquina a vapor dos barcos que levavam borracha para a indústria de pneumáticos — ligada à moderna indústria automobilística, na Europa e nos Estados Unidos — era o maior símbolo da Revolução Industrial, que tantas esperanças despertara, de mudança para melhor na história da humanidade. Ali naquele pedaço do Amazonas, no entanto, tudo terminou em ruína. Ruína para os índios Tarumã, e ruína também para os

---

31 As fotos de Juan Pratginestós fazem parte dos anexos deste livro.

paraibanos de Mamanguape — os Bezerra —, com toda a rua Occidental se recobrindo de verde, como se essa fosse a sua sina. Há um ditado caboclo,[32] no Amazonas, que diz que *Deus é grande, mas o mato é maior...* Terá sido assim na história das relações do homem com a natureza no Airão?

Como a formação do Estado brasileiro, no período 1808-1824, foi realizada à sombra do capital inglês e, em algumas regiões, sob sua égide direta — com intervenção militar inglesa no Pará, por exemplo —, a independência daí resultante foi extremamente contraditória, consagrando, no plano político, a transferência do poder — até então exercido por funcionários da Coroa portuguesa — para as oligarquias rurais e comerciantes locais. Estes, no antigo Pará — que englobava o atual Amazonas — eram, eles próprios, portugueses, na maioria dos casos. No plano das relações de produção, essa independência *sui generis* consolidou o latifúndio e subordinou o mercado do novo Estado brasileiro às necessidades do capitalismo britânico, reforçando, assim, as tendências já claramente delineadas, para o Brasil todo, desde o Tratado de 1810.

Disso resultou um desenvolvimento orgânico — embora extremamente fragmentado — das relações capitalistas de produção, sobretudo no Sudeste, no Sul e no Nordeste, onde foram surgindo, com lentidão, na segunda metade do século XIX, alguns industriais, banqueiros e construtores de ferrovias. Esse movimento em parte autônomo, possibilitado, principalmente, pela acumulação cafeeira, foi, porém, sendo estancado, no início do século XX, com a plena configuração da era dos monopólios e do capital financeiro. Enquanto isso ocorria nas regiões mencionadas, na Amazônia as elites locais permaneceram muito mais vinculadas e dependentes do capital inglês, inclusive durante o *boom* da borracha. Em Belém e Manaus, a burguesia local surgiu e se manteve graças ao mercantilismo, como intermediária entre os capitalistas estrangeiros e a massa da população local. Mesmo quando enriquecia — e isso foi freqüente entre 1880 e 1914 —, seu grau de autonomia em rela-

---

32 Citado por Almir Diniz de Carvalho Júnior em texto inédito sobre a firma J. G. Araújo, intitulado *O império dos Araújo sob a atmosfera da selva: Uma história de empresa*, Manaus, 1996.

ção aos projetos do grande capital inglês era mínimo, o que dava um caráter muito limitado às suas iniciativas no decorrer do processo de acumulação.

Por outro lado, quando se observa esse mesmo período histórico (1880-1914) por um outro ângulo, muitas nuances têm de ser introduzidas. Quando o historiador analisa a Amazônia a partir dos seringais do Jaú, por exemplo, acaba verificando a presença, mesmo após 1900, de uma singular combinação de formas sociais consideradas mais desenvolvidas — navegação a vapor, crédito, importação e exportação — com numerosas formas pré-capitalistas de organização da produção, tanto nos seringais e barracões do Pauini e do Carabinani, como no próprio povoado do Airão. No entanto, o fato de inúmeros ribeirinhos dos altos rios e caboclos de igarapés mais isolados terem vivido à margem do processo de desenvolvimento das relações capitalistas não deve nos levar ao erro interpretativo de considerá-los em um outro regime, vinculados a um outro "modo de produção", porque se operou, permanentemente, uma centralização do trabalho excedente, em todas as suas formas, em proveito do capital financeiro internacional e das casas aviadoras de Manaus a ele associadas, principalmente, no caso do Jaú, a firma J. G. Araújo.

Foi justamente esse caráter extremamente irregular e volúvel do crescimento econômico do Airão que procurei apreender e apresentar nas páginas anteriores. Suas desigualdades não podem ser bem avaliadas, a não ser que se utilizem dois parâmetros, ou ângulos de observação, simultaneamente: 1º) o da acumulação, que parte do trabalho excedente, no Jaú, e vai até a Europa e os Estados Unidos, passando pelo Airão e por Manaus; 2º) o da hierarquia, ângulo ainda mais importante quando a análise recair sobre o próprio Jaú e a vida nos seringais, pois tem a ver com as relações pessoais, decorrentes de inúmeros fatores étnicos — variando do tapuio ao negro, chinês, nordestino e branco português — e psicossociais — compadrio, favorecimento no escambo, crédito personalizado por apadrinhamento etc. Nenhum daqueles dois parâmetros, ou métodos de abordagem, aplicados isoladamente — acumulação ou hierarquia — consegue dar um resultado satisfatório, a tal ponto foi *sui generis* o *boom* da borracha no baixo rio Negro e no interior do antigo município de Manaus. Monopólio e controle combinaram-se com favores particulares, fidelidades ao coronel, festas de batizado, artimanhas eleitorais, bajulações na oratória e outros procedimentos e hábitos vindos do fundo do antigo regime das missões carmelitanas, ou do diretório pombalino — ou, ainda, das truculências repressivas ocorridas no pós-Cabanagem. E somente assim, fugindo das simplificações, poderemos entender como foi possível a permanência, no Jaú e no Unini, de antigas relações sociais, herdadas da Colônia, em plena era do capital financeiro.

8

FOTOGRAFIAS DE UM FIM

Como o meu primeiro contato com o rio Jaú foi feito por meio da linguagem da fotografia, do cinema e do vídeo — eu escrevi o roteiro de um documentário chamado *Talismã*,[1] sobre o Parque Nacional do Jaú, em 1994 —, quero utilizar agora, nos dois últimos capítulos deste livro, ao lado das fontes escritas que venho utilizando desde o começo deste ensaio — bibliografia amazônica e cartas do acervo J. G. Araújo —, algumas fontes visuais. Entre estas, tenho duas fotografias do Airão, uma de 1913 e outra de 1924, e dez horas de gravações em vídeo, feitas por Bento Vianna para o documentário *Talismã*, com uma câmera Betacam SP, no Jaú, incluindo cenas áreas, obtidas graças a um helicóptero da Petrobrás.

As duas fotos fazem parte dos anexos deste livro. Observando-as com atenção, o leitor verificará que a povoação de Airão havia entrado em mais um processo de arruinamento, nesses onze anos que separam a foto de 1913 da foto de 1924, pois dá para perceber, visualmente, que algumas casas já haviam desaparecido.

A foto de 1913 foi tirada por um membro da expedição Carlos Chagas, que passou pelo rio Negro naquele ano, estudando doenças tropicais. O fotógrafo estava dentro de alguma embarcação, navegando pelo rio Negro, a uns 150 metros da margem direita, na qual se vê o Airão. A foto de 1924 é uma foto aérea, feita por um membro da expedição Hamilton Rice.[2] Esta expedição deixou Manaus no dia 20 de agosto de 1924, com destino ao alto rio Branco e ao Uraricoera, a bordo de um vapor fretado, o Paraíba. Demoraram-se alguns dias em Carvoeiro, an-

---

1 *Talismã*, vídeo-documentário sobre o Parque Nacional do Jaú, direção de Sérgio W. Bernardes, música de Guilherme Vaz e roteiro de Victor Leonardi, patrocínio do World Wildlife Fund — WWF, 1994.

2 Alexander Hamilton Rice, *Exploração na Guiana Brasileira*, Belo Horizonte, Itatiaia, 1978.

tes de iniciar a subida do rio Branco. Acompanhando o barco e a chalupa, Rice levava um hidroavião, pilotado por Hinton. Theodor Koch-Grünberg, que havia atingido o Uraricoera em 1911, fazia parte dessa expedição de 1924, e acabou falecendo, poucos dias depois, em um local chamado Vista Alegre, ponto comercial da firma J. G. Araújo. Essa foto foi feita, portanto, em agosto de 1924, por alguém que estava a bordo do hidroavião Curtiss Sea-gull. Como a foto de 1913 foi feita no último ano de prosperidade do comércio da borracha, é razoável supor que esse tenha sido o tamanho máximo atingido pela povoação de Airão. Já a foto de 1924, na qual faltam várias casas, foi feita em pleno período das vacas magras. O rápido desaparecimento — no espaço de apenas onze anos — dessas casas mostra como o esplendor da época da borracha foi muito relativo: o material de construção utilizado naquelas casas que desapareceram devia ser de má qualidade, pois a ação do clima e da chuva, sozinhos, não explicam a rapidez de seu desaparecimento — prova disso era a solidez dos muros de pedra da igreja de Santo Elias, construída em 1702.

Naquele ano de 1924, os Bezerra já haviam se tornado os homens fortes do Airão, não havendo mais notícias dos Vianna, que, nos anos de 1880 e 1890, haviam sido os comerciantes mais ricos dessa povoação. Em uma relação de proprietários de terra dos rios Jaú e Carabinani feita no ano de 1901, ainda consta o nome de um membro dos Vianna, chamado Cláudio Marques Vianna, no rio Jaú. Dessa mesma relação, não consta o nome dos Bezerra. Os primeiros membros dessa família paraibana chegaram ao Airão em 1900: Pedro Bezerra, João Bezerra e José Bezerra. Este último era pai de nosso principal depoente, senhor João Bezerra de Vasconcelos, enquanto o João Bezerra, de 1900, era pai do senhor Maurício Bezerra, que hoje é funcionário da prefeitura de Novo Airão. Seis anos depois da chegada desses três primeiros membros da família, um outro irmão, Francisco Bezerra de Vasconcelos, também emigrou de Mamanguape (Paraíba) para o Airão. Foi esse Francisco que acabou se tornando, com o passar do tempo, o homem forte do Jaú, sobre o qual contam tantas histórias e lendas, até hoje, naquele trecho do baixo rio Negro: atos de mandonismo local, truculências de coronel de barranco, generosidades desmedidas — adotou ou criou muitos filhos de seringueiros mortos pela malária no Jaú e no Carabinani — e, até mesmo, casos de assombração, pois, dizem, três dias depois de morto e enterrado, no cemitério do Airão, arrebentou seu túmulo e se transformou em dragão... É curiosa essa lenda, que me foi contada e repetida por várias pessoas de Novo Airão e da foz do Jaú, pois o dragão é uma figura muito associada ao Oriente e à mitologia chinesa, sendo paradoxal, portanto, encontrar um dragão no fim da rua Occidental... Ou será essa, justamente, a ambivalência que todo mito possui?

O hino do Airão, escrito em 1940 pela professora Waldemarina, que era ensinado na escola e cantado nas datas cívicas, mostra muito bem aquela transformação do comerciante Francisco no coronel Francisco Bezerra, ocorrida no decorrer dos anos 1920 e 1930. Neste hino, provinciano e ingênuo, o nome de Airão confunde-se, ou vira sinônimo, do nome Bezerra. Diz a letra: *Fizemos de Airão / Um pedacinho do Brasil querido / Airão esquecido / Tu hás de ser no Brasil / Um grande zelo / Pois então / Viva Airão / Viva sua população / E seu chefe Bezerra de Vasconcelos.*

É mais difícil falar sobre o Airão de 1920 e 1930 do que sobre o Airão das duas décadas anteriores, pois as cartas começam a rarear no acervo J. G. Araújo. Encontrei apenas quatro cartas de 1938, escritas por Napoleão Soares. Nessa correspondência, ele fez uma espécie de relatório, para J. G. Araújo & Companhia, dos negócios e possibilidades de negócios, e fala da castanha no rio Unini com um certo otimismo. Como estavam em plena época das vacas magras, é natural que estivessem todos buscando novas alternativas, no extrativismo do baixo rio Negro, para substituir a borracha. Napoleão Soares, na primeira carta, de 10 de abril de 1938, escrita em Moura, falando da castanha do Unini, diz o seguinte:

> Ainda não tenho elementos para informações precisas sobre as possibilidades da safra, entretanto, consoante opinião de todos aqui, há possibilidades mais favoráveis para este ano (...) Tenho a bordo apenas 30 hectolitros.[3]

---

3 Napoleão Soares, carta datada de 18 de abril de 1938, acervo J. G. Araújo, Museu Amazônico.

No dia 22 de abril, escreve novamente para Manaus dizendo:

> Realizei satisfatoriamente a minha primeira viagem ao rio Unini, de onde trouxe 500 hectolitros de castanha. Devo esclarecer-lhes que é muito animadora a safra anual neste rio, já pelo fato de alguns fregueses não terem podido entregar a castanha conseguida, por deficiência de transporte (...).[4]

Na carta de 1º de maio, Napoleão Soares refere-se novamente à castanha — remeteu 562 hectolitros pela alvarenga Tapuia — e, pela primeira vez, à balata e aos "couros", sem mencionar de que tipo de animal eram aqueles couros. Como na região de Moura e Carvoeiro havia muitos caçadores dedicados à produção e venda de couro de jacaré, é provável que Napoleão Soares estivesse se referindo a eles. Essa atividade, feita de forma desordenada e predatória, já havia provocado sérios conflitos entre esses caçadores e os índios Waimiri-Atroari, da margem esquerda do Negro, e acabou resultando no terrível massacre de 1949, no qual 72 índios foram barbaramente trucidados por caçadores de jacaré. Na última carta, do dia 14 de maio de 1938, Napoleão Soares anuncia o envio de mais 291 hectolitros de castanha. Como se percebe, antigos produtos do extrativismo amazônico, como a castanha e a balata, relegados a um segundo plano durante a *belle époque* — ou que simplesmente desapareceram da pauta de exportação —, voltam a ser buscados e valorizados após a crise da borracha.

A referência à deficiência de transportes, na carta de Napoleão Soares, mostra como em 1938 o isolamento dos ribeirinhos do Unini havia aumentado. Se, por um lado, isso revelava uma queda no ritmo de comércio do baixo rio Negro, isso expressava, também, uma espécie de retorno a formas autárcicas anteriores de sobrevivência cabocla, na pacata e longínqua solidão dos altos rios — Unini, Jaú, Carabinani —, onde a economia de subsistência voltou a predominar.

Na ausência de documentos escritos, só uma futura pesquisa baseada em técnicas de história oral poderá reconstituir com mais precisão o quadro sócio-cultural do vale do Jaú após a retirada de centenas de nor-

---

4 Napoleão Soares, carta datada de 22 de abril de 1938, acervo J. G. Araújo, Museu Amazônico.

destinos entre 1914 e 1924. Desde já, porém, deixo registrado aqui o nome de duas famílias cearenses muito antigas: a dos Cordeiro, do rio Carabinani, que moravam em um lugar chamado Canauiri — perto do lago do Patauá —, descendentes do velho José Cordeiro, e a de Manuel Viriato, cearense de Quixadá, que morava no Unini. Esses dois nordestinos não voltaram para seus estados de origem, após a crise da borracha, e permaneceram para sempre na região, sendo muito possível que seus descendentes hoje habitem terras do Parque Nacional do Jaú.

Nos vales do Jaú e do Carabinani, moravam milhares de pessoas na época da grande euforia produzida pela borracha. Poucos ribeirinhos, entretanto, tiveram a preocupação de registrar suas terras em cartório. Só os grandes proprietários faziam isso. Além daqueles citados em capítulos anteriores, cito agora mais seis, cujos nomes aparecem nos registros cartoriais de terras, do ano de 1901. São dois proprietários do Jaú — o já citado Cláudio Marques Vianna, do lugar Pereira, com 403 hectares, e José Maria de Campos, do lugar Taparu, com 658 hectares — e quatro proprietários do Carabinani: Francisco G. de Oliveira, que possuía 1.129 hectares no lugar chamado Prata e 1.415 hectares no lugar chamado Panelão; Luiz da Silva Coelho, que possuía 1.965 hectares no lugar chamado Lago Grande e 1.576 hectares no lugar chamado Sanduá; Manoel C. de Vasconcelos, com 480 hectares no lugar chamado Firmino; finalmente, Antônio de Amorim, com área não declarada, em uma propriedade que tinha aproximadamente 5 mil metros no rio Carabinani e título provisório concedido no dia 9 de janeiro de 1901.

As festas em homenagem a Santo Elias continuaram sendo realizadas após a crise da borracha, com levantamento de mastro, foguetes e demais rituais. Eram nove dias de festa — uma novena, como nas demais festas religiosas do baixo rio Negro —, culminando no dia 20 de julho, dia do santo padroeiro. Anísio Jobim, em seu livro *Três municípios amazonenses*,[5] deixou-nos uma descrição dessas festas do Airão. Embora não precise a data, é importante como depoimento, pois Jobim presenciou-as, nos anos em que foi juiz de direito da comarca do rio Negro, àquele tempo com sede em Moura. Diz ele:

---

[5] Anísio Jobim, *Três municípios amazonenses*, Manaus, 1961, p. 144.

> Surge o clarinete, o violão, a flauta, o bombo e a orquestra está feita; os pares volitam, ondeiam, voltejam, saracoteiam ao calor das bebidas. Depois a ceia do tambaqui, do matrinchão, do surubim, do tracajá, regada a aguardente. As damas se apresentavam a rigor da moda. Ninguém pense que as filhas do rio Negro, as cunhãs, as cunhatãs, não gostam da moda. Procuram sondar os figurinos, saber dos vestidos modernos, das filigranas, dos enfeites. Todas gostam de arrecadas, transelins, pulseiras, cabelo curto, ademanas, pós, fugina nos lábios, cheiros sensuais e alucinantes de pacova-catinga, de puxuri, do cumaru (...).[6]

Quanto aos ritmos, diz Jobim: "Hoje é a polca, a valsa, o tango requebrado, a ciranda, a quadrilha, que agitam a massa nos bailes, nas festas chamadas de sítio".[7]

Para além de seu conteúdo religioso — muito antigo, ligado ao tempo da missão carmelitana —, a festa de Santo Elias tinha um aspecto profano com importante significado cultural, pois era o único momento do ano em que os habitantes de Airão se reuniam com os moradores dos lugares e igarapés do vale do Jaú. Os caboclos ribeirinhos vinham de longe, remando, com a família toda, e ficavam arranchados nas periferias do Airão, dormindo em redes e conversando o dia todo. Essa troca de experiências e informações — sobre extrativismo, pesca, bichos de casco, jacarés, política — só era possível nos dias da novena de Santo Elias. No restante do ano, os moradores de uma pequena comunidade do Pauini, por exemplo, dificilmente poderiam encontrar moradores do alto Carabinani, distantes dois ou três dias de viagem em canoa. A extinção da cidade de Airão, em 1964, tornou o isolamento dos ribeirinhos do Jaú ainda maior, pois privou-os do único momento de congraçamento generalizado: a festa de Santo Elias, no mês de julho. Outras atividades substitutivas e festivas podem ter sido criadas, na foz do Jaú, mas não devem ter a força da tradição da de Santo Elias, que vinha do final do século XVII. A imagem do padroeiro foi levada, pelos últimos moradores, para a cidade de Novo Airão, distante cem quilômetros, onde até hoje se encontra, na igreja local. Pude observá-la em 1995. Em algum momento deve ter caído, pois há sinais de restauração recente.

---

[6] Anísio Jobim, op. cit., p. 144.

[7] Idem, p. 144.

A escola de Airão também fez muita falta, pois nela eram alfabetizados não só os filhos dos moradores da povoação, como, também, muitas vezes, filhos de moradores do Carabinani e do Jaú. Mediante um complexo sistema psicossocial de compadrio, que gerava obrigações e expectativas de direito em ambas as partes, alguns homens que trabalhavam nos altos e médios cursos desses rios — associados aos comerciantes de Airão ou a serviço deles — conseguiam, graças ao apoio de seus compadres urbanos, mandar seus filhos para a escolinha dessa povoação. O mesmo processo se dava entre Airão e Manaus, com os comerciantes mais ricos da primeira localidade mandando, às vezes, um filho estudar na capital, com apoio e proteção de J. G. Araújo, como fizeram os Vianna em janeiro de 1886, quando o pequeno Jerônimo Vianna quis prosseguir seus estudos.

Uma grande dispersão

A primeira referência a uma escola pública no Airão é de 1884, com dezesseis alunos, conforme se vê nos relatórios de Teodoreto Carlos de Faria Souto, presidente da província. Tudo indica que o primeiro professor foi o comerciante José Gonçalves Bahia, pois há um documento escrito, de 1887, em que este pede sua exoneração do cargo, sendo nomeado, como novo professor, o senhor Joaquim Rodrigues Collares, que também era comerciante no Airão. A partir de 1888, a escola se dividiu em duas, a do sexo masculino e a do sexo feminino, seguindo um modelo geral para todo o Amazonas, sendo nomeado, por concurso público, o senhor Manoel Cavalcanti de Albuquerque Vasconcelos professor efetivo da escola do sexo masculino. Só em janeiro de 1902, seria nomeada a professora efetiva da escola do sexo feminino, dona Antônia do Espírito Santo, recém-chegada de Anamã. Como em 1903 a professora Cesarina Berger das Neves pediu licença por 90 dias para tratamento de interesse particular, não havendo, porém, registro algum, anterior, de sua nomeação, fica-se sem saber se a primeira professora do Airão foi Antônia do Espírito Santo ou Cesarina Berger das Neves. Olímpia Cândida de Matos também fora nomeada professora de Airão em 28 de abril de 1902, mas pediu para ser removida para Anamã em 19 de maio de 1903, ficando em seu lugar a referida Antônia do Espírito Santo, que vinha de Anamã.

Esses nomes de professores não estão sendo aqui lembrados de forma aleatória, mas sim porque mostram que o Airão só conseguiu criar sua primeira escola pública muito tempo depois de Tauapessassu, e esse fato merece ser analisado. Tauapessassu já contava com professor do sexo masculino em 1873, o senhor Antônio da Cunha Mendes, nomeado no dia 27 de outubro, ou seja, nove anos antes da nomeação do primeiro professor do Airão. Quanto à primeira professora de Tauapessassu, foi dona Hortência Ermelinda da Silva Cruz, nomeada em 1877 para a cadeira do sexo feminino, ou seja, 25 anos antes da nomeação da primeira professora de Airão! Tanto Tauapessassu como Airão pertenciam ao município de Manaus, mas a primeira povoação estava muito mais próxima da sede do município — a metade da distância de Airão para Manaus —, o que devia tornar mais freqüentes os contatos com as autoridades municipais. Mas, sobretudo, essa defasagem parece indicar uma maior facilidade para os assuntos da política, por parte dos comerciantes e proprietários de Tauapessassu. Observe-se, por exemplo, que Tauapessassu teve subdelegado e juiz de paz a partir de 1860 — na sua cadeia já havia quatro presos em 1861, dois por homicídio —, enquanto Airão só teve as mesmas autoridades depois de 1868. A rigidez política do Airão iria se tornar ainda maior após a crise da borracha, de 1914 em diante. É interessante perceber, contudo, como, desde muito antes da rivalidade entre as duas povoações, predispunha-se Tauapessassu a assumir a frente em questões político-administrativas, e esse é um elemento a mais para nos ajudar a entender o fim do Airão, em 1964, e a continuidade de Tauapessassu, que passou a se chamar Novo Airão, acabando por se tornar sede do novo município, desmembrado do município de Manaus em 1955.

Tive a satisfação de poder entrevistar, em 1995, a última professora do Airão, dona Maria da Glória Bezerra, hoje aposentada e residente em Novo Airão. Essa senhora possui, em seu álbum de família, uma coleção de fotos antigas do Airão. Juán Pratginestós reproduziu essas fotos. Uma delas, que tenho agora diante de mim, mostra essa professora diante da escola, com seus alunos. Deve ter sido tirada por volta de 1950. Não há, naqueles olhares que a câmera fixou para sempre, nem sombra de uma possível suspeita do fim que se avizinhava. Ninguém ali — professora e alunos — parecia perceber que estavam vivendo uma espécie de reta final em direção ao nada.

Dois anos depois dessa entrevista que tive com ela, dona Maria da Glória foi entrevistada por uma equipe de televisão que preparava uma reportagem sobre as ruínas do Airão para o programa Fantástico.[8] Depois de ter dado seu depoimento, a professora cantou uma pequena canção, de sua própria autoria, que costumava ser cantada por ela e por seus alunos, lá nos idos de 1950. Essa canção me emocionou. Não tanto pelo conteúdo da letra, mas pelo fato de estarmos ali diante dos únicos bens duráveis que a história de Airão nos deixou: algumas fotografias amarelecidas pelo tempo, em um álbum de família interiorano, e a memória de dona Glória, que ainda tinha voz e energia para cantar uns versos que diziam que o lema "da escolinha de Santo Elias do Airão" era aprender "com perfeição"... Se dependesse desses jovens e dessa professora, é, de fato, bem provável que o arruinamento do Airão nunca chegasse a ser irreversível. Mas essas crianças não tinham poder de decisão. Portanto, para quem vê hoje, *a posteriori*, o começo do fim do Velho Airão, fica a pergunta: por que é que Tauapessassu não conheceu o mesmo destino, embora tenha tido uma história muito semelhante?

Tenho agora diante de mim outras fotos, de pessoas do Airão nos anos 1940. Em uma delas se vê o velho Francisco Bezerra, chefe político do Jaú e redondezas. Ele está de terno de linho branco, diante de um armazém de sua propriedade. A seu lado há vários empregados e carregadores, subindo ou descendo uma escadaria de cimento que vinha do lajeado — que servia de porto, no Airão — para o armazém. O rosto de Francisco é sério, impenetrável. Na foto seguinte, sua esposa, já idosa, com vestido preto e um grande colar de ouro no pescoço. Sua fisionomia é austera, e seus traços lembram o de uma matriarca portuguesa de tempos passados. Ambos deviam se sentir, um pouco, como se fossem os donos do lugar. E, de fato, historicamente, foram eles, na verdade, de 1920 em diante, que estiveram à frente do comércio, da política, do extrativismo e das festas de Airão. Essa centralização excessiva, aliás, foi uma das múltiplas causas do não-desenvolvimento da localidade. As pessoas se assustavam com aquele poder absoluto de Francisco Bezerra e passavam longe daquele barranco de rio...

---

8 Rede Globo de Televisão, Fantástico, 27.10.96.

Como todas essa imagens vieram de um álbum de uma professora, retomo agora o tema do ensino e da educação no baixo rio Negro e no interior do Amazonas de um modo geral. Educação e saúde contribuem, evidentemente, para o bem-estar de uma povoação. E, inversamente, as más condições de ensino e a alta incidência de doenças tropicais podem acelerar o fracasso de uma comunidade ribeirinha na Amazônia.

As más condições de ensino costumam decorrer da falta de verbas para a educação, ou despreparo dos professores. Mas a professora Glória Bezerra era muito competente, havia residido e estudado, durante anos, em Manaus e Sudeste do Brasil, e gostava de seu ofício. Por aí não vamos encontrar nenhum elemento interpretativo que nos ajude a compreender o lento estiolar da cidade de Airão. As razões desse solitário definhamento são outras, podendo até incluir a questão da escolaridade, mas não a ela se reduzir. Como estamos agora falando do ensino público, vejamos sua complexidade no interior do Amazonas no início do século XX.

Não encontrei nenhum documento de época específico sobre o ensino no baixo rio Negro. O texto que me serviu de base refere-se ao Amazonas como um todo, mas com certeza seus principais diagnósticos aplicam-se perfeitamente aos seringais do Jaú e às comunidades ribeirinhas do Pauini e do Carabinani. O texto foi redigido por José Francisco de Araújo Lima, da inspetoria de ensino, e anexado à mensagem do governador do Amazonas, coronel Antônio Clemente Ribeiro Bittencourt, lida em 10 de julho de 1910.

Araújo Lima, como inspetor de ensino, conhecia bem as escolinhas do interior do Amazonas. Suas conclusões me parecem precipitadas, mas suas observações precisam ser aqui retomadas, pois não se aplicam apenas à questão educacional. Começa ele dizendo que na Amazônia o problema da instrução no interior tem uma dificuldade suplementar, além daquelas enfrentadas nas demais regiões brasileiras, que é a vastidão territorial. Diz ele:

> Esta região originalíssima, cuja população, extremamente rarefeita, está disseminada em uma vastidão territorial incomparável, oferece, por isso, diminutos centros de população mais densa ao lado de inúmeros núcleos de insignificante população (...). Tais núcleos, nos seringais, são muitas vezes constituídos exclusivamente pelos habitantes de uma só barraca.

> Seria, em tais condições, indispensável, para atender a todas as exigências do ensino, estabelecer em cada barraca uma escola, o que é verdadeiramente impraticável.

Essa primeira observação de Araújo Lima[9] aplica-se perfeitamente às condições do Jaú e seus afluentes. Basta lembrar que, quando o município de Airão foi criado — Lei Estadual nº 99, de 19 de dezembro de 1955 —, desmembrado do de Manaus e com sede no Velho Airão, sua área era de 54 mil quilômetros, o que é superior a dos estados de Sergipe e Espírito Santo juntos! Ou, comparando-se com países europeus, bem maior que a superfície da Bélgica e de Luxemburgo juntas! Dá para perceber como, por mais que uma professora da escolinha do Airão se esforçasse, a questão educacional nos altos rios Pauini e Carabinani — três, quatro ou cinco dias de canoa para se chegar aos lugares e comunidades ribeirinhas mais distantes da foz do Jaú — continuou sem solução alguma, na época do relatório de Araújo Lima. Ora, se nenhuma solução pôde ser dada na época da borracha, o que não dizer da época das vacas magras?...

Voltando às observações feitas pelo inspetor de ensino em 1910, vemos que ele, em seu relatório, fala ainda do problema das alagações periódicas, provocadas pelas enchentes dos rios, que em alguns lugares interrompiam demoradamente o período letivo, pois tanto os domicílios como a escola eram invadidos pela água. Menciona ainda o êxodo sazonal, que fazia com que em certas épocas do ano toda a população abandonasse suas casas e escola, partindo para a extração da borracha, ou de outro produto do extrativismo. Nessas épocas, segundo ele, a freqüência, nas escolas, era nula.

As soluções indicadas por Araújo Lima eram inteligentes, mas nunca foram postas em prática — diversificação do período letivo; escolas móveis, à semelhança das missões médicas; concentração da população escolar em grandes internatos. Entretanto, permanece válida sua percepção do caráter singular da natureza amazônica, que conferia tanta

---

9 José Francisco de Araújo Lima, anexo nº 4 da mensagem de Antônio Clemente Bittencourt, de 10 de julho de 1910, coleção de *Relatórios de governadores do estado do Amazonas*.

especificidade ao problema da educação e da cultura na região. Com tantos rios, igarapés, igapós, lagos e paranás, espalhados por território vastíssimo, a Amazônia — "a mais caprichosa região da terra", dizia Araújo Lima, "com a mais singular sociedade humana que sobre ela se agita" — tem uma história social estreitamente vinculada à história ambiental. Araújo Lima cita Euclides da Cunha em seu relatório, chamando a atenção para o fenômeno da dispersão da população. Enquanto, em outras regiões do Brasil, a concentração da população é a tendência predominante, no interior do Amazonas é a dispersão, devido às próprias características da natureza na região, ou da atividade econômica em exercício. Nos seringais, por exemplo, a dispersão era obrigatória, como bem percebeu Euclides da Cunha, que dizia que, em tais paragens, o homem é um solitário.[10]

Esses homens solitários enfrentaram, de forma bem específica, singularmente amazônica, os vários problemas do vale do Jaú — educação, endemias, transporte —, encontrando soluções originais, às vezes, ou sucumbindo, quase sempre, como no caso da malária e do beribéri. Se, ainda hoje, alguns de seus descendentes se encontram nos vales do Jaú e do Unini — apesar da deculturação dos tapuios, apesar da repressão à Cabanagem, apesar da exploração desenfreada dos seringueiros na *belle époque*, apesar do desânimo do tempo das vacas magras —, essa permanência tem um sentido quase heróico... É inacreditável o grau de persistência e de perseverança desses caboclos de 60, 70 ou 80 anos de idade, que, nascidos no Jaú entre 1910 e 1930, ainda hoje lá estão, apesar de tudo. Nenhum projeto de proteção do meio ambiente, na região, pode desconhecer essa resistência extraordinária. Pelo contrário, as leis de proteção da natureza, no Parque Nacional do Jaú, deveriam levar em conta, também, além da flora e da fauna, a proteção desses seres humanos ribeirinhos, que nunca, até agora, foram protegidos pelo Estado brasileiro. Suas condições sanitárias e de educação deveriam fazer parte de qualquer projeto a ser implantado no Jaú, não sendo impossível — mediante um bom programa de educação ambiental — que eles acabem se

---

10 Euclides da Cunha, *Um paraíso perdido: Reunião dos ensaios amazônicos*, Petrópolis, Vozes, 1976.

transformando, de forma consciente, nos maiores defensores do meio ambiente no vale do rio no qual nasceram.

As últimas fotografias que tenho diante de mim foram feitas no cemitério do Airão. É a parte mais impressionante das ruínas do sítio histórico e arqueológico cujo tombamento está sendo proposto ao Instituto do Patrimônio Histórico e Artístico Nacional (IPHAN). Com a finalidade de observar a distribuição espacial dos jazigos nos séculos XIX e XX, as arqueólogas Tânia Andrade Lima e Catarina Eleonora Ferreira da Silva procederam a um levantamento preliminar da sua disposição, o que foi feito pelos topógrafos Pedro Moura dos Santos e José Luiz Almeida do Nascimento, da Secretaria de Meio Ambiente e Recursos Naturais Renováveis (SEMARN), e por Delano Ferraz Cunha, estudante do Departamento de História da Universidade de Brasília, que me acompanhou na viagem de 1995 às ruínas do Airão. As fotografias dos túmulos foram feitas por mim, que segui de perto esse trabalho, ou por Francisco Foot Hardman e Geraldo Sá Peixoto Pinheiro, que faziam parte da Expedição Amanaí II.

São fotos de um mundo que acabou. Não havia mais alunos à porta da escolinha do Airão — "para aprender com perfeição", com a professora Glória Bezerra —; não havia mais coronéis da borracha, de terno de linho branco, supervisionando a entrada e a saída de mercadorias de seu armazém; não havia mais a imagem de Santo Elias, na igreja dos carmelitas, e a segunda igreja restava inacabada; não havia mais senhoras idosas de colar de ouro no pescoço. No cemitério, só restaram nomes e cruzes. Nomes escritos sobre pedra mármore, em alguns casos, como o daquela jovem esposa, da família Vianna, falecida em 1886, um ano após seu casamento, com as "saudades eternas" de seu marido gravadas no epitáfio. Ou nomes escritos sobre o cimento, como o daquele telegrafista morto pelos índios Waimiri-Atroari, em 1945, na margem esquerda do rio Negro, e enterrado no Airão.

Espalhados pelo espaço que outrora foi o da cidade de Airão, sede do município de mesmo nome (de 54 mil km^2!), as arqueólogas só encontraram restos. Vestígios materiais de um cotidiano desaparecido para sempre: fragmentos de faianças finas, inglesas, em diferentes padrões; xícaras e pratos rasos de diferentes marcas — Maastricht, Petrus Regout —; garrafas de grés quebradas, portando marcas como Barrowfield e Pottery

Glasgow; gargalos, tampas e frascos de toucador, sendo alguns marcados — Kemp, New York, H. F. Peery. Tudo isso espalhado pelos quintais das casas, em uma grande dispersão, como as vidas amazônicas de outrora, de homens solitários, homens e mulheres do Jaú e do Carabinani, cantigas desgarradas: gente da antiga rua Occidental, para sempre coberta pelo mato.

9

MEMÓRIA DOS RIOS DE ÁGUA PRETA

Já sei de antemão que alguns leitores ou professores de teoria da história vão questionar esse título de capítulo, perguntando se rio tem memória e se não estaria eu, Victor Leonardi, levando um conceito da área das ciências do homem — a memória — para a hidrologia e a história natural?! Como a história não é uma ciência exata, como a matemática, nem uma arte tão livre como a ficção e a poesia — embora tenha um tipo de afinidade muito especial com a literatura —, eu, nesse terreno intermédio, pluridimensional e criativo, sinto-me no direito de falar da memória do rio Jaú, pois, afinal, as metáforas e imagens verbais possuem o dom de pôr em evidência alguns pormenores do tema estudado... Essa técnica, como bem observou Eduardo Peñuela Cañizal[1] (diretor da Escola de Comunicação e Artes da Universidade de São Paulo), é cinematográfica, embora aparentada com o haicai e com as kasidas arábigo-andaluzas: uma espécie de "metáfora astuta", ou de "atrevimento" de quem tenta abordar o indefinível. Quando utilizada dessa forma, a própria palavra *decadência* não precisa ser, necessariamente, evitada, nem a palavra *morte*, quando se tratar da extinção de uma cidade — lembrei-me agora das *cidades mortas* de Monteiro Lobato —, pois nas metáforas verbais se insinuam ricas e expressivas configurações iconográficas, que só ajudam o historiador a apreender seu objeto de estudo por novos e inusitados ângulos.

Volto a utilizar, portanto, neste último capítulo, algumas fontes visuais, na esperança de que elas possam me ajudar a compreender melhor a história do vale do rio Jaú. Tenho aqui comigo, neste momento, várias fitas de vídeo, gravadas nas ruínas do Airão e no Jaú em 1994.

---

1 Eduardo Peñuela Cañizal, "Metáforas e regressão em obras de Buñuel e Picasso", in "Dossiê Palavra/Imagem", *Revista USP*, nº 16, dez/jan/fev 1992-1993, pp. 76-88.

Esse material foi em parte utilizado para a edição do *Talismã*, que trata do Parque Nacional do Jaú, e as imagens não utilizadas fazem parte do banco de imagens do cineasta Sérgio W. Bernardes. Tenho, ainda, um bom número de fitas utilizadas para a edição do vídeo *INPA 40 anos*, do qual também fui o roteirista. Muitas das imagens e entrevistas que essas fitas contêm foram gravadas no rio Jaú, pois vários pesquisadores do Instituto Nacional de Pesquisas da Amazônia (INPA) faziam, naquele ano de 1994, pesquisas científicas nesse rio. Posso, portanto, graças à moderna tecnologia do vídeo, ver e ouvir, inúmeras vezes, aquelas entrevistas com ecologistas, ictiólogos, ornitólogos e limnologistas, que fizemos naquela época. Posso, também, sem sair daqui, voltar a sobrevoar o vale do rio Jaú em helicóptero, subindo e descendo sobre o rio Carabinani, o rio Pauini, as ruínas do Airão e a foz do Jaú, como fez o *camera man* Bento Vianna há dois anos. Nessas condições, além de ser suporte para um trabalho de divulgação científica, o vídeo se torna, também, fonte audiovisual para a pesquisa, como se tornaram estas fitas a respeito do Jaú e de seus ribeirinhos — gravamos dezenas de entrevistas com caboclos desse rio. Embora as tecnologias do vídeo e do cinema sejam recentes, nós, que as utilizamos, estamos apenas reafirmando o interesse antigo que os naturalistas tinham pelas imagens e fontes iconográficas, bastando lembrar a presença do pintor Hercule Florence na equipe de Langsdorff, a do aquarelista Thomas Ender, no Rio de Janeiro, quando da chegada, em 1817, da expedição científica austríaca — Natterer, Pohl, Mikan — e os belos desenhos que acompanham a obra de Alexandre Rodrigues Ferreira.

Pois bem, graças a essas fontes audiovisuais, volto agora ao rio Jaú e converso, novamente, com um ictiólogo do INPA chamado Jansen Zuanon, como fiz em julho de 1994. Ele está explicando, aqui no meu televisor, que há peixes de águas profundas, no rio Negro, imediações da foz do rio Jaú, que ainda não são conhecidos dos ictiólogos, nem foram zoologicamente classificados. Para estudá-los, Jansen Zuanon utiliza um equipamento especial de captura — uma rede que atinge as profundezas do rio, onde essas espécies vivem, sem jamais subir à superfície — e é isso, exatamente, o que ele estava fazendo, naquele momento em que o entrevistei. Permanecemos cerca de duas horas no meio do rio, em um bote com motor de popa, e eu vivi, então, a estranha situação de ver, pela primeira vez, um pequeno ser vivo emergindo, aparecendo, ele também pela primeira vez, à luz do dia, diante de nós. Um fato novo para a história natural acabara de ocorrer diante de meus olhos. O conhecimento científico se expande assim, dessa maneira, com o esforço de pesquisadores como Jansen Zuanon, que estava agora voltando, molhado de suor e de água do rio Negro — o banzeiro era forte —, para o barco da Fundação Vitória Amazônica, ancorado na foz do rio Jaú.

Soube depois, em entrevista com a ictióloga Lúcia Py-Daniel, no INPA, e com os pesquisadores Francisco Colares e Fernando Rosas, do Departamento de Biologia Aquática do Instituto, que os ictiólogos que trabalham na Amazônia passam, freqüentemente, por situações como aquela vivida por Jansen Zuanon, pois é muito grande o número de espécies ainda desconhecidas vivendo nas águas dessa imensa região. A doutora Ilse Walker, que estuda o rio Negro e os rios de água preta em geral, explicou-me, que, em um só igarapé das proximidades de Manaus, o igarapé do Candiru, em um trecho de apenas dez quilômetros — estudado por pesquisadora que fez tese de mestrado sobre esse assunto —, há mais espécies de peixes do que em toda a Inglaterra e Irlanda juntas!

Talvez essa extraordinária diversidade seja fato sabido por todos os ictiólogos, mas, com certeza, não é do conhecimento de muitos historiadores, sociólogos e economistas que estudam o Brasil. Por isso, o vídeo é importante, pois ajuda a romper as barreiras que separam as ciências humanas das ciências da natureza e vice-versa. Mais que isso: ajuda a romper barreiras que separam e isolam os cientistas dentro da própria área das ciências da natureza! Depois de passar dois meses entrevistando diariamente pesquisadores de todos os departamentos do INPA para poder escrever o roteiro do vídeo comemorativo dos quarenta anos do Instituto, percebi que essa falta de comunicação e contato existia, de fato, embora nunca tenha sido planejada ou decidida por ninguém, mas por força, tão-somente, da especialização. Aumentou em mim, nesse momento, a convicção de que os estudos interdisciplinares são absolutamente necessários, sem prejuízo da especialização. Como pensar o vale do rio Jaú, por exemplo, para ficar apenas no tema deste livro, sem aproximar diversos tipos de abordagem, ou de métodos: o do botânico, o do ecologista, o do geólogo, o do zoólogo e outros, inclusive o do geógrafo, o do arqueólogo e o do historiador?

Minhas fontes visuais — que têm o vídeo como suporte — forneceram-me muitas outras informações sobre o vale do Jaú e a pesquisa científica na Amazônia. Infelizmente, não há espaço aqui para citar, sequer de passagem, trechos decisivos e fundamentais das entrevistas com Willian Rodrigues, Byron Albuquerque e Bruce Nelson, sobre botânica, com André Carvalhaes, sobre ornitologia, com Renato Cintra, Bruce Fosberg e Willian Magnusson, sobre ecologia, com Victor Py-Daniel, sobre entomologia, com Higuchi e Cavalcanti, sobre silvicultura, com Edson Lessi, sobre tecnologia de alimentos, com Ana Paula Barbosa, sobre madeira e outros produtos florestais. Não dá, também, para citar a entrevista — verdadeira aula expositiva em plena natureza — que o biólogo Leandro Valle Ferreira nos concedeu, nos igarapés Preto e Pretinho, afluentes do rio Jaú, onde aprendi, *in loco*, muita coisa sobre florestas de igapó e rios de água preta. Não posso mencionar, sequer, as longas explicações que o herpetólogo George Rebelo nos forneceu — até hoje gravadas em vídeo e conservadas, preciosamente — sobre jacarés, tracajás, jabutis, irapucas, cabeçudas, tartarugas e outros "bichos de casco", anônimos e ancestrais habitantes da Amazônia e do vale do rio Jaú!

O importante, aliás, não é a citação do pensamento desses cientistas de diferentes áreas. O trabalho multidisciplinar não visa a produzir um amálgama de diferentes discursos sobre a Amazônia. O que é importante perceber é que — quando as barreiras são derrubadas e as idéias começam a fluir livremente para além das áreas específicas dos departamentos e institutos universitários — cada um daqueles cientistas, em sua própria especialidade, consegue aprofundar ainda mais seus conhecimentos, graças a essa visão de conjunto que só se obtém por meio do debate transdisciplinar. Portanto, aqueles que evitam a compartimentação do conhecimento não são adeptos das generalidades, ou do tratamento superficial dos temas acadêmicos. Pelo contrário, são, a meu ver, aqueles que buscam o aprofundamento, o inusitado, o específico e o singular, na história ambiental e social da Amazônia, como quem busca encontrar peixes desconhecidos nas profundezas do grande e imenso rio Negro... A busca da profundidade é justamente isso, a procura da intimidade, do âmago, daquilo que vai além das aparências. Ora, quem não vê o todo corre sempre o risco de observar apenas uma das partes, que pode ser apenas a superfície, permanecendo, assim, distante da profundez!

O resultado do debate multidisciplinar, no meu caso, foi, como sempre, um livro de história. Minha contribuição é a do historiador, e nem poderia ser de outra maneira, pois não sou biólogo, nem antropólogo. Mas a transdisciplinaridade deu-me condições de pensar, agora, de forma muito mais sutil, o tema da memória. Se fizermos perguntas, como eu fiz, aos antigos moradores do Airão e aos ribeirinhos ainda residentes no Jaú, veremos que todos mantêm lembranças, mais ou menos intensas, de fatos históricos relativos aos anos 1950, 1940, 1930 e 1920, em suas dimensões locais, ou repercussões regionais. Para quase todos eles, a palavra "Airão" está associada ao "tempo dos Bezerra", isto é, ao período histórico posterior ao ano de 1900. Porém, nenhum dos entrevistados sabia dizer nada, com um mínimo de precisão, sobre os Vianna. Muitos nunca ouviram falar desses mandões locais, anteriores aos Bezerra, e "donos" do Airão no período 1880-1900. Quanto aos fatos mais remotos — presença de índios Mura, no Jaú, e Juma, no Unini —, nenhum dos entrevistados tinha informação alguma.

A conclusão, evidentemente, é que a memória do historiador — a palavra "memória" também significa narração, dissertação sobre assunto científico, relato de uma determinada vivência — não é idêntica à dos demais envolvidos com um tema. Na linguagem cotidiana, memória e lembrança se equivalem, e esquecimento é a perda da lembrança, mas o historiador, preocupado em trabalhar teoricamente com esses temas, tem de superar o senso comum. No baixo rio Negro, por exemplo, é comum ouvir a "explicação" de que o Airão acabou por causa das formigas! Ora, por mais atraente que seja o sabor literário dessa versão popular — que me faz pensar na Macondo, de García Márquez, que também acabou invadida por formigas, em *Cem anos de solidão*[2] —, ela não tem base suficiente para ser sustentada, unilateralmente pelo menos. Quando a Expedição Amanaí II passou pelas ruínas do Airão, em 1995, tínhamos, em nossa companhia, uma mirmecóloga do INPA, Ana Harada, que constatou a presença de vinte espécies de formiga no local, mas não em

---

[2] Gabriel García Márquez, *Cem anos de solidão*, Rio de Janeiro, Record, 44ª ed., 1996.

quantidade que pudesse justificar aquela versão reducionista — reducionismo mirmecófobo... No entanto, uma das pessoas entrevistadas por mim, senhor de idade nascido no Airão, recordava-se do grande aborrecimento causado pelas formigas, em determinada época, citando, até mesmo, o recurso prático encontrado pelas pessoas que iam capinar, para se proteger das formigas: envolver pés e tornozelos, até as canelas, com pano de estopa. É provável, portanto, que, em algum momento de sua longa história, o Airão tenha tido esse tipo de contratempo, mas, de forma alguma, as formigas, tomadas isoladamente, poderiam explicar o abandono completo de uma cidade por parte de seus moradores.

Outra versão muito popular é a da decadência do extrativismo na Amazônia — do extrativismo em geral, aí incluída a coleta de látex. Que essa "decadência", ou *débacle*, ocorrida após o fim da *belle époque*, contribuiu para o início do fim do Airão, disso não há dúvida, mas o risco de reducionismo também existe nessa versão. Reducionismo economicista, neste caso, pois tenta "explicar" o fim de uma povoação com base apenas em fatores como *concorrência* (inglesa), *produtividade* (baixa, no Amazonas) e *preços* (em queda livre após 1914), o que não explica nada, pois cabe perguntar, então, por que Tauapessassu não se extinguiu, tendo sido submetida às mesmas situações de crise? Alguma coisa a mais, além do afundamento da economia gumífera, precisa ser acrescentada, para que a história do Airão, em sua forma específica e singular, possa ser compreendida em seu melancólico fim.

Algumas pessoas que conhecem o Jaú há várias décadas — esta informação me foi transmitida pelo doutor Luís Carlos Joels, do INPA, professor de política ambiental — acham que o advento da era dos motores de explosão e de combustão interna (diesel), em substituição aos antigos barcos a vapor, acelerou o fim dos Bezerra, pois impossibilitou a manutenção, por mais tempo, daquele rígido esquema de monopólio e controle, típico de um mundo — dos coronéis de barranco — que foi se tornando anacrônico com o passar dos anos. Essa hipótese me parece muito interessante e deve, com certeza, ser incluída em um quadro interpretativo maior.

Existem outras dimensões, a meu ver, que não podem ser negligenciadas. Uma delas é política e se refere à falta de flexibilidade do velho

Francisco Bezerra e de seus seguidores para se adaptarem às novas conjunturas surgidas na Amazônia. Com o comportamento paternalístico e autoritário dos anos 1920, típico dos velhos coronéis, já não dava mais para resolver problemas nas décadas de 50 e 60 do século XX, quando o município de Airão foi criado... E a outra dimensão é cultural, e entra nessa história como uma espécie de pano de fundo. Refiro-me à falta de conhecimento, por parte das elites, nos anos 1940 e 1950, das principais características dos ecossistemas amazônicos sobre os quais trabalhavam. Os povos indígenas, em contextos sócio-culturais que lhes eram próprios, viveram de forma muito mais harmônica nesses ecossistemas. Contudo, esses povos foram exterminados (Manao) ou expulsos (Tarumã) da margem direita do baixo rio Negro, ou, então, passaram por profundos processos de deculturação (Tucum, Baré), dando como resultado os tapuios, destribalizados, e, logo depois, os caboclos regionais, os quais, apesar de semelhantes aos índios, na aparência, não pertencem mais às culturas indígenas. Essa ruptura, no plano cultural, embora lenta — secular —, gerou um desequilíbrio na relação dos homens com a natureza que a monocultura e a especialização excessiva da produção, na época da borracha, tornaram ainda mais acentuada.

O desconhecimento das principais características dos ecossistemas amazônicos pode ser observado nas aberrações praticadas em Rondônia e no Pará, nos anos 1960, 1970 e 1980 — desmatamento intenso, seguido de rápido empobrecimento do solo — e na ausência de preocupação, por parte dos governantes, de encontrar modelos de agricultura tropical diferentes dos modelos europeus, ou novas formas de extrativismo/silvicultura, compatíveis com a preservação do meio ambiente.

Finalmente, no que diz respeito à extinção do Airão, é preciso lembrar, ainda, que sua última grande crise — posterior a 1914 — não foi a única e que, para compreendê-la melhor, é necessário inseri-la em um quadro histórico comparativo mais amplo que inclua a grande crise anterior (1750-1860). Se assim procedermos, vamos conseguir reconstituir, em grande parte pelo menos, o quadro histórico concreto no interior do qual as forças desagregadoras começaram a desestruturar e a socavar a vida social dessa povoação. São fatores políticos, culturais, econômicos, tecnológicos e demográficos interagindo e atuando sobre o cotidiano e a psique de seus habitantes:

1. despovoamento do baixo rio Negro, provocado por muitas epidemias e descimentos freqüentes;

2. deslocamento do interesse português para áreas mais ao norte e mais a oeste;

3. perda de identidade cultural por parte dos índios aldeados, depois de meio século de catequese e deculturação;

4. secularização das aldeias e sua substituição por um regime (Diretório de Índios) ainda mais prejudicial e ineficiente;

5. mudança da capital de Barcelos para Manaus e isolamento progressivo do Airão;

6. conseqüências sócio-econômicas da Cabanagem;

7. inexistência de um produto — de origem vegetal, animal ou mineral — capaz de assegurar uma estabilidade mínima para a vida econômica entre 1750 e 1860;

8. inexistência de uma política que coibisse a violência e favorecesse a paz interétnica, ficando essas preocupações moderadoras entregues aos cuidados aleatórios deste ou daquele vigário, diretor ou governador mais sensível;

9. forma leviana e irresponsável com que foram gastos os lucros provenientes da borracha, sem investimentos em infra-estrutura e bens de produção;

10. ausência de soluções estatais para os graves e permanentes problemas de educação e saúde;

11. grande crise da borracha;

12. falta de flexibilidade e visão política por parte dos dirigentes locais, aferrados às velhas práticas coronelistas;

13. maiores e mais democráticas possibilidades de transporte com o advento da era dos motores de explosão e de combustão interna;

14. concorrência dos comerciantes e políticos de Tauapessassu/Novo Airão, mais adaptados às novas conjunturas e residindo em uma localidade muito mais próxima de Manaus do que o Velho Airão;

15. cansaço físico da população local, abatimento psicológico depois de tantos insucessos, com decisão, finalmente, de partir, em 1964.

Os que ficaram no Jaú

Eduardo Galvão, na época pesquisador do Museu Goeldi, de Belém do Pará, fez duas viagens ao rio Negro (1951 e 1954-55), deixando-nos muitas informações sobre a aculturação indígena no alto curso desse rio — e seus afluentes Uaupés e Içana —, mas nenhum depoimento sobre o baixo rio Negro e o vale do Jaú. Muitos anos antes, em 1928, Boanerges Lopes de Sousa também havia percorrido todo o rio Negro, mas só nos deixou, em seu livro, informações consistentes sobre o alto curso desse rio e apenas uma linha sobre o Airão — antiga aldeia do Jaú, em decadência".[3] Como os povos indígenas foram extintos ao longo de toda a margem direita do baixo rio Negro, onde se localizam Airão e Tauapessassu, e como as poucas viagens realizadas nesse período posterior à crise da borracha foram feitas por antropólogos e funcionários do Serviço de Proteção ao Índio, é compreensível que sejam raros os documentos escritos sobre o baixo curso e mais freqüentes sobre o alto curso do rio Negro e seus afluentes Uaupés e Içana, onde até hoje vivem vários povos indígenas — Tukano, Maku, Baré e outros.

Mesmo assim, a leitura do texto de Eduardo Galvão é interessante, pois contém informações que são comuns a todo o rio Negro no concernente à vida dos caboclos e índios aculturados. Os caboclos que ficaram no Jaú após a crise da borracha e, inclusive, após o abandono do Airão, pela maioria de seus habitantes, devem também ter vivido de forma semelhante — talvez não idêntica, mas semelhante — àquela descrita por Galvão: "Os materiais usados pela população rural não indígena são parte da herança tribal", diz ele:

> Na habitação, predominam a palha de ubim, caranã ou inajá, a paxiúba, os amarrilhos de envira ou cipós; as redes de dormir, de fabricação caseira, usando o algodão e o tucum; os utensílios domésticos como o pilão, as cabaças e cuias, o ralador de mandioca, o tipiti para espremer a massa, os peneiras e balaios; os aturás e jamaxins para o transporte às costas de cargas; as armadilhas de caça e de pesca; as técnicas de roça e plantas de cultivo, com predomínio da mandioca, os hábitos de alimenta-

---

3 Boanerges Lopes de Sousa, *Do rio Negro ao Orenoco: A terra, o homem*, Rio de Janeiro, Ministério da Agricultura, 1959, p. 13.

ção na base de beiju e de farinha de mandioca, o peixe moqueado, o piracuí ou farinha de peixe, o tucupi, a quinhampira, o arubé, a juquitaia (...).[4]

Prossegue Galvão, falando dos caboclos do rio Negro: "Os cocos de açaí, miriti, pupunha, a bacaba e as favas de ingá são os frutos mais procurados",[5] sendo comum o plantio dessas espécies nos sítios ou em capoeiras. Pacas e jacarés eram os animais mais caçados, embora estes últimos já estivessem se tornando raros (em 1951) "pelas freqüentes batidas de jacarezeiros".[6] Pescava-se de linha e anzol, e armadilhas. Variedades comuns à Amazônia: tucunaré, surubim, traíra, pacu e piranha. Quanto à cestaria, segundo Galvão, "apresenta atualmente pouca variedade de formas. São característicos os chamados balaios, cestos circulares e chatos de trançado sobreposto (*plaited*) de vários padrões (...)".[7]

Quarenta anos depois dessas viagens de Eduardo Galvão ao rio Negro, a Fundação Vitória Amazônica, em 1990, com apoio do World Wildlife Fund (WWF), Instituto Nacional de Pesquisas da Amazônia (INPA) e Fundação Nacional de Saúde (FNS), realizou uma série de entrevistas com moradores do Parque Nacional do Jaú. O resultado foi um documento intitulado *Levantamento sócio-econômico do Parque Nacional do Jaú*, no qual se reconhece que as populações tradicionais têm sido excluídas de eventuais benefícios que possam advir da implantação dessa unidade de conservação e que a conseqüência disso tem sido a piora na sua qualidade de vida.

A partir de 1992, a Fundação Vitória da Amazônica elaborou alguns questionários e deu início a uma série de pesquisas visando a um recenseamento completo dos moradores do parque e dos impactos de suas atividades sobre a biodiversidade. Os questionários objetivam: 1. estimar a população residente e mapear a sua distribuição; 2. diagnosticar o

---

4 Eduardo Galvão, "Aculturação indígena no rio Negro", Belém, Boletim do Museu Paraense Emílio Goeldi, setembro de 1959, p. 4.

5 Eduardo Galvão, op. cit., p. 27.

6 Idem, p. 27.

7 Ibidem, pp. 31-32.

funcionamento da economia dos moradores e os eventuais impactos decorrentes; 3. consultar os moradores sobre as possíveis soluções para a questão fundiária.

O Parque Nacional do Jaú foi criado em 1980, englobando terras do Jaú e do Unini, ou seja, terras cultivadas há trezentos anos. Sua população atual, segundo a pesquisa feita pela Fundação Vitória Amazônica,[8] é de 1.019 habitantes, reunidos em torno de aproximadamente 167 grupos domésticos. Além da partida de muitos nordestinos depois da crise da borracha em 1914 e da mudança de antigos moradores para outros municípios, com o fim do Airão em 1964, muitas outras famílias deixaram o Jaú em 1987, quando o antigo Instituto Brasileiro de Desenvolvimento Florestal (IBDF) proibiu a entrada de regatões no rio Jaú e cerceou a expansão dos cultivos de subsistência em áreas de floresta primária. Algumas dessas famílias acabaram se instalando no Conjunto Murici, construído pela prefeitura de Novo Airão. Os que ficaram no parque até hoje dedicam-se ao extrativismo vegetal — cipó-titica, cipó-de-timbó-açu, borracha, castanha, sorva, óleo de copaíba e madeiras, principalmente itaúba e acaricoara —, ao extrativismo animal — bichos de casco e peixes ornamentais —, à caça, à pesca e à produção de farinha de mandioca. O estudo dessa população ribeirinha atual está sendo muito bem feito, como se percebe pela simples leitura dos textos da Fundação Vitória Amazônica e do Instituto Brasileiro de Meio Ambiente e Recursos Naturais Renováveis (Ibama). Por isso mesmo, aqui se encerra a minha contribuição de historiador, que tinha por meta inicial reconstituir a história do Airão e do Jaú nos séculos anteriores e no início do século XX.

Gostaria de encerrá-la, porém, olhando novamente para as fontes visuais que tenho diante de mim: imagens de um Jaú visto do alto, filmado a partir de um helicóptero, um Jaú que os próprios ribeirinhos nunca viram, uma visão de conjunto, só possível lá do alto, voando ao lado dos pássaros — um casal de araras acompanhou, à distância, o helicóptero, em um determinado trecho —, indo da foz do Jaú para o Carabinani, e

---

8 Fundação Vitória Amazônica, *Os moradores do Parque Nacional do Jaú*, texto inédito, Manaus, 1993.

deste para o Pauini, várias vezes, e voando em círculo sobre pequenas comunidades, e antigos seringais, e velhos barracões, imagens do antigo e do novo, ou seja, da duração, da *durée*, sobre a qual Bergson tanto escreveu. Essa visão espacial de conjunto suscita, em minha memória, uma visão temporal de conjunto, com padres carmelitas aldeando índios Tarumã, no século XVII, com Alexandre Rodrigues Ferreira observando e anotando tudo a respeito do Airão, no século XVIII, e com revoltosos cabanos se refugiando no mato, após a terrível refrega de Tauapessassu, tudo isso vem à minha memória, ao lado de cenas da *belle époque*, com comerciantes vaidosos comprando casimira preta, ou bebendo Carlsberg, enquanto os vapores da *Amazon River* sobem e descem o rio Negro com porões abarrotados de borracha, borracha para as indústrias de Londres, ou de Nova York, e com índios Waimiri-Atroari olhando a cena, lá da margem esquerda, escondidos na floresta. Foi assim a história da terra e do homem no vale do rio Jaú, um dos mais belos rios amazônicos.

Esse sobrevôo do vale do rio Jaú me deu, inclusive, condições de visualizar os antigos e novos problemas da região. Também pode ser estranho, para muitos, que um "problema", por não ser um objeto material, possa ser visualizado por um historiador. Mas isso é apenas, mais uma vez, o senso comum, pois a visualização é, justamente, a transformação de conceitos abstratos em imagens realmente visíveis, ou mentalmente visíveis. Daí a importância do filme como documento, ou do vídeo como registro histórico e suporte de imagens em movimento: essa memória em celulóide, ou em fitas magnéticas, "reproduz o processo real — ainda que, às vezes, surrealisticamente — e passa a ser fonte de conhecimento sobre a vida",[9] como bem disse o professor Jorge Nóvoa, coordenador da Oficina Cinema-História da Universidade Federal da Bahia.

Aurélio Buarque de Holanda, em seu *Dicionário*,[10] define o senso comum como "um conjunto de opiniões tão geralmente aceitas em épo-

---

9 Jorge Nóvoa, "Apologia da relação Cinema-História", in "O olho da História", *Revista de História Contemporânea*, vol. 1, nº 1, p. 110.

10 Aurélio Buarque de Holanda Ferreira, *Novo dicionário da língua portuguesa*, Rio de Janeiro, Nova Fronteira, 1975.

ca determinada que as opiniões contrárias aparecem como aberrações individuais". Já os historiadores, por vício ou firme determinação, são aqueles pensadores que desconfiam das tais "opiniões tão geralmente aceitas em época determinada", relativizando sempre os conhecimentos que seus contemporâneos consideram definitivos. Entre 1890 e 1912, por exemplo, a idéia de progresso — inscrita na própria bandeira brasileira — levou o senso comum à falsa impressão de que tudo ia bem no mundo esvoaçante e farfalhante da *belle époque* dos coronéis de barranco. Faltava apenas um ano para a crise fazer despencar os preços da borracha e o modo de viver a ela associado, no entanto, em Manaus e no povoado do Airão, o homem impregnado de senso comum jurava de pés juntos que a prosperidade era eterna.

Esse mesmo homem devia estar convencido também, pois essa era a opinião da maioria em 1912, de que os antigos produtos do extrativismo local nunca mais iam se tornar meios de subsistência para os moradores do vale do rio Jaú, tal a importância da borracha na economia amazonense. Hoje, porém, oitenta anos depois, os ribeirinhos do Jaú e do Unini voltaram à castanha, ao breu, à sorva e ao óleo de copaíba...

Quando o senso comum impregnava um comerciante rico do Airão, em 1912, devia, certamente, induzi-lo o pensar em um futuro próspero para o povoado, com a rua Occidental cheia de sobrados bem construídos, e a população aumentando, e os bancos chegando, e os negócios rendendo cada vez mais. No entanto, oitenta anos depois, não há nada além de ruínas nesse povoado. Tudo que parecia certo e garantido tornou-se incerto e duvidoso no espaço de uma ou duas gerações. E é nisso, justamente, que o trabalho do historiador se distancia do senso comum — inclusive quando usa técnicas de história oral —: o historiador busca sempre atingir a totalidade contraditória, embora não subestime as partes, os fragmentos e as aparências.

Daqui do alto deste helicóptero, por exemplo, cujo acesso o vídeo me possibilita novamente — quantas vezes eu quiser! —, vejo uma paisagem deslumbrante, enquanto vou sobrevoando, imageticamente, a foz do rio Jaú e algumas ilhas do rio Negro. E penso, então, como historiador, no tema da paisagem. Vejo as árvores, a água e as rochas — há muita pedra nos arredores do Airão, algumas com inscrições rupestres, feitas há milênios, quando, na Amazônia, não havia ainda nenhum ocidental —, e lembro-me de ter lido o instigante livro de Simon Schama,[11] que diz, com muita sutileza, falando do tema "paisagem", que sempre houve dois tipos de arcádia: uma tumultuada e outra tranqüila. A primeira, lugar de ócio bucólico; a segunda, lugar de pânico primitivo. E fico pensando, então, de que maneira um roteirista de cinema deveria apresentar a vida no vale do rio Jaú, se o Jaú foi tudo isso simultaneamente ao longo de sua história. Uma história ao mesmo tempo sombria e luminosa. Sombria, porque lugar de opressão e subjugação de povos indígenas e exploração sem fim de seringueiros nordestinos. E luminosa, porque verde e cheia de águas, local de esperança para quem migrou vindo do Polígono das Secas, ou, ainda, espaço de renovação espiritual para quem acreditava, como os caboclos, sinceramente, ainda que por meio de inúmeros sincretismos, na força mítica da velha imagem de Santo Elias.

Quando falo do senso comum, não estou me referindo, necessariamente, à visão de mundo dos homens que não têm diplomas universitários. Sei, por experiência própria, que um historiador pode às vezes aprender muito, mas muito mesmo, com um caboclo ribeirinho, ou com um seringueiro. Em meu livro *Entre árvores e esquecimentos* fiz referência a um grande encontro de pajés brasileiros, de diferentes tribos e etnias, realizado no Mato Grosso em 1987, ao qual tive a oportunidade de assistir, como observador. Além de abordar temas relacionados com plantas medicinais e xamanismo, alguns índios falaram da história do Brasil, abordando-a de forma absolutamente correta e muito superior a inúmeras versões etnocentristas de nosso passado, tão freqüentes na historiografia brasileira. Esse exemplo, por outro lado, não dá bases para ninguém concluir que todo e qualquer depoimento vindo das camadas populares, ou dos protagonistas de determinados fatos históricos, corresponde à verdade definitiva. Infelizmente — ou felizmente? — a vida é muito mais complicada que isso, pois a própria noção de realidade, produzida pelo senso comum, não é suficiente para esclarecer sequer o problema da memória, com o qual trabalham os historiadores: não se

---

[11] Simon Schama, *Paisagem e memória*, São Paulo, Companhia das Letras, 1996, p. 513.

pode falar da "realidade material", ou "realidade concreta", excluindo as representações que temos dela, mas também não se pode, no pólo oposto, reduzir essa vida, exterior ao observador, à representação que temos dela! Parafraseando um texto clássico,[12] eu diria, para falar de Cinema-História, que o material imagético que a câmera colocou à minha disposição tem uma existência que é mais do que aquilo que o idealista chama uma representação, porém menos do que aquilo que o realista chama uma coisa: uma existência situada a meio caminho entre a coisa e a representação, lá onde são gerados os paradoxos da "totalidade contraditória" — contraditória e em movimento —, formada, simultaneamente, de ócio e pânico, ou de luz e sombra, como no caso do vale do rio Jaú.

O senso comum, hoje em dia, quando se trata de fazer comentários sobre temas amazônicos, tornou muito comum a idéia de que a *civilização* é a responsável pela destruição da floresta e poluição dos rios. A contrapartida, evidentemente, é a de que os caboclos ribeirinhos nunca provocaram nenhum impacto sócio-ambiental nocivo à natureza amazônica. Essa versão ingênua pode até ser "tão geralmente aceita que as opiniões contrárias apareçam como aberrações individuais", como dizia Aurélio Buarque de Holanda,[13] mas o historiador que voa alto — em helicópteros do corpo e do método — mais uma vez se sente na obrigação profissional de relativizar esse parecer simplista.

Em primeiro lugar, porque, como vimos em capítulos anteriores, em determinados períodos históricos os caboclos ribeirinhos praticaram o extrativismo de forma daninha, como bem observaram Silva Coutinho e Dias Vieira em meados do século XIX. Dias Vieira[14] condenava o emprego do "arrocho" na extração do leite da seringa, que já começava a se generalizar na província do Amazonas, em 1856, mostrando como era preciso que os caboclos aprendessem a cortar a seringueira de forma correta — deixando espaço suficiente entre as incisões e esperando o

---

12 Henri Bergson, *Matéria e memória: Ensaio sobre a relação do corpo com o espírito*, São Paulo, Martins Fontes, 1990, p. 1.

13 Aurélio Buarque de Holanda Ferreira, op. cit.

14 João Pacheco Dias Vieira, relatório de 8 de julho de 1856, in *Relatórios de presidentes de província do Amazonas*.

tempo necessário, de 48 horas, entre um corte e o outro —, caso contrário os seringais amazonenses conheceriam o estrago que já atingia os seringais do Jari e de outros rios do Pará. Quanto a Silva Coutinho,[15] em texto de 1863 já condenava a forma irresponsável com que se fazia a extração da salsaparrilha — arrancando as raízes da planta.

Poderíamos ainda acrescentar: a utilização de madeiras nobres na produção de lenha, para vapores da linha do rio Negro, e a sistemática e não planejada utilização de ovos de tartaruga — milhões de ovos — na produção de manteiga e óleo constituem, também, exemplos de atividades muito populares e difundidas entre os caboclos do século XIX, embora daninhas. É verdade, também, que outras atividades econômicas, surgidas na Amazônia em períodos históricos posteriores — pecuária extensiva, acompanhada de grandes derrubadas e queimadas, e poluição de rios por toneladas de mercúrio — foram muito mais nocivas do que aquelas anteriormente citadas e que, por isso, melhor teria sido, do ponto de vista ambiental, se tivéssemos permanecido apenas com o extrativismo. Mas isso é apenas o enunciado de uma política conjuntural e transitória do tipo “o mal menor”, pois o correto é propor sempre, ao lado do extrativismo e como seu complemento necessário, uma política de educação ambiental e de manejo florestal. Se isso não for feito, vamos regressar àquela situação já enunciada por Joaquim Leovigildo de Souza Coelho em seu relatório de 1861: “Estragar tanto para lucrar tão pouco”.[16] No caso do Parque Nacional do Jaú, isso me leva a duas conclusões inseparáveis: ao mesmo tempo em que se deve defender, a meu ver, o direito de permanência dos antigos moradores em seus respectivos lugares, no interior do parque, por serem parte de um processo de ocupação histórica de longa data, deve-se, também, tornar efetivo um programa muito sério de educação ambiental e de educação de um modo

15 João Martins da Silva Coutinho, documento anexo ao relatório do Dr. Sinval Odorico de Moura, de 25 de março de 1863, in *Relatórios de presidentes de província do Amazonas.*

16 Joaquim Leovigildo de Souza Coutinho, documento nº 4, de 31 de dezembro de 1861, anexo ao relatório do Dr. Manoel Clementino Carneiro da Cunha, de 3 de maio de 1862, in *Relatórios de presidentes de província do Amazonas.*

geral, para que a consciência ecológica assim ampliada se torne compatível com a preocupação que norteia a criação de áreas reservadas na Amazônia.

Voltemos agora àquela outra idéia mal formulada pelo senso comum, a de que a civilização seria a responsável por tanta destruição na Amazônia. Essa idéia, a meu ver absurda, tem sido exposta com freqüência, até mesmo em teses universitárias. Que o mercantilismo, a partir do século XVII, expandiu-se, na Amazônia, por meio de descimentos e outros atos escravistas e destruidores, disso não há dúvida. Que o capital financeiro, no século XX, tem financiado projetos econômicos que agridem a natureza amazônica, isso também é evidente, basta ler jornais regularmente para acumular dezenas de exemplos. Mas que tudo isso seja chamado de civilização é que não dá para aceitar. Podemos até nos referir, de forma irônica e sarcástica, à "civilização", entre aspas, pois os luso-brasileiros, de fato, sempre usavam, a seu favor, o argumento de que eram portadores da "civilização", em oposição à "barbárie" dos índios e ao "atraso" dos caboclos. Isso, porém, era apenas um argumento, e não pode ser tomado pelo conjunto da realidade.

Lembro-me agora de um debate ocorrido na Universidade de Brasília sobre a Amazônia, do qual participaram pesquisadores ilustres — Enéas Salati, José Galizia Tundisi e H. O. R. Schubart, entre outros —, no decorrer do qual o professor José Walter Bautista Vidal,[17] da UnB, fez o seguinte comentário com o qual concordo:

> Há um ponto que se torna quase uma imposição: é começarmos a entrar criticamente na linguagem política usada. Todos falaram até agora — todos, inclusive eu — como se esses desastres (ecológicos) só ocorressem por causa do desenvolvimento. Temos que ir ao dicionário e verificar o que significa desenvolvimento. É uma palavra que precisaria ser preservada: desenvolvimento significa aprender a utilizar os recursos disponíveis em benefício dos indivíduos, da comunidade, do povo, da nação, de uma forma auto-sustentável, pois o futuro, as gerações futuras estarão sempre incluídas no conceito. Do que estamos falando é o não-desenvolvimento, é

---

[17] José Walter Bautista Vidal, in *Desafio amazônico, o futuro da civilização nos trópicos*, Sérgio de Salvo Brito (org.), Brasília, Editora Universidade de Brasília, 1990, p. 77.

a destruição. Vamos parar com essa brincadeira, vamos chamar de desenvolvimento o que é desenvolvimento e de destruição o que é destruição.

Da mesma forma, diria eu: vamos chamar de civilização o que é civilização — alto grau de desenvolvimento de uma cultura, no qual as relações humanas são corretas e o relacionamento com a natureza é cortês, bem-educado e civil — e de falta de civilização isso que aí está, na Amazônia, em áreas onde a floresta estiver sendo destruída, os rios poluídos e os trabalhadores explorados de forma vergonhosa... Quem levou a rua Occidental à ruína não foi a civilização ocidental — ciência, tecnologia, arte, literatura, filosofia —, foram os traficantes de escravos, nos séculos XVIII e XIX, e, no século XX, os agentes históricos de uma *belle époque* gananciosa e perdulária. Esses homens também eram ocidentais, é verdade, mas reduzir a história da Europa à história dos métodos truculentos e manhosos de enriquecimento nos trópicos é proceder de forma unilateral. O mesmo Ocidente que gerou a Inquisição gerou Francisco de Assis, a mesma tecnologia utilizada na produção de armamentos pode também ser utilizada para produzir valor de uso e bem-estar, tudo dependendo do homem, de sua consciência e do tipo de sociedade por ele construída, e não da "civilização", em abstrato.

Volto, agora, à questão da memória dos rios de água preta. Com o fim da era cartesiana das visões matematizantes das ciências, fica mais fácil procurar conexões, ou pontes, ou janelas, entre natureza e história. Janelas para mútuas observações. Pontes para novos diálogos. Diálogos que não vão produzir, necessariamente, visões (reducionistas) biologizantes do social, mas sim comunicações interdisciplinares necessárias e inadiáveis. Nessa busca do conhecimento do todo, ou de sua apreensão global, a intuição é tão importante, ou mais, do que a razão, embora esta não possa, em hipótese alguma, ser subestimada, pois a atividade analítica depende dela. Sem separar as partes do todo, e vice-versa, e sem subestimar a dialética — Kierkegaard e Bergson, por vias diferentes, criticaram Hegel, mas valorizaram a dialética —, o historiador que voa alto, como os pássaros, percebe, de repente, em um relance, o seguinte, a respeito da "memória" desse rio de água preta chamado Jaú: diante dos resultados desastrosos — do ponto de vista ecológico — de alguns projetos econômicos implantados na Amazônia a partir dos anos 1960, o tema do extrativismo voltou à cena e tem estimulado inúmeras reflexões políticas — a partir da criação das reservas extrativistas — e teóricas, de grande relevância para o planejamento regional na Amazônia. Apesar dessa importância, acho que o tema do extrativismo ainda está sendo abordado de forma incompleta, pelo simples fato de a palavra extrativismo abrigar, em seu arcabouço conceitual, uma variedade muito grande de contextos históricos qualitativamente diferentes entre si, resultado da tremenda diversidade biológica, social e cultural das diferentes microrregiões amazônicas, ficando, portanto, muito difícil fazer generalizações a seu respeito. Pensando agora, concretamente, na história do extrativismo no entorno do Velho Airão, percebo que algumas análises feitas para outras áreas extrativistas da Amazônia não se ajustam à situação específica da bacia hidrográfica do Jaú. Nesta bacia — vales do Pauini, do Carabinani e seus afluentes — já não existem povos indígenas há quase um século, ao contrário do que acontece em alguns rios amazônicos nos quais o trabalho indígena continua sendo utilizado, na última década do século XX. Os caboclos dessa área que acabamos de analisar nunca foram, no período anterior à expansão da borracha, resultado de uma lenta miscigenação (com brancos) de índios pertencentes a uma única cultura. Pelo contrário, eram o resultado de múltiplos processos de aculturação/deculturação envolvendo vários povos diferentes — Tarumã, Aroaqui, Manao, Baré, Tucum, Mura, Juma e outros —, alguns dos quais provenientes de ecossistemas distantes, via descimentos. Àqueles caboclos da primeira fase da história do Airão, vieram se juntar muitos cearenses, paraibanos, alagoanos e outros nordestinos, cujos conhecimentos empíricos não haviam sido adquiridos na Amazônia, mas nas regiões semi-áridas e litorâneas do Nordeste.

Durante a fase da borracha, a divisão do trabalho e a especialização da produção foram tão grandes, que se negligenciou tudo que não fosse ligado ao corte da seringueira. Muitos conhecimentos se perderam, através de gerações sucessivas. Após a extinção completa do núcleo urbano do Airão, em 1964, muitos habitantes do interior do município simplesmente continuaram em suas pequenas comunidades ribeirinhas, no Carabinani e no Unini, ou em outros rios. Outros caboclos vieram se juntar a eles, lentamente, vindos de outros trechos do rio Negro, e até mesmo de Manaus. O conhecimento que esses homens e mulheres têm da flora, da fauna e da geografia dessa microrregião é fundamental para o avanço das pesquisas científicas no Jaú. Apesar de todas as aculturações, deculturações, discriminações, explorações e eventuais inadaptações pelas quais passaram seus antepassados, eles são as pessoas que mais conhecem os segredos e sutilezas desse trecho da Amazônia. Como bem disse Aziz Ab'Saber, em artigo publicado pela Unesco, em Paris, em 1995 — coletânea organizada por Miguel Clüsener-Godt e Ignacy Sachs,[18] intitulada *Brazilian Perspectives on Sustainabe Development of the Amazon Region*:

> The science of the Indians, the science of their *caboclo* inheritors, and Western science are not irreconcilable. On the contrary, the exact significance and the potentials of their discoveries and even of the long-maturing ecological cultures should be selectively incorporated into modern science's universe of Knowledge.[19]

Essas considerações não constituem mera declaração de simpatia e solidariedade para com os vencidos e oprimidos. Elas contêm algo — uma nova forma de abordagem dos problemas amazônicos — que nunca, nos três séculos de colonização do Airão e do baixo rio Negro, foi feito: ter como ponto de partida os interesses da população ribeirinha antes de se formular qualquer projeto sócio-econômico para essa bacia hidrográfica da Amazônia. Interesses materiais — moradia, saúde, educação — e idiossincrasias locais.

Embora essa questão metodológica pareça elementar, ela nunca foi levada em conta desde a fundação do aldeamento dos Tarumã em 1658. Como vimos neste meu ensaio:

- a decisão de criar aldeamentos missionários e catequizar o baixo rio Negro foi tomada pelos superiores da Companhia de Jesus, em São Luís do Maranhão e em Lisboa, sem nenhuma consulta prévia aos Tarumã, cuja cultura, no entanto, foi daí por diante alterada rapidamente;
- a decisão de incentivar *resgates* e *descimentos* foi de iniciativa exclusiva dos brancos, verdadeira declaração de guerra contra os autóctones

---

18 Aziz Nacib Ab'Saber, "Elements for a strategy for territorial settlement and ecodevelopment in the Amazon", in *Brazilian perspectives on sustainable development of the Amazon region*, Paris, Unesco, 1995.

19 Idem, p. 301.

do baixo rio Negro, cuja população sofreu as conseqüências do desastre demográfico;

- a decisão de exportar produtos da floresta para outras capitanias portuguesas e para a Europa — o comércio de drogas do sertão — não foi tomada pelos Aroaqui nem pelos Mura: os autóctones só entravam com o trabalho, os benefícios do extrativismo ficavam com os brancos;
- quando os índios perderam a habilidade de satisfazer suas necessidades com os recursos da floresta, "foram obrigados a comprar não somente panos, panelas, facas e espingardas, mas, também, muitos gêneros de subsistência básicos, tais como açúcar, sal, arroz, feijão e café".[20]
- o extrativismo provocou uma especialização — busca preferencial de certos produtos da floresta — comandada pelos interesses do mercado externo, e não em termos do que o baixo rio Negro poderia produzir melhor;
- as elites locais não incentivaram a produção de alimentos na Amazônia. A expansão da borracha só veio agravar um desequilíbrio já existente: Wallace mencionou o hábito de consumir alimentos estrangeiros e observou, em 1850, que o pão era feito de farinha de trigo importada dos Estados Unidos e que a população branca fazia uso de manteiga irlandesa;
- a *Hevea brasiliensis* sempre existiu na Amazônia, mas foram as tecnologias industriais inventadas por Charles Goodyear e por Michelin, no século XIX, que trouxeram dezenas de milhares de nordestinos para os seringais amazônicos, como mão-de-obra para extração do látex;
- a decisão de plantar seringueiras na Indonésia e no sudeste Asiático foi tomada em Londres, sem nenhuma consideração para com os índios, caboclos e seringueiros nordestinos, cujas vidas, de 1913 em diante, foram mergulhados no poço sem fundo da crise irreversível;
- a partir de 1960, a tecnoburocracia brasileira elabora programas de "desenvolvimento" para a Amazônia como se essa região fosse um enorme espaço vazio, sem história, sem experiência de vida e sem tradições, e ainda culpa os caboclos, os seringueiros, os índios e os ribeirinhos em

[20] Betty J. Meggers, *Amazônia: A ilusão de um paraíso*, São Paulo, Edusp, 1987, pp. 211-212.

geral pelo fracasso desses planos megalomaníacos, cuja principal característica é a superestima doentia da burocracia por si mesma.

Em todos esses momentos históricos, faltou consideração pelas singularidades e especificidades locais e regionais. A palavra idiossincrasia quer dizer exatamente isso que nunca foi levado em conta na Amazônia: maneira de ver, sentir e reagir própria de cada pessoa e de cada comunidade; disposições do temperamento de cada indivíduo e de cada povoação, que os fazem reagir de maneira muito especial à ação dos agentes externos. Isso tudo, repito, nunca foi levado em conta na Amazônia brasileira.

E foi assim que o Velho Airão virou ruínas. Quando o último morador, senhor João Bezerra de Vasconcelos Filho, abandonou a terra onde havia nascido, a pessoa que transportou sua mudança, senhor Carlos Gouvêa, retirou, pouco antes de partir do porto fluvial da velha povoação, a placa com o nome da rua principal. Esta placa está até hoje em sua casa no Novo Airão. Graças a esse senhor, ficamos hoje sabendo que a rua principal daquela pequena cidade em ruínas chamava-se rua Occidental. Esse nome concentra e expressa todos os paradoxos e contradições da história regional amazônica: terra de índios e caboclos, de sumaúmas gigantes e castanheiras generosas; mas, também, terra cujas elites sempre viveram de costas para a floresta e com os olhos em Lisboa, em Paris e em Londres. Por isso, rua Occidental. Bela expressão literária de um fim que afinal se concretizou: os telhados das casas desabaram, a igreja de Santo Elias está em ruínas, no armazém do porto vivem borboletas e passarinhos, no cemitério o mato cresceu, e uma grande onça — do tamanho de uma anta, disse-me o senhor Carlos Gouvêa, que já a viu — passeia por ali, tranqüila, soberana, atravessando de dia e de noite a antiga rua Occidental.

Apesar do arruinamento definitivo do Airão, em relação aos ribeirinhos do Jaú que ficaram tenho uma última consideração a fazer, que diz respeito à possibilidade de convivência pacífica e harmoniosa dos homens entre si e deles com a natureza. Não vou fazer nenhum discurso a respeito do futuro, ou da esperança em um Brasil melhor que o atual. Vou apenas recorrer, pela última vez, às minhas fontes visuais e, graças ao cinema e ao vídeo, olhar de novo — observem a importância do *olhar* — aquela cena gravada por nós, na foz do Jaú, em 1994. O *camera man* está imóvel há mais de trinta minutos e em perfeito silêncio. Estamos filmando o trabalho de um pesquisador que estuda pássaros no Parque

Nacional do Jaú. Chama-se André Carvalhaes e está agora tentando gravar — com um moderno e sofisticadíssimo gravador — o canto de um uirapuru. Isso é muito difícil, já faz muito tempo que ele tenta e não consegue.

Uirapuru — do tupi *wirapu'ru* — é designação comum a várias espécies de aves passeriformes, da família dos piprídeos. Muitas têm cores exuberantes. Seu canto só se ouve durante quinze dias do ano, quando constroem ninho. E só cantam durante cinco a dez minutos, ao amanhecer. Por isso, estávamos nós ali, na floresta do Jaú, desde o fim da madrugada, no escuro, aguardando o sol, e, quem sabe, algum uirapuru fazedor de ninho... André Carvalhaes, ornitólogo profissional, havia explicado, na noite anterior, que esse canto é particularmente melodioso, musical e diferente do canto dos demais pássaros. A intenção do maestro Guilherme Vaz era a de conseguir uma gravação dessa obra rara para poder utilizá-la, como fundo musical, no vídeo *Talismã*, que estávamos fazendo e que trata, justamente, do Parque Nacional do Jaú. Segundo uma lenda amazônica, quando canta o uirapuru, todos os demais pássaros se calam para escutá-lo...

As oportunidades de conseguir essa gravação eram mínimas — como mínimas, atualmente, as oportunidades de que a violência entre os homens desapareça do Brasil, a curto prazo, ou de que a natureza amazônica seja respeitada e amada por esses homens. No entanto, lá estávamos nós, com gravador e câmera na mão, esperando um uirapuru... Esperando, esperando, na escuridão da floresta, até que o dia começou a amanhecer, ali no Parque Nacional do Jaú, o maior parque nacional do Brasil, e então, de repente, todos nós ouvimos, deslumbrados, aquele canto, de um passarinho, de um belíssimo uirapuru, durante dez minutos... Foram os sons mais belos e harmoniosos que já ouvi em toda a minha vida.

Voltamos para o nosso barco, já com o dia claro, conversando animadamente. Com entusiasmo pela vida.

Manaus, Museu Amazônico, 6 de agosto de 1996
Brasília, Núcleo de Estudos Amazônicos da UnB, 31 de agosto de 1996

Victor Leonardi

Em tempo: segundo o Antigo Testamento, Elias foi um profeta extraordinário, que viveu no tempo do rei Acab, de Israel (873-854 a.C.). Foi-lhe dado o poder de operar grandes milagres, como ressuscitar mortos, fazer descer o fogo do céu para consumir o holocausto, abrir uma passagem a pé enxuto pelo Jordão, correr à frente do carro do rei por 25 quilômetros, predizer a fome, fazer cair chuva... Sua aparência era invulgar: torso nu, cabelo longo e crespo, cinto de couro, asceta rigoroso. Viveu no deserto e em uma caverna do monte Horeb. No Jordão, era alimentado pelos corvos. No fim da vida, foi arrebatado por um turbilhão de vento... Esteve presente, oitocentos anos depois, na transfiguração de Nosso Senhor, segundo Mateus (Mt 17,3). Segundo Marcos, João Batista foi Elias (Mc 9,11). Quando Pedro, Tiago e João perguntaram a Jesus, no monte da transfiguração, se Elias devia vir primeiro, o mestre respondeu: "Elias, quando vier primeiro, reformará todas as coisas".

Todo historiador tem o direito de aceitar ou não essas informações bíblicas a respeito do profeta Elias, podendo, inclusive, não acreditar em profecias. Mas, a meu ver, nenhum historiador deve deixar de levar em conta que os padres carmelitas, que construíram a igreja de pedras de Airão, acreditavam que Elias viria primeiro, "para reformar todas as coisas".

Como Elias morou em uma caverna e fazia profecias, pergunto-me, se a Caverna das Profecias, vizinha a Airão e próxima ao lago São João, tem algo a ver com a tradição acima referida, das profecias de Elias. Afinal, por essa caverna do Airão passaram todos os seringueiros que entraram no vale do rio Jaú em busca de uma vida melhor...

Os autores que não gostam da idéia de *decadência* costumam não gostar também da idéia de *renovação*. Poderiam, pelo menos, se chegarem a ler este meu livro, admitir — e com isso já me dou por satisfeito — que a "superstição" da Caverna das Profecias existiu, de fato, na história do Airão.

Desde a década de 90 do século XIX, os proprietários da firma J. G. Araújo passaram a administrar capital de terceiros, tornando-se agentes financeiros. Trabalharam, inicialmente, com pequenos volumes de capital, provenientes de pessoas físicas. Mais tarde, passaram a se associar a outras firmas e a investir em múltiplos ramos de negócio, em diferentes regiões do Amazonas. Com isso, não sucumbiram no tempo das vacas magras, como aconteceu com tantas empresas da época. Pelo contrário, cresceram em meio à crise[21] e à estagnação da economia gumífera, de 1914 em diante, o que mostra que algum tipo de continuidade ocorreu. Portanto, continuidade e descontinuidade coexistiram no interior do mesmo processo histórico, com o abatimento e o desespero de alguns se mesclando ao sucesso e bem-estar de outros... Aliás, isso também estava previsto na Caverna das Profecias! Parece ser este o maior enigma das ruínas do Airão.

---

21 Cf. Almir Diniz de Carvalho Júnior, *O império dos Araújo sob a atmosfera da selva: Uma história de empresa*, Manaus, texto inédito, 1996.

ANEXOS

ANEXO 1

SOBRE AS VÁRIAS TENTATIVAS DE ALDEAMENTO DOS ÍNDIOS TARUMÃ E A FUNDAÇÃO DE SANTO ELIAS DO JAÚ

Durante as expedições do século XVI e início do XVII, alguns europeus passaram pela barra do rio Negro, no ponto em que as águas escuras desse rio se encontram com as águas barrentas do Solimões, formando o rio Amazonas. Mas nenhum deles subiu o Negro, como se percebe pela leitura dos cronistas — Gaspar de Carvajal, Alonso de Rojas, Cristóbal de Acuña — das expedições de Francisco de Orellana (1541-1542) e Pedro Teixeira (1637-1639). Os cronistas da expedição de Ursúa e Aguirre (1560-1561) — Francisco Vásquez, capitão Altamirano, Gonzalo de Zuñiga e Pedro de Monguia — também não fazem referências a tentativas de exploração e reconhecimento do Negro, que continuou sendo habitado por seus antigos moradores, os povos indígenas: Manao, Tarumã, Baré, Cariaí e muitos outros.

A primeira atividade de conquista de que se tem notícia na história do baixo rio Negro foi a bandeira de Bartolomeu Barreiros de Ataíde, de 1645, que vinha com instruções específicas do governador do estado do Maranhão e Grão-Pará, Luiz Magalhães. Dessa primeira expedição, não resultou, porém, nenhum povoamento. O primeiro conflito interétnico havia acontecido, mas a presença permanente de europeus no Negro só iria ter início mais de uma década depois, justamente com o aldeamento dos índios Tarumã, que está na origem da história do Velho Airão, antiga Santo Elias do Jaú, objeto de estudo deste ensaio.

Antes de se chamar Airão, a povoação que nos interessa chamava-se Santo Elias do Jaú. Sua origem mais remota está ligada às atividades missionárias e extrativistas do século XVII, pois o núcleo inicial de povoamento era constituído por índios Tarumã, catequizados e aldeados por padres jesuítas (1657-1658) e mercedários (1668 em diante), inicialmente na margem esquerda do rio Negro. Por razões não muito claras — há referência a ataques de outros índios e presença de grande número de morcegos —, faltando, todavia, provavelmente, novos elementos esclarecedores, o aldeamento foi transferido para a margem oposta do rio, em 1694. Nessa outra margem, a margem direita do rio Negro, nas proximidades da barra do rio Jaú, os Tarumã e os padres — os da ordem das Mercês, em um primeiro momento e, mais tarde, os da ordem do Carmo — instalaram-se definitivamente. A povoação passou a se chamar Santo Elias do Jaú, naquela última década do século XVII. As ruínas, cujo tombamento foi proposto, ao Instituto do Patrimônio Histórico e Artístico Nacional, em 1994, estão localizadas exatamente nesse espaço tricentenário.

Na bibliografia existente, nem sempre há acordo sobre nomes de fundadores e data de fundação do aldeamento dos Tarumã. Embora essas pequenas divergências sejam menores, vale a pena recapitulá-las, relendo os principais historiadores que escreveram sobre esse aldeamento. Anísio Jobim, em seu livro *Três municípios amazonenses,*[1] editado em Manaus em 1965, dá a seguinte versão: fundação da Missão dos Tarumã a 22 de junho de 1658 pelos jesuítas Manuel Pires e Francisco Veloso e sua posterior transferência para a margem direita do rio. Já o historiador Serafim Leite, em sua *História da Companhia de Jesus no Brasil,*[2] fornece outras datas, no volume III: a 22 de junho de 1657, saíram do Maranhão os padres Manuel Pires e Francisco Veloso, rumo ao rio Negro. Nessa viagem, os dois padres celebraram missa na aldeia dos Tarumã — a primeira missa no rio Negro — e ergueram uma cruz, a primeira também, nesse rio. Dali voltaram ao Pará, alguns meses depois. A partir das notícias levadas por esses dois missionários, uma segunda entrada foi organizada, em direção ao rio Negro, no ano seguinte. Partiu de São Luís no dia 15 de agosto de 1658 e tinha à sua frente o padre Francisco Gonçalves. Como se percebe, há uma divergência entre Anísio Jobim e Serafim Leite quanto à data de fundação da Aldeia dos Tarumã — 1657 ou 1658? —, mas essa pequena diferença não altera em nada o caráter desses primeiros contatos.

---

1 Anísio Jobim, *Três municípios amazonenses,* Manaus, 1965.

2 Serafim Leite, *História da Companhia de Jesus no Brasil*, Rio de Janeiro, Instituto Nacional do Livro, 1943, vol. III, p. 370.

A *Enciclopédia dos Municípios Brasileiros*, editada em 1956 pelo IBGE, apresenta uma terceira versão: a Missão dos Tarumã não teria surgido com os padres jesuítas (em 1657 ou 1658), mas sim com os padres mercedários, dez anos depois, em 1668, nas proximidades do riacho Aiurim (ou Aruim). Segundo essa versão, os missionários da ordem das Mercês teriam ido ao rio Negro em companhia de Pedro da Costa Favela, que estava à frente de uma tropa de resgate. Seria essa a missão que, anos mais tarde, foi transferida para a margem direita do rio. Essa versão também consta do *Dicionário Topográfico, Histórico, Descritivo da Comarca do Alto-Amazonas*,[3] editado por Lourenço da Silva Araújo e Amazonas, em Manaus, em 1852. Segundo o dicionário, a Aldeia dos Tarumã teria sido fundada em 1669 por Pedro da Costa Favela e pelo frei mercedário Teodósio da Veiga, com índios Tarumã e Aroaqui. Só a data de fundação é diferente: enquanto na versão do IBGE o ano sugerido é 1668, no dicionário, o ano indicado é 1669.

As versões de Arthur Cezar Ferreira Reis e Mário Ypiranga Monteiro são muito mais precisas. Em seu clássico *História do Amazonas,*[4] Reis descreve a viagem de 1657, dos jesuítas Manuel Pires e Francisco Veloso, que conseguiram estabelecer "boas relações com os Tarumãs que habitavam o rio Negro, logrando reuni-los em missão perto da boca do rio Tarumã". Esse primeiro aldeamento, apesar de sua excelente posição, foi abandonado após a primeira expulsão dos jesuítas de Belém, em 1661. A nova missão só seria fundada em 1668, nas imediações do Aruim, também na margem esquerda do Negro, pelo frei mercedário Teodósio da Veiga e por Pedro da Costa Favela. Essa segunda missão, após sua transferência para a margem direita do Negro, teria dado origem a Santo Elias do Jaú/Airão.

Nessa versão de Reis, que me parece muito mais completa, há, portanto, o registro de três tentativas de aldeamento dos Tarumã, e não apenas de duas, como nas versões anteriores: a primeira foi feita nas imediações do rio Tarumã, onde hoje está Manaus; a segunda foi no

---

3 Lourenço da Silva Araújo e Amazonas, *Dicionário topográfico, histórico, descritivo da comarca do Alto-Amazonas*, Manaus, 1852.

4 Arthur Cezar Ferreira Reis, *História do Amazonas*, Manaus, 1931, p. 45.

Aruim, também na margem esquerda do Negro, e é aquela que aparece no mapa de Samuel Fritz, de 1691;[5] a terceira foi a do local definitivo, em 1694, próximo à boca do Jaú.

Em seu livro *Fundação de Manaus*, Mário Ypiranga Monteiro também menciona essas três tentativas de aldeamento dos Tarumã, caracterizando de forma precisa os primeiros contatos e conflitos no baixo rio Negro entre portugueses e povos autóctones:

> O pouso da tropa de resgate foi a primeira manifestação da realidade concreta do povoamento inicial. Em redor do pouso da tropa, levantaram-se os aldeamentos dos índios.[6]

No caso do segundo aldeamento dos Tarumã — o de 1669, fundado nas imediações do Aruim —, Monteiro acrescenta a informação de que dele teriam feito parte também os índios Aroaqui, além dos Tarumã. Um ano depois, em 1669, teve início, nas imediações da barra do rio Negro, a construção da fortaleza — ou "simulacro de fortaleza"[7], como diz Monteiro — que está na origem mais remota da cidade de Manaus. "Duas léguas à montante ficava a tapera dos Tarumãs",[8] diz ele, referindo-se, sem dúvida, ao primeiro aldeamento dos índios, o de 1657-58.

De qualquer forma, seja qual for a versão correta, todas elas coincidem no essencial: foram os índios Tarumã, de língua aruak, que constituíram o núcleo inicial e principal do aldeamento depois transferido para o local definitivo, à margem direita do rio Negro, no final do século XVII. Outra conclusão importante: desde aquela época, os autóctones passaram a viver entre a cruz e a espada, pois esses primeiros missionários, fossem jesuítas ou mercedários, acompanhavam tropas de resgate. Na viagem de 1657, de jesuítas, o cabo da tropa de resgates era Vital Maciel Parente, que vinha no comando de 300 índios aliados e 25 soldados portugueses. A viagem de 1658, da qual os jesuítas também partici-

---

5 Sobre o mapa de Samuel Fritz, ver o livro de Isa Adonias, *A cartografia da região amazônica*, Rio de Janeiro, Conselho Nacional de Pesquisas/Instituto Nacional de Pesquisas da Amazônia, 1963.

6 Mário Ypiranga Monteiro, *Fundação de Manaus*, Manaus, 1971, 3ª ed. pp. 14-15.

7 Idem, p. 26.

8 Ibidem, p. 26.

param, trouxe de volta 600 escravos. A viagem de 1668-1669, com participação de padres das Mercês, tinha como comandante Pedro da Costa Favela, conhecido personagem da história do escravismo na Amazônia.

Os missionários anteriormente citados — Manuel Pires, Francisco Veloso, Francisco Gonçalves, Teodósio da Veiga — passaram pouco tempo no aldeamento dos Tarumã. O primeiro padre residente foi o jesuíta italiano Giovanni de Lucca, mais conhecido no Brasil como João Justo da Lucca, que chegou ao aldeamento em 1660. Além de trabalhos missionários junto aos Tarumã, Giovanni da Lucca deu início ao reconhecimento geográfico e etnográfico desse trecho do baixo rio Negro, pois organizou "entradas ao distrito da sua administração",[9] como afirma Serafim Leite. Gravemente enfermo, algum tempo depois, foi removido para o colégio dos jesuítas do Pará.

Sobre a vida do padre Francisco Gonçalves, sabe-se que era natural da ilha de São Miguel, nos Açores, onde nasceu em 1597. Entrou na Companhia de Jesus aos 16 anos de idade e foi visitador do Maranhão.[10] Viajou com Manuel Pires pelos rios Amazonas, Negro e Solimões, onde contraiu doença da qual veio a falecer.[11] Sobre a vida de Manuel Pires, há mais informações. Inicialmente, seu nome esteve vinculado à ermida e fonte de Paredes, em Portugal — era conhecido como *O Clérigo de Paredes*, por ter revelado a existência dessa fonte, considerada milagrosa no século XVII. Depois, passou um tempo em Roma. Consta dos registros da época que vivia, na Itália, em lugar ermo e retirado, "fazendo vida solitária", como disse Serafim Leite, até que, "por particular instinto do céu, veio a pé a Portugal e pediu ser admitido na Companhia de Jesus, para servir a Deus nas missões do Maranhão".[12] Além da expedição que fez ao rio Negro, participou de outras três, uma delas ao Solimões, acompanhando o jesuíta italiano Giovanni Maria Gorzoni, lombardo que conhecia bem essa região. Manuel Pires faleceu no Pará em 1678.

---

[9] M. Y. Monteiro, op. cit. p. 376.

[10] Idem, p. 373.

[11] Ibidem, p. 374.

[12] Ibidem, p. 373.

Alguns autores mencionam os ataques de "índios hostis" como provável motivo da transferência do segundo aldeamento para a margem oposta. Outros mencionam a presença de grande número de morcegos, naquele local inicial. Não há nenhum outro registro escrito que possa elucidar melhor essa questão. O aldeamento foi transferido em 1694, e nasceu, assim, Santo Elias do Jaú.

ANEXO 2

SOBRE A PROPOSTA DE TOMBAMENTO DAS RUÍNAS DO AIRÃO E NOTAS DE AGRADECIMENTO

As ruínas de Santo Elias do Jaú foram fotografadas por Juán Pratginestós em julho de 1994, quando lá estive pela primeira vez, em companhia dele, de George Rebelo, de Sérgio W. Bernardes e de Guilherme Vaz. Eu havia feito o roteiro de dois vídeos-documentários que Bernardes estava dirigindo: um sobre o Parque Nacional do Jaú, a convite do Instituto Brasileiro de Meio Ambiente e Recursos Naturais Renováveis (Ibama), da Fundação Vitória Amazônica e do World Wildlife Fund (WWF), na época dirigido por Eduardo Martins, e outro sobre o Instituto Nacional de Pesquisas da Amazônia (INPA), intitulado *Inpa 40 anos*, para o qual fomos contratados pelo professor Seixas Lourenço, na época diretor dessa instituição. Um ano depois, em agosto-setembro de 1995, com apoio do Instituto Nacional de Pesquisas da Amazônia e da Secretaria de Assuntos Amazônicos do Ministério do Meio Ambiente e Amazônia Legal, voltei ao local das ruínas para uma estada de cinco dias, a bordo do Amanaí II, barco colocado à disposição do projeto pelo doutor Osório José de Menezes Fonseca. Estávamos coletando novos dados para instruir o processo de tombamento das ruínas do Airão, cuja proposta, redigida por mim em dezembro de 1994 e encaminhada ao IPHAN na mesma data, havia sido assinada por George Rebelo, Regina Oliveira da Silva, Carlos Eduardo Miller, Geraldo Sá Peixoto Pinheiro, José Ribamar Bessa Freire e outras pessoas dedicadas à ciência e à cultura na Amazônia.

Além de vários técnicos e pesquisadores[1] de Manaus, Campinas e Brasília e de arquitetos do Instituto do Patrimônio Histórico e Artístico

---

[1] Adilson Rodrigues da Silva, Amaziles de Sá, Ana Claúdia Lima e Alves, Ana Harada, Ana Lúcia Abrahim, Ângelo de Lima Francisco, Delano F. Cunha, Francisco Foot

Nacional, fizeram parte daquela expedição do Amanaí II as arqueólogas Tânia Andrade Lima e Catarina Eleonora Ferreira da Silva. Os resultados desse trabalho de campo já foram publicados, nos Estados Unidos, na revista do Instituto de Antropologia e Arqueologia da Universidade da Carolina do Sul — Série Arqueologia Histórica — em número especial dedicado ao Airão, organizado por Tânia Andrade Lima, do qual tive a satisfação de participar com artigo intitulado "Velho Airão: apontamentos sobre a história de uma povoação amazônica".

O presente ensaio, muito mais elaborado, teve como ponto de partida aquele artigo. Para poder redigi-lo, passei um semestre em Manaus — fevereiro-agosto de 1996 —, pesquisando no acervo J. G. Araújo, do Museu Amazônico, a convite do professor Geraldo Sá Peixoto Pinheiro, diretor dessa instituição. Com a ajuda da professora Márcia Eliana Santos Alves, responsável pelo acervo, do professor Almir Diniz de Carvalho Júnior, chefe do Departamento de História — que me possibilitou, durante um semestre, uma inestimável convivência com estudantes e historiadores da Universidade do Amazonas — e do professor Auxiliomar Silva Ugarte, cujos conhecimentos de nheengatu me foram indispensáveis na hora de tentar desvendar os segredos da toponímia, eu pude, enfim, apesar da exigüidade do tempo, transformar aquele artigo de 23 páginas neste livro que hoje entrego aos meus editores. No decorrer desses seis meses, fui pela terceira vez às ruínas e voltei a Novo Airão para entrevistar antigos moradores do Velho Airão, como já havia feito no ano anterior. Fui também, mais uma vez, a Carvoeiro e Barcelos, como havia feito em 1994, em busca de novas informações sobre o extrativismo no baixo rio Negro.

Nas duas ocasiões em que passei por Barcelos e nas quatro em que visitei Novo Airão, recebi apoio de tantas pessoas que me seria impossível tentar listá-las aqui, sequer sumariamente, sem o risco de ser injusto ao não mencionar algumas, por descuido. A todas elas agradeço since-

---

Hardman, Geraldo Sá Peixoto Pinheiro, José Luiz Almeida do Nascimento, José Ramos, Maria Arminda Mendonça de Souza, Marco Antônio Galvão, Pedro Moura dos Santos, Regina Lúcia Souza Vasconcelos, Roberto Stieger e Sílbene de Almeida.

ramente, em particular às que me deram longos depoimentos sobre o Airão e o rio Jaú, cujos nomes apareceram ao longo deste livro. Devo também dizer que o fato de ter viajado pelo rio Negro — Moura, Carvoeiro, Santa Isabel, São Gabriel — em companhia de Sérgio W. Bernardes, em 1993, deu-me condições de poder analisar melhor a história do arruinamento de algumas povoações dessa região. Não se pode tentar compreender bem a história de um rio, sem conhecê-lo em toda a sua extensão — só falar do baixo rio Negro, sem conhecer o alto rio Negro, por exemplo. Por isso agradeço a todos que me receberam tão cordialmente em São Gabriel da Cachoeira e Cucuí, no trecho brasileiro do alto rio Negro, bem como nas povoações colombianas e venezuelanas que estão no trecho por nós percorrido entre o Guainía/Canal do Cassiquiare e a fronteira do Brasil — Guadalupe, Santa Rosa, San Felipe e San Carlos de Rio Negro. No decorrer dessas quatro estadas no rio Negro — 1993, 1994, 1995 e 1996 —, naveguei por suas águas em uma extensão de 1.600 quilômetros, entre o canal venezuelano do Cassiquiare e a cidade de Manaus, próxima à sua foz, e permaneci, ao todo, cerca de um ano na região, incluindo o tempo que pesquisei nos arquivos de Manaus. Nesse período, aprendi a ver com muita empatia a natureza amazônica, os povos indígenas e os caboclos ribeirinhos, a quem dedico os resultados desta minha pesquisa histórica.

Por ter estado em Manaus pela primeira vez em fevereiro de 1960 — antes de se tornar município, a povoação de Airão pertencia ao município de Manaus —, pude acompanhar as transformações dessa capital nos últimos 36 anos, tempo suficiente para amadurecer e embasar uma reflexão sobre o tema continuidade/descontinuidade na história dessa região. Por outro lado, o fato de viajar várias vezes por outros rios amazônicos entre 1960 e 1996 — Madeira, Javari, Trombetas, Tapajós, Acre, Oiapoque, Tocantins, Araguaia, Solimões, Branco, Catrimani, Uraricoera, Tacutu, Canumã —, observando, assim, o extrativismo e os problemas ambientais em todos os estados e antigos territórios da região Norte, deu-me condições de escrever agora sobre o rio Jaú a partir de um ponto de vista comparativo muito amplo, buscando entender sua especificidade.

Ao doutor Peter Kann, diretor do Museum für Völkerkunde, de Viena, devo agradecer pela inestimável ajuda prestada na Áustria — o Núcleo de Estudos Amazônicos, da Universidade de Brasília, tem um projeto que foi realizado em Viena, em parceria com o Museu Amazônico, de Manaus. Ele e sua esposa, Sibylle Kann, grandes conhecedores das coleções amazônicas daquele museu, ajudaram-me a localizar cartas inéditas de Johann Natterer no arquivo da prefeitura de Viena, escritas no rio Negro e no rio Madeira, por volta de 1830. Além disso, permitiram que eu, Geraldo Sá Peixoto Pinheiro, Andrea Fenzl, Nena Leonardi, José Antônio Osório da Silva e Juán Pratginestós localizássemos, em junho de 1996, uma raríssima coleção de cerâmicas produzidas pelos índios Manao no baixo rio Negro no início do século XIX. Ora, como se sabe, esse povo indígena, hoje extinto, fez parte da história do povoado de Santo Elias do Jaú no século XVIII. Também pudemos fotografar alguns objetos da cultura material dos índios Tarumã, cujo aldeamento, por missionários do século XVII, está na origem de Santo Elias do Jaú/Airão. Esse contato com o passado do baixo rio Negro, no interior de um museu vienense, às margens do Danúbio, fez com que a história do Airão se tornasse, para mim, ainda mais enigmática. Andréa Fenzl e seu pai, Ewald Fenzl, fizeram a gentileza de traduzir, para mim, aquelas cartas de Natterer, escritas em alemão gótico, e a eles devo esse grande favor. Sobre a qualidade do trabalho de Juán Pratginestós e seu profissionalismo não preciso dizer nada, pois algumas fotos de sua autoria fazem parte dos anexos deste livro, podendo o leitor constatá-los com seus próprios olhos. Devo ainda lembrar que o apoio da doutora Briane Bicca, da Unesco, foi decisivo na fase inicial de tombamento das ruínas do Airão e que as fotos que Juliano Serra Barreto, professor de fotografia no Departamento de Artes Visuais da Universidade de Brasília (UnB), fez de mapas do século XVIII, do rio Negro colonial, que se encontram na Biblioteca do Exército, em Brasília, foram muito úteis para meu trabalho interpretativo. Dois desses mapas fazem parte dos anexos deste livro, graças à autorização dos responsáveis por aquela biblioteca. Agradeço também o convite que Arnaldo Carneiro, Sérgio Henrique Borges e Marcos Roberto Pinheiro, da Fundação Vitória Amazônica, fizeram-me, levando-me a participar da elaboração do Plano de Manejo do Parque Nacional do Jaú. Quero ainda aqui registrar o nome de Charles Anderson Rebouças, que digitou este ensaio, e, principalmente, o de Francisco de Paula e Oliveira Filho, que se dedicou à árdua tarefa de revisão, e o de Franck Soudant, da editora Paralelo 15, que tornou possível esta publicação.

Por ter sido professor da disciplina História da Amazônia no Departamento de História da Universidade de Brasília nos últimos anos, pude debater com muitos antropólogos, indigenistas, biólogos, ecologistas e engenheiros florestais — convidados para palestras em minha sala de aula — o tema do extrativismo na Amazônia. Esses debates enriqueceram muito os meus conhecimentos e ajudaram-me a construir a visão que hoje tenho da história do vale do rio Jaú, que foi aqui apresentada. A todos eles o meu reconhecimento e gratidão.

ANEXO 3

CARTOGRAFIA E ICONOGRAFIA

Detalhe de mapa do rio Negro no século XVIII. Mapoteca do Exército, Brasília. Reprodução de Juliano Serra Barreto.

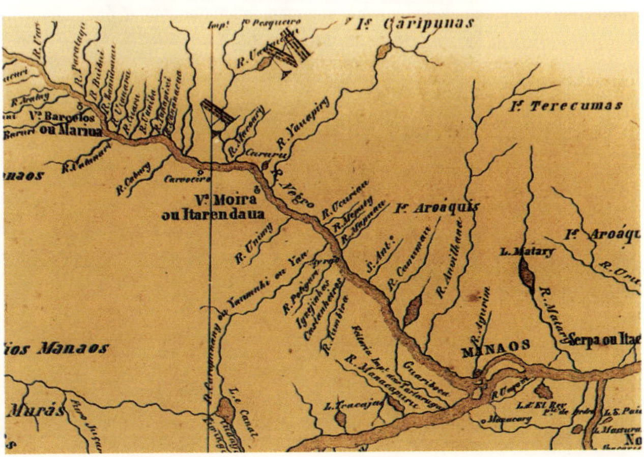

Detalhe de mapa do rio Negro no século XIX. Mapoteca do Exército, Brasília, Reprodução de Juliano Serra Barreto.

Airão, à margem direita do rio Negro. Foto aérea realizada durante a expedição Hamilton Rice, em 1924. Reprodução de Marcos Roberto Pinheiro.

Pesquisadores da Fundação Vitória Amazônica junto ao ribeirinhos do Jaú, 1994.

O transporte do cipó titica, importante produto do extrativismo dos ribeirinhos do Jaú e do Unini.

Gravações rupestres localizadas nas cercanias do Airão, 1994.

Airão, à margem direita do rio Negro. Foto aérea realizada durante a expedição Hamilton Rice, em 1924. Reprodução de Marcos Roberto Pinheiro.

O Velho Airão em 1913. Foto realizada durante a expedição Carlos Chagas ao rio Negro. Acervo do Museu Amazônico.

Jaú.

Ruínas do Airão.

Ruínas do Airão.

Ruínas do Airão.

Praia da Velha,
rio Negro.

Ruínas do Airão.

Rio Jaú.

Rio Jaú.

Escola do Velho Airão.

Membros da família Bezerra, Velho Airão, 1930.

Ruínas do casarrio Bezerra.

REFERÊNCIAS BIBLIOGRÁFICAS

REFERÊNCIAS BIBLIOGRÁFICAS

AB'SABER, Aziz Nacib. "Ambiente e culturas: Equilíbrio e ruptura no espaço geográfico ora chamado Brasil", in *Revista do Patrimônio Histórico e Artístico Nacional*, nº 22, 1987, pp. 236-254.

————. "Elements for a strategy for territorial settlement and ecodevelopment in the Amazon", in Clüsener e Ignacy Sachs (orgs.), *Brazilian Perspectives on Sustainable Development of the Amazon region*, Paris, Unesco, 1995.

AGASSIZ, Luiz & AGASSIZ, Elisabeth Cary. *Viagem ao Brasil (1865-1866)*, Belo Horizonte, Itatiaia, 1975.

ALLEGRETTI, M. *Reservas extrativistas: Uma proposta de desenvolvimento para a floresta amazônica*, Curitiba, IEA, 1987.

ALMEIDA, Jozimar Paes de. *A extinção do arco-íris: Ecologia e história*, Campinas, Papirus, 1988.

AMORIM, Antônio Brandão de. *Lendas em nheengatu e em português*, Manaus, Fundo Editorial-ACA, 1987.

ARAÚJO, Carlos. *História da imigração japonesa no Estado do Amazonas*. Manaus, Federação das Indústrias do Estado do Amazonas, 1995.

ARNT, R. A. & SCHARTZMAN, S. *Um artifício orgânico. Transição na Amazônia e ambientalismo*, Rio de Janeiro, Rocco, 1992.

AUBERTIN, Catherine (org.). *Fronteiras*, Brasília, Editora Universidade de Brasília, 1988.

AZEVEDO, João Lúcio de. *Os jesuítas no Grão-Pará, suas missões e a colonização*, 2ª ed., Coimbra, Universidade de Coimbra, 1930.

BAENA, Antônio Ladislau Martins. *Compêndio das eras da Província do Pará*, Belém, Universidade Federal do Pará, 1969.

BAINES, Stephen Grant. *É a Funai que sabe: A frente de atração Waimiri-Atroari*, Belém, Museu Paraense Emílio Goeldi, 1990.

BAKER, Paul T. & WEINER J. S. (orgs.). *The biology of human adaptability*, Oxford, Clarendon Press, 1966.

BALÉE, W. "Indigenous history and Amazonian biodiversity", in *Changing tropical forest: Historical perspectives on today's challanges in Central and South América*, Durham, Forest History Society, 1992.

BATES, Henry Walter. *Um naturalista no rio Amazonas*, Belo Horizonte/São Paulo, Itatiaia/USP, 1979.

BENCHIMOL, Samuel. *Amazônia*, Manaus, Umberto Calderaro, 1977.

BERTRAN, Paulo. *História da terra e do homem no Planalto Central*, Brasília, Solo, 1994.

BITTENCOURT, Agnelo. *Corografia do estado do Amazonas*, Manaus, Fundo Editorial-ACA, 1985, reprodução fac-símile da edição de 1925.

BOLOGNA, Gianfranco (org.). *Amazônia, adeus*, Rio de Janeiro, Nova Fronteira, 1990.

BRUNO, Ernani Silva. *História do Brasil — geral e regional: Amazônia (Acre, Amazonas, Pará e territórios)*, São Paulo, Cultrix, s/d, vol. I.

BUNKER, Stephen. *Underdeveloping the Amazon*, Urbana, University of Illinois Press, 1985.

CARVALHO, João Renôr Ferreira de. "Permanência e evolução do conflito na sociedade amazônica no período colonial", in *Boletim de Pesquisa da CEDEAM*, Manaus, Universidade do Amazonas, 1984, vol. 3.

————————. "O avanço do povoamento para as fronteiras definitivas da Amazônia brasileira do período colonial aos nossos dias", in *Boletim de Pesquisa da CEDEAM*, Manaus, vol. 4, nº 6, jan-jun 1985.

CARVALHO, José Cândido. *Notas de viagem ao rio Negro,* Rio de Janeiro, Oficina Gráfica da Universidade do Brasil, 1952.

CARVALHO JÚNIOR, Almir Diniz de. *O império dos Araújo sob a atmosfera da selva: Uma história de empresa*, Manaus, texto inédito, 1996.

CATTON, William R. *Overshoot: The ecological basis of revolutionary change*, Urbana, University of Illinois Press, 1980.

CEDI. *Terras indígenas no Brasil*, São Paulo, Centro Ecumênico de Documentação e Informação / Conselho Nacional de Geologia, 1987.

CHERNELA, Janet M. "Os cultivadores de mandioca na área do Uaupés (Tukâno)",in Berta Ribeiro (coord.), *Etnobiologia*, 2ª ed., vol. 1, Petrópolis, Vozes, 1987.

COSTA Francisco de Assis. *Ecologismo e questão agrária na Amazônia*, Belém, Editora UFPA, 1992.

COSTA, Hideraldo Lima da. "Cultura, trabalho e luta social na Amazônia", São Paulo, Pontifícia Universidade Católica de São Paulo, tese de mestrado, 1995.

CRONON, William. *Changes in the land-indians, colonists and the ecology of New England*, Nova York, Hill and Wang, 1983.

CUNHA, Euclides da. *Um paraíso perdido: Ensaios, estudos e pronunciamentos sobre a Amazônia*, Rio de Janeiro, José Olympio, 1986.

D'ANDRÉA, Francisco José de Souza Soares. Manuscrito do Arquivo Nacional publicado por Carlos de Araújo Moreira Neto como anexo de seu livro *Índios da Amazônia*, Petrópolis, Vozes, pp. 283-314.

DEAN, Warren. *A luta pela borracha no Brasil*, São Paulo, Nobel, 1990.

DENEVAN, William (org.). *The native population of the Americas in 1492*, Madison, University of Wisconsin Press, 1976.

DIEGUES, Antônio Carlos. *O mito moderno da natureza intocada*, São Paulo, Hucitec, 1996.

DRUMMOND, José Augusto. "A história ambiental: Temas, fontes e linhas de pesquisa", in revista *Estudos Históricos*, vol. 4, nº 8, Rio de Janeiro, 1991, pp. 177-197.

FARAGE, Nádia & SANTILLI, Paulo. "Estado de sítio: Territórios e identidades no vale do rio Branco", in *História dos índios no Brasil*, São Paulo, Companhia das Letras, 1992, pp. 267-278.

FERREIRA, Alexandre Rodrigues. *Viagem filosófica ao rio Negro*, Belém, Museu Paraense Emílio Goeldi, s/d.

FÍGOLI, Leonardo H. G. "Identidade étnica e regional", dissertação de mestrado em antropologia social, Universidade de Brasília, 1982.

FREIRE, José Ribamar Bessa. "Barés, Manáos e Tarumãs", in *Amazônia em Cadernos*, nºs 2/3, Manaus, 1993-1994.

GAGLIARDI, José Mauro. *O indígena e a República*, São Paulo, Hucitec, 1989.

GALVÃO, Eduardo. "Aculturação indígena no rio Negro", in *Boletim do Museu Paraense Emílio Goeldi*, nº 7, set 1959.

————. *Encontro de sociedades: Índios e brancos no Brasil*, Rio de Janeiro, Paz e Terra, 1979.

GERBI, Antonello. *La naturaleza de las Indias Nuevas. De Cristóbal Colón a Gonzalo Fernandez de Oviedo*, México, Fondo de Cultura Económica, 1978.

LE GOFF, Jacques. *História e memória*, Campinas, Editora da Unicamp, 1990.

————. "As mentalidades: Uma história ambígua", in Jacques Le Goff e Pierre Nora (orgs.), *História: Novos objetos*, Rio de Janeiro, Francisco Alves, 1988.

GOMES, Mércio Pereira. *Os índios e o Brasil: Ensaios sobre um holocausto e sobre uma nova possiblidade de convivência*, Petrópolis, Vozes, 1988.

GONDIM, Neide. *A invenção da Amazônia*, São Paulo, Marco Zero, 1994.

GURJÃO, Hilário Maximiano Antunes. *Descrição da viagem feita desde a cidade da Barra do Rio Negro, pelo rio do mesmo nome, até a serrra do Cucuí*, Manaus, Tipografia de M. S. Ramos, 1855.

HAMES, R. & VICKERS, W (org.). *Adaptive responses of native amazonians*, Nova York, Academic Press, 1983.

HARDMAN, Francisco Foot. *A modernidade na selva*, São Paulo, Companhia das Letras, 1988.

HÉMERY, D., DEBEIR, J. C. & DELÉAGE, J. P. *Uma história da energia*, Brasília, Editora Universidade de Brasília, 1993.

HEMMING, John. *Redgold: The conquest of the brazilian indians*, Cambridge, Harvard University Press, 1978.

ISENBURG, Teresa. *Naturalistas italianos no Brasil*, São Paulo, Ícone, 1991.

JOBIM, Anísio. *Três municípios amazonenses*, Manaus, 1961.

KENNEDY Paul. *Preparando para o século 21*, Rio de Janeiro, Campus, 1993.

KOCH-GRÜNBERG, Theodor. *Del Roraima al Orinoco*, Caracas, Banco Central de Venezuela, 1979.

LAFARGUE, Paul. *O direito à preguiça*, São Paulo, Kairós, 1979.

LANA, Firmiano Arantes & LANA, Luis Gomes. *Antes o mundo não existia: Mitologia dos antigos Desana-Kehiriporã*, São Gabriel da Cachoeira, FOIRN, 1995.

LARAIA, Roque de Barros. *Da natureza da cultura ou da natureza à cultura*, 6ª ed., Rio de Janeiro, Jorge Zahar, 1992.

LEONARDI, Victor. *Entre árvores e esquecimentos: História social nos sertões do Brasil*, Brasília, Paralelo 15/Editora Universidade de Brasília, 1996.

LÉVI-STRAUSS, Claude. "O uso das plantas silvestres da América do Sul tropical", in Berta Ribeiro (coord.), *Suma etnológica brasileira*, 2ª ed., vol. 1, *Etnobiologia*, Petrópolis, Vozes, 1987.

LIMA, M. José Araújo. *Ecologia humana: Realidade e pesquisa*, Petrópolis, Vozes, 1984.

MARTINEZ-ALIER, Juan & SCHLÜPMANN, Klaus. *Ecological economics: Energy, environment and society*, Oxford, Basil Blackwell, 1990.

MEGGERS, Betty J. *Amazônia: A ilusão de um paraíso*, São Paulo, Edusp, 1987.

MELLO, Anísio. *Vocabulário etimológico tupi do folclore amazônico*, Manaus, Suframa, 1983.

MONTE, Paulo Pinto. "Etno-história Waimiri-Atroari (1663-1962)", São Paulo, tese de mestrado em Antropologia, PUC, 1992.

MONTEIRO, Mário Ypiranga. *Fundação de Manaus*, 3ª ed., Manaus, 1971.

MORÁN, Emílio F. *A ecologia humana das populações da Amazônia*, Petrópolis, Vozes, 1990.

MOREIRA NETO, Carlos de Araújo. *Índios da Amazônia: De maioria a minoria (1750-1850)*, Petrópolis, Vozes, 1988.

NEVES, Walter Alves (org.). *Biologia e ecologia humana na Amazônia: Avaliação e perspectivas*, Belém, Museu Paraense Emílio Goeldi, 1989.

NORONHA, José Monteiro de. "Roteiro da viagem da cidade do Pará até as últimas colônias dos domínios portugueses em os rios Amazonas e Negro", in *Coleção de notícias para a história e geografia das nações ultramarinas que vivem nos domínios portugueses ou lhes são vizinhas*, Lisboa, Academia Real das Ciências, 1856, tomo VI.

OLIVEIRA, Roberto Cardoso de. *A sociologia do Brasil indígena*, 2ª ed., Brasília, Editora Universidade de Brasília, 1978.

OLIVEIRA FILHO, João Pacheco de (org.). *Sociedades indígenas & Indigenismo no Brasil*, Rio de Janeiro, Marco Zero, s/d.

———. "*Terras indígenas no Brasil: Uma tentativa de abordagem sociológica*", in *Boletim do Museu Nacional*, 1983.

OSCULATI, Gaetano. "De Tabatinga a Belém (1847)", in *Naturalistas italianos no Brasil*, Teresa Isenburg (org.), São Paulo, Ícone, 1990, pp. 139-202.

PÁDUA, José Augusto (org.). *Ecologia e política no Brasil*, Rio de Janeiro, IUPERJ/Espaço e Tempo, 1987.

PERDIGÃO, Francinete & BASSEGIO, Luiz. *Migrantes amazônicos*, São Paulo, Loyola, 1992.

PERRONE-MOISÉS, Beatriz. "Índios livres e índios escravos: Os princípios da legislação indigenista no período colonial (séculos XVI a XVIII)", in Manuela Carneiro da Cunha, (org.), *História dos índios no Brasil*, São Paulo, Companhia das Letras, 1992, pp. 115-132.

PINHEIRO, Luís Balkar Sá Peixoto. "Cabanagem: Imagens e representações de uma revolta popular", in *Amazônia em Cadernos*, n°s 2-3, Manaus, 1993-1994.

PINHEIRO, Maria Luiza Ugarte. "A cidade sobre os ombros: Trabalho e conflito no porto de Manaus (1899-1925)", tese de mestrado, PUC/SP.

PORRO, Antônio. *As crônicas do rio Amazonas: Notas etnográficas sobre as antigas populações indígenas da Amazônia*, Petrópolis, Vozes, 1993.

__________. *O povo das águas: Ensaio de etno-história amazônica*, Petrópolis, Vozes, 1996.

PORTER, G. & BROWN, J. W. *Global Environmental Politics*, Boulder, Westview Press, 1991.

POSEY, Darrell A. "Etnobiologia: Teoria e prática", in Berta Ribeiro (coord.), *Suma etnológica brasileira*, 2ª ed., vol. 1, *Etnobiologia*, Petrópolis, Vozes, 1987.

PRANCE, Ghillean T. "Etnobotânica de algumas tribos amazônicas", in Berta Ribeiro (coord.), *Suma etnológica brasileira*, 2ª ed., vol. 1, *Etnobiologia*, Petrópolis, Vozes, 1987.

RAMOS, Alcida, SILVERWOOD-COPE, P. & OLIVEIRA, A. G. "Patrões e clientes: Relações intertribais no alto rio Negro", in A. Ramos (org.), *Hierarquia e simbiose: Relações intertribais no Brasil*, São Paulo, Hucitec, 1980.

REIS, Arthur Cézar Ferreira. *História do Amazonas*, Manaus, 1931.

__________. *Lobo d'Almada: Um estadista colonial*, Manaus, 1940.

__________. *O seringal e o seringueiro*, Rio de Janeiro, Ministério da Agricultura, 1953.

RIBEIRO, Berta G. *Os índios das águas pretas*, São Paulo, Companhia das Letras, 1995.

RICE, Alexander Hamilton. *Exploração na Güiana Brasileira*, Belo Horizonte, Itatiaia, 1978.

ROBERT, Avé-Lallemant. *No Rio Amazonas (1859)*, Belo Horizonte, Itatiaia, 1980.

ROCQUE, Carlos. *Grande Enciclopédia da Amazônia*, Belém, Amazônia Editora, 1968.

RODRIGUES, Aryon Dall'Igna. *Línguas brasileiras: Para o conhecimento das línguas indígenas*, São Paulo, Loyola, 1986.

RODRIGUES, João Barboza. *Pacificação dos Crichanás*, Rio de Janeiro, Imprensa Nacional, 1885.

SAMPAIO, Francisco Xavier Ribeiro de. *Diário da viagem que em visita e correição das povoações da Capitania de São José do Rio Negro fez o ouvidor e intendente geral da mesma Francisco Xavier Ribeiro de Sampaio no ano de 1774 e 1775*, Lisboa, Tipografia da Academia, 1825.

SAMPAIO, Patrícia Maria Melo. "Os fios de Ariadne: Tipologia de fortunas e hierarquias sociais em Manaus (1840-1880)", Niterói, 1993, dissertação de mestrado, Universidade Federal Fluminense.

SALATI, Eneas. "The climatology and hidrology of Amazonia", in G. Prance e T. Lovejoy (org.), *Key environments: Amazonia*, Londres, Pergamon, 1985.

SANTOS, Roberto. *História econômica da Amazônia (1800-1920)*, São Paulo, T. A. Queiroz, 1980.

SCHAMA, Simon. *Paisagem e memória*, São Paulo, Companhia das Letras, 1996.

SCHNAIBERG, A. *The environment: From surplus to scarcity*, Nova York, Oxford University Press, 1980.

SCHWADE, Egydio de. "Waimiri-Atroari: A história contemporânea de um povo na Amazônia", in Eduardo Hoornaert (coord.), *História da Igreja na Amazônia*, Petrópolis, Vozes, 1992.

SILVERWOOD-COPE, Peter L. *Os Makú*, Brasília, Editora Universidade de Brasília, 1990.

SIOLI, Harald. *Amazônia: Fundamentos da ecologia da maior região de florestas tropicais*, 3ª ed., Petrópolis, Vozes, 1991.

SOUSA, Boanerges Lopes de. *Do rio Negro ao Orenoco: A terra, o homem*, Rio de Janeiro, Ministério da Agricultura, 1959.

SOUZA, André Fernandes de. "Notícias geográficas da Capitania do Rio Negro no Grande Amazonas", in *Revista do Instituto Histórico e Geográfico Brasileiro*, Rio de Janeiro, 1848.

SPIX, J. B. & MARTIUS, C. F. P. *Viagem pelo Brasil*, São Paulo, Melhoramentos, 1976, 3 volumes.

STEWARD, Julian. *Theory of cultural change: The metodology of multilinear evolution*, Urbana, University of Illinois Press, 1955.

STONE Roger D. *Sonhos da Amazônia*, Rio de Janeiro, Guanabara, 1986.

STRADELLI, Ermano. "O rio Negro, o rio Branco, o Uaupés (1888-1889)", in Teresa Isenburg (org.), *Naturalistas italianos no Brasil*, São Paulo, Ícone, 1990.

————————. "Vocabulários da língua geral português-nheengatu e nheengatu-português, precedidos de um esboço de gramática nheêngatu-umbuêsáua-mirê", in *Revista do Instituto Histórico e Geográfico Brasileiro*, Rio de Janeiro, tomo 104, vol. 158, 2º de 1928.

THOMAS, Keith. *O homem e o mundo natural*, São Paulo, Companhia das Letras, 1988.

TORRES, Alberto. *As fontes da vida*, 2ª ed., Rio de Janeiro, Fundação Getúlio Vargas, 1990.

TOYNBEE, Arnold. *Um estudo da História*, 2ª ed., Brasília/Rio de Janeiro, Editora Universidade de Brasília/Martins Fontes, 1987.

TURNER, Frederick Jackson. *The significance of the frontier in American history*, Nova York, Ungar, 1987.

VASCONCELOS, João Bezerra de. *Memórias do João Bezerra*, Novo Airão, texto datilografado, 1995.

VIDAL, José Walter Bautista. "Potencialidades para uma civilização dos trópicos", in Sérgio de Salvo Brito (org.), *Desafio amazônico, o futuro da civilização nos trópicos*, Brasília, Editora Universidade de Brasília, 1990.

VIERTLER, R. Brigitte. *Ecologia cultural: Uma antropologia da mudança*, São Paulo, Ática, 1988.

WEINSTEIN, B. *A borracha na Amazônia: Expansão e decadência (1850-1920)*, São Paulo, Hucitec, 1993.

WERMERS, Manuel Maria. *O estabelecimento das missões carmelitas no rio Negro e no Solimões (1695-1711)*, Coimbra, 5º Colóquio Internacional de Estudos Luso-brasileiros, 1965.

WORSTER, Donald. *The ends of the Earth: Perspectives on modern environmental history*, Cambridge, Cambridge University Press, 1988.

WRIGHT, Robin M. "História indígena do noroeste da Amazônia", in Manuela Carneiro da Cunha (org.), *História dos índios no Brasil*, São Paulo, Companhia das Letras, 1992.

ÍNDICE REMISSIVO

ÍNDICE REMISSIVO

A

D

E

F

G

H

I

J

K

L

M

N

Q

R

S

T

U

V

W

X

Z

FOTOLITO E IMPRESSÃO

IMPRENSA OFICIAL
SERVIÇO PÚBLICO DE QUALIDADE

Rua da Mooca, 1921 São Paulo SP
Tel.: (011) 6099-9457/6099-9529
CNPJ 48.066.047/0001-84
http://www.imesp.com.br